人文叢書
社會類

世界多元
台灣蛻變

陸以正 著

三民書局

國家圖書館出版品預行編目資料

世界多元 台灣蛻變／陸以正著.－－初版一刷.－－臺
北市：三民，2008
面；　公分.－－(人文叢書.社會類6)

ISBN 978-957-14-5050-6　(平裝)

1. 言論集 2. 時事評論

078　　　　97007986

© 世界多元　台灣蛻變

著作人	陸以正
責任編輯	郭美鈞
美術設計	郭雅萍
發行人	劉振強
著作財產權人	三民書局股份有限公司
發行所	三民書局股份有限公司
	地址　臺北市復興北路386號
	電話　(02)25006600
	郵撥帳號　0009998-5
門市部	(復北店) 臺北市復興北路386號
	(重南店) 臺北市重慶南路一段61號
出版日期	初版一刷　2008年5月
編號	S 811440
定價	新臺幣260元

行政院新聞局登記證局版臺業字第〇二〇〇號

ISBN　978-957-14-5050-6　(平裝)

http://www.sanmin.com.tw　三民網路書店

自序

從民國九十二年起，承三民書局董事長劉振強兄好意，把我每年為各報所寫有關國內外時事的文章，彙集出版。本書雖是第六次，但與以前各冊並無任何連續關係，應被視為獨立的著作。書中所收我在去年一年中所寫的一〇二篇時論，篇幅為歷年之最。但為取個適當的書名，卻令負責審稿校閱的編輯和我躊躇難決，傷透腦筋。

純就本書所收文章題材而言，有六十篇以國際問題為主軸，幾佔三分之二；中國大陸與世界各國的關係也在其列。這並非表示我也附和深綠人士的主張，把大陸看成外國；而是因為大陸在胡溫體制下，中國迅速崛起，自信心大幅增強，因而修正過去江澤民時代的排外思維，改而接受由北京到台北最近的途徑，可以取道華府，不但省時省事，還可藉以壓迫美國的新保守主義者，可謂一舉兩得。

藉老美來壓制陳水扁，利用從萊斯到楊甦棣的一連串大小官員，公開向民進黨恫嚇喊話，果然有效。最後連陳總統自己也承認，等到綁大選的入聯公投過後，一切歸零，什麼事也不會發生。證諸今年立法院與總統兩次投票後的發展，一點沒錯。難怪綠營死忠人士也會私底下埋怨，早知如此，何必當初？

本書中評論國內時局的文章雖只三十三篇，卻不表示國、民兩黨從黨內競逐提名，到總統選舉開跑的激烈競爭，對所有台灣人而言，不如國際問題重要。相反地，正因為有去年的割喉戰爭，才見得台灣選民要求一個廉潔知恥政府的訴求，在「一一二」與「三二二」兩次投票時，充分顯示民主制度的優越。從這個觀點出發，去年才是重寫台灣歷史的一年，也是撥亂反正的關鍵年。

二月中旬，馬英九受特別費案被起訴的刺激，宣布參加黨內提名總統候選人的競爭。四月脫穎而出，贏得參選資格。到六月他終於找蕭萬長搭配，大家都鬆了口氣。客觀而言，去年這一整年，都是馬英九擺脫「法律學者」的死腦筋，轉型成為「政治新鮮人」的學習過程。從環島鐵馬長征，到下鄉Long Stay，體認中南部平民的生活，他走出了自己的路。

這條路他還沒有走完。馬英九手裡雖有一份張政雄簽名蓋章的當選證書，與他能否領導兩千三百萬人撥亂反正，重寫台灣歷史，彌補陳水扁執政八年對台灣造成的損害，並無一定的因果關係。他能否達成人民寄望於他的大力改革，要在今後四年或八年始見端倪。因為蔣中正總統培養經國先生接班，前後也費了四十年時間。除封建王朝外，沒有人天生下來就註定能擔負一國的重任。

除以上兩類共九十三篇文章外，其餘有八篇多就制度面著眼，論述台灣應興應革之處。如應學英、美、日、俄等國，建立陪審團制度，避免侯寬仁之流一意孤行；如不該讓最高檢察署特偵組去查囤積糧食的奸商，徒然浪費檢調人力物力；又如應立法賦予人民不在籍投票權，都是有感而發。

無法歸入上述各類的，是我受出版社邀請，為大陸中央電視台配合十二集《大國崛起》紀錄片編印的九巨冊（簡體字版為八冊）圖文並茂叢書，在台灣刊行繁體文版所寫的介紹，後來收在其中五冊的篇首，作為導讀。該文並非替中央電視台鼓吹，只因它能拋棄意識形態，純自歷史觀點去探索世界脈動，覺得難能可貴，而這套大書的內容也值得有心人去鑽研，從而了解現代史的浪潮，這才是我為那套書寫導讀的原因。

民國九十七年四月廿日・台北

世界多元 台灣蛻變

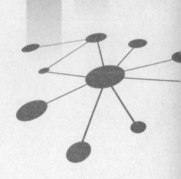

目次

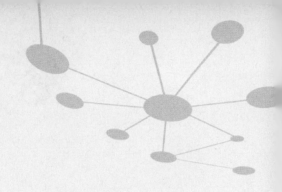

一、荒誕的二〇〇七 國內外十大新聞

（原刊九十六年十二月卅一日《中國時報》國際專欄）

歲暮年終，應該回顧一年來國內外發生的大事，選出十大新聞，結筆總帳。但台灣過去這一年來，政情變幻莫測與認知混亂的程度，遠超越世上任何國家，選擇困難，必須等到最後一分鐘，始見分曉。因此本篇遲至卅日早晨方敢動筆，只希望我們的總統先生在除夕夜，不會再有什麼出人意表的舉動。

一、陳水扁越俎代庖 謝長廷不知所措

謝前院長只在名義上代表民進黨競選下屆總統，但兼任黨主席的阿扁喧賓奪主，每天出手轉換選題，再加民進黨的「新三寶」杜正勝、謝志偉與莊國榮在旁推波助瀾，弄得謝左右為難，不知所措。各種爭議如「薄蕭會」祕辛由綠委傳出，而謝全不知情。到最後一分鐘，選務「階段」之戰總算落幕。明年三月大選投票前，這種怪現象恐仍將持續。

二、馬英九投身選戰 Long Stay 效果難斷

從二月投入總統選戰起，馬英九經砲火洗禮，已把他「法律人」性格，轉換成蔣經國自稱的「台

灣人」。雖仍偶有失誤，誠意不容懷疑。鐵馬長征，繼以 long stay，能影響多少票雖難估計，已確立個人選戰風格。特別費案二審無罪，藍營人心振奮。民進黨「去蔣化」動作愈多，對馬英九選情的幫助會更大。

三、第三勢力紛起　明年兩次選舉混沌

台灣民主愈成熟，各種不同意見紛起，是自然的現象。人民對兩大黨都不滿意，從曹興誠連續刊登巨幅廣告提議制定「兩岸和平共處法」，到周奕成組織第三社會黨，連前院長唐飛也樂觀其成，可見人心思變。但「單一選區兩票制」下，民調顯示兩週後投票時，小黨要搶到五%，恐怕難上加難。

四、台灣經濟停滯　政府玩數字魔術

陳水扁做了七年半總統，台灣經濟不進反退，四小龍中敬陪末座，全民都一清二楚，只政府死不承認。行政院想盡辦法利多，拿各種基金去填補股市無底洞。經建會奉命玩數字魔術，只公布成長率，避談通貨膨脹率或失業率。台灣已成M型社會，貧者愈貧，富者愈富。在M頂端的王永慶、張榮發和許文龍，知道問題出在阿扁鎖國政策，只是隱忍不言而已。

五、原油突破百美元　全球經濟受創

物價飛漲原因中只有一條不能怪罪扁政府，就是原油每桶上逼一百美元，除產油國家外，世界

各國莫不受創慘重。中國大陸為經濟發展需要油源，不惜支持緬甸、蘇丹、委內瑞拉等國政權，甘願受歐美各國的批評指責。俄羅斯因供應歐洲油氣，普丁（Vladimir Vladimirovich Putin）乃可為所欲為，甚至被《時代》雜誌選為今年「風雲人物」（2007 Person of the Year），都是地緣經濟所造成。

六、中共十七屆全大　接班人物浮現

十月在北京召開的中共第十七屆全國代表大會，除確定中國大陸今後五年政治路線外，也把胡溫體制的接班人推向台前，江澤民人馬幾已無存。儘管海外民運人士譏評所謂「反腐」只是口號，中國大陸從上到下的貪官汙吏無法根除，各國觀察家仍認為正面收穫大於負面意義，中國穩定發展前途可期。

七、東協憲章兩韓和解　東亞比重日增

世界局勢演變，不但使中國大陸隱然接近超強地位，整個東亞的比重也日增月累。十一月東協（大陸稱東盟）四十週年，簽訂「ASEAN 憲章」，進度已趕前歷史悠久的歐盟。南韓盧武鉉拜訪金正日，兩韓鐵路復通，雖象徵意義大於實質，都代表東亞整體重要性日增。

八、澳洲政府輪替　凸顯向亞洲移動

過去奉行「白澳主義」，限制亞洲移民的澳洲變天，工黨陸克文（Kevin Rudd）擊敗保守黨霍華德

(John Howard)，象徵大洋洲基於經濟利益，不得不拋棄種族優越感，改向亞洲尤其是中國的龐大市場靠攏。相形之下，年來拉丁美洲與非洲進步不大，甚或倒退，證明國家領導班底的重要。

九、法德帶頭 歐盟力圖恢復舊日聲勢

今年歐洲面貌有兩項重大改變：一是東歐各國加入歐盟，使會員數增加到廿七國，只剩土耳其徘徊門外。二是法國新總統薩科奇 (Nicolas Sarkozy) 完全拋棄他前任席哈克 (Jacques Chirac) 不切實際的戴高樂思想，與美國重修舊好。配合德國總理梅克爾 (Angela Merkel) 對俄國的深刻了解，不但重振北約聲威，也使歐盟有重新開始，朝制訂新憲章目標移動之望。

十、亞非獨裁橫行 聯合國束手無策

亞非兩洲的「失敗國家」(failed states) 從緬甸、蘇丹到辛巴威，儘管內政不修，國際上陷於孤立，那些大獨裁者或倚仗中共與俄國撐腰，或看準東協 (ASEAN) 和非洲聯盟 (African Union，簡稱 AU) 顧忌太多，不願或不敢實施制裁，依然我行我素。

對這些人，聯合國安理會本應採取行動，也礙於五強的否決權，束手無策。巴基斯坦前總理班娜姬・布托 (Benazir Bhutto) 遇刺，該怪罪穆夏拉夫總統 (Pervez Musharraf) 還是「基地」(al Qaeda) 恐怖組織，尚待調查。

二、南非大選前哨戰 姆貝基與朱瑪之爭

（原刊九十六年十二月廿四日《中國時報》國際專欄）

上星期裡，南北兩半球各有一場影響深遠的選舉。台灣媒體對外國大選，從來沒有像這次對大韓民國與趣之濃厚，選後更不斷評論，拿李明博的勝利與台灣當前困境作比較，用心良苦。相形之下，南非同樣舉世矚目的非洲民族大會黨 (ANC) 主席改選，媒體報導簡直不成比例。

奉使南非七年一個月裡，我與這次競爭的兩位主角——姆貝基總統 (Thabo Mvuyelwa Mbeki) 和新當選主席的朱瑪 (Jacob Gedleyihlekisa Zuma) 都非常熟悉，可云無話不談。姆貝基雖是南非推動與大陸建交的關鍵人物，他也向我坦陳「我們和台灣並無齟齬」(We have no quarrel with Taiwan)，只因南非要爭取安理會常任理事制改革後代表非洲的席次，才不得不出此下策。

他和朱瑪的背景與個性，幾乎完全相反。姆貝基與曼德拉總統 (Nelson Rolihlahla Mandela) 都是祖居東開普省的柯薩族 (Khsa) 人，柯薩族在全國十一個種族中，人數最多。而朱瑪則是那他省的祖魯族 (Zulu) 人，祖魯人數雖少而標悍善戰，曾奴役其他族群，因而兩族世世代代都是冤家。

姆貝基來自革命世家，他的父親 Govan Mbeki 是東開普省 ANC 的領袖，因此姆氏十四歲就加入 ANC 和南非共產黨，十七歲就因領導罷課被高中開除。其後一家遷居到約翰尼斯堡，六〇年代初期，他父親、另一位 ANC 大老席蘇魯 (Walter Sisulu)、和曼德拉同時被白人政府捕獲，在 Livonia 法院出

庭受審，至今被認為南非革命史上最光輝的一頁。

這三人都被判處無期徒刑，姆貝基被迫逃亡海外，廿八年未能返國。他先到英國讀書，在瑟賽克斯大學（University of Sussex）獲得經濟學碩士學位。畢業後就在ANC倫敦辦事處工作，曾奉派赴蘇聯接受軍事訓練。此後他曾被派駐波扎那、奈及利亞、史瓦濟蘭，但總以設在尚比亞首都盧薩加的ANC總部為根據地，就近與南非地下黨聯繫指揮。

姆貝基在外國的經歷與所受教育，使他與ANC一般土幹部完全不同。他整天口叼菸斗，一副英國紳士的模樣，談吐文雅，對世界局勢瞭如指掌。他的夫人Zanele Dlamini，儀態風度也高人一等，較任何國家的第一夫人毫不遜色。南非雖由黑人執政，經濟命脈仍操在白人手中，金融鉅子與外國投資人很支持這位總統，但失業的貧苦百姓在認同上就有差距了。

朱瑪之所長，正是姆貝基之所短。外國媒體很難了解的另一重要因素，是ANC除治國外，還要與黑人第二大黨印卡塔自由黨（Inkatha Freedom Party，簡稱IFP）競爭。IFP黨魁布特萊齊（Mangosuthu Buthelezi）是現任祖魯王Goodwill Zwelitini的親叔叔；從曼德拉到姆貝基，都必須在內閣裡給他安排個重要的部長職位。柯薩族人心裡很不是味道，姆貝基第一任時選朱瑪做副總統，用意就是拿他來抵消布特萊齊的號召力。

朱瑪十八歲加入ANC打游擊，廿一歲時被捕，判刑十年，與曼德拉和ANC其餘大老們同被囚禁在Robben島，成為他的政治資本。出獄後繼續三年做地下工作，因殺人被政府追捕，才逃亡到國外。他的活招牌是首戰歌*Lethu Mshini Wami*《拿我的機關槍來》，許多黑人青年邊唱會邊流淚。

鄉土氣息濃厚，敢作敢當，是選民對朱瑪的印象。黑人把男女關係看得稀鬆平常，朱瑪至少結過三次婚，第二任妻子名 Nkosazana Dlamini-Zuma，曾任外交部長，我每星期總見她好幾次，後來才換恩佐 (Alfred Nzo)。朱瑪很快就離婚另娶。一九九九年姆貝基接替曼德拉，成為南非民主化後第二任總統，選朱瑪做副總統。此後逐漸發現他竟有問鼎大位的野心，二〇〇五年趁連任的機會，把他換掉，改以南非共產黨首位女主席 Phumzile Mlambo-Ngcuka 為副總統，兩人間的嫌隙由此而生。

南非國會選舉採「不分區一票制」，人民只選黨不選人，所以不論參、眾議員，無人敢缺席或跑票，因為黨魁隨時可以開除不遵守黨紀的議員，照選前交給獨立選舉委員會的候選人名單，以下一名遞補。但五年一次分別選舉總統與國會時，則只認人不認黨，與西敏寺制度的其餘國家又有不同。

南非總統既是最大黨的領袖，也是國會一員，每年開議期間，總統和各部會首長都搬到開普敦辦公。眾議院大廳面對議長左邊是執政黨席，第一張桌子是總統的座位，不論曼德拉或姆貝基，都會坐在那裡，這也是南非的特色。

一年來，朱瑪有一連串貪汙與強姦官司纏身；是否受姆貝基的指使，外間不清楚。貪汙案仍在二審中。最好玩的是：強姦案開庭時，他承認與那位身染愛滋病的女孩發生過性關係，但辯稱是對方自動送上門來，獲判無罪。雙方辯論時，律師問他難道不怕感染愛滋病嗎？他回答說，嘿咻後立刻淋浴，可以避免生病，媒體的漫畫與討論節目不斷引用，作為笑談。

南非要二〇〇九年才選總統，朱瑪有 ANC 左翼力量包括南非總工會 (COSATU) 與南非共產黨的支持，現在又以壓倒票數當選執政黨主席，無疑是挑戰姆貝基權威的唯一對手，有關他的新聞還多著呢。

三、萊斯飆完後　要看中共的態度

（原刊九十六年十二月廿三日《聯合報》民意論壇）

陳水扁做了七年半總統，把台美關係陷入谷底還不夠，又一意孤行，非要拿公投去綁大選，弄得與布希總統情同父女的萊斯（Condoleezza Rice）國務卿，日昨用「挑釁」一詞批評阿扁的行為。用詞嚴峻，前所未見，無人可以否認台灣正面臨五十幾年來最嚴重的外交危機。

總統府副祕書長林佳龍像是吃了老虎心、豹子膽，說萊斯的話是「預料中事」，更重申入聯公投「勢在必行，不會改變」，要老百姓們「不用過度反應」，政府將與美方繼續溝通云云。一向放大砲的謝志偉，反而只說「入聯是個案」，可以理解美方的態度，但「不見得同意」，委婉許多。我也很同情外交部被綁架的官員，不得不說些昧心之論，如公投「無涉更改國號，不會改變現狀，更不是中國宣稱的法理台獨」等飾詞，於事無補，徒顯無奈而已。

萊斯發言的背景，是她年終回顧美國全盤外交關係的記者招待會，廿一日上午十時十七分在國務院舉行。作為舉世唯一超強的外交部長，她需要逐一檢討各地區情勢，並闡述美國政策，依次從中東、近東、中亞、講到遠東，然後才講到非洲、中南美、與歐洲。

以下是我就國務院發表記者會全文裡開場白中有關台灣兩段話的翻譯，萊斯說：

「當然，在東亞仍有各種挑戰與衝突點，需要我們密切注視。舉台灣海峽為例，美國持續儘力維護該地區的和平與安全。我們反對任何一方威脅要使用武力，或片面採取改變現狀的行動。我們遵守一個中國政策，我們也不支持台灣獨立。

「近幾月來我們已一再重申，我們認為辦理以『台灣』名義加入聯合國的公投，是一種挑釁的政策，既毫無必要地提高台海緊張情勢，又不會替台灣民眾在國際舞台帶來任何實質利益，這是我們反對入聯公投的原因。」

萊斯談話全文長達八頁，其後紀錄中，她常能叫出發問記者姓名，大概都是終年隨她奔走各國的資深外交記者，台灣各報派駐華府的特派員幾無插嘴餘地。昨天許多媒體朋友來問我的觀感，以及美國下一步棋怎麼走。

台美間雖無邦交，我國仍是主權獨立國家。美國能採取的行動，也仍須受國際法與國際慣例的限制，我看不出華府還能做什麼比萊斯發言更激烈的事。台灣真該注意的，是大陸將採取什麼行動。

北京似乎也尚未定調：國台辦兼中台辦主任陳雲林除趕去華府交涉外，在最近一期《求是》發表的文章，指台灣當局正「走向法理台獨」，他扮的是黑臉。而胡錦濤主席兩月前在十七大政治報告裡，首度提出兩岸簽署和平協議的主張，扮的是白臉。陳總統鋌而走險，想是看準了中、美雙方都不致逾越最後底線的一場豪賭。

（本篇於報章發表時，因篇幅限制，略有刪節。現結集成書，為保存原貌，仍依原稿刊載，責任自負，特此聲明。作者謹註。）

四、外國人名　中譯學問大

（原刊九十六年十二月廿一日第一五五六期《時報週刊》專欄）

大學時期，我修過一年俄文。它的字母源自所謂「西里爾文」(Cyrillic)，相傳為希臘教士聖西里爾 (St. Cyril, 829–867) 所創，今天的斯拉夫文 (Slavic)、塞爾維亞文 (Serbian)、保加利亞文 (Bulgarian) 與塔吉克文 (Tajik) 一體沿用。

斯拉夫文的範圍可廣了，不但俄國，歐洲南部所有斯拉夫人種都使用西里爾字母。南斯拉夫 (Yugoslavia) 裡的 yugo 一字本義就是「南方」。我在擔任空有虛銜，並無薪給的無任所大使時期，前後訪問馬其頓三次。馬國原屬南斯拉夫，街道與市招用的都是西里爾字母，我卻念得出來。其實六十幾年前所學的，也只剩這些字母了。

俄文發音倒還容易，文法實在太難。例如動詞的變化，英文只有三個「格」(case)，德文有四格已經夠麻煩，俄文則有六個格，弄得我頭昏腦脹，只好放棄，今日回思，自覺慚愧。

台灣各校設有斯拉夫語文或俄文系者不多，我只知道政大、輔仁、軍官外語學校等幾所。熟識的俄文專家也只著有《蘇聯外交史》、《中俄關係史》、《俄羅斯風雲》、《俄國語言學研究及俄語教學》作者的明驥教授一位。

大陸早年有成千上萬的留俄學生，至今俄文仍甚普遍，尤其在譯名這點上，比台灣高明得多。隨便舉個例：俄國總統普丁（Vladimir Vladimirovich Putin）在大陸譯為「普京」，就俄文發音而言，普京比普丁正確得多。

他的名字已經是 Vladimir，何以後面又接個 Vladimirovich 呢？這是因為他父親也叫 Vladimir，中間那個字表示他是那個 Vladimir 的兒子。即使在戰前，大陸所譯俄國文學名著裡，凡遇到人名時，都將三字全部譯出。普丁的名字依照大陸規矩，會譯作「佛拉第米爾・佛拉第米若維奇・普京」，把兩代的關係交代得清清楚楚。

台灣媒體從業人員絕大多數只學過英文，懂日文或西班牙文者寥寥可數，法文、德文或俄文更絕無僅有。從前還有中央通訊社的譯名統一委員會，遇到新的人名地名，概以中央社譯名為準。媒體進入戰國時代後，誰也不賣誰的帳，結果是天下大亂，讀者們被灌輸了許多錯誤觀念，積非成是，普京與普丁便是顯例。

有關姓名的規矩，以西班牙文最為清楚。一般人姓名通常有四個字，前兩字是他的名字，第三字是他父親的姓，第四字則是他母親的姓。即使父子之名前三字相同，從第四字可以看出兩代的差異。中南美洲的朋友抱怨說，他們進入美國時，總嫌入境登記表上的姓名一格的空間太小，無法填入全名。因而造成混淆，責任不在他們，要怪老美自己。

中國沒有父子同名的規矩，外國卻相當普遍，英美尤然。兒子與父親同名，在姓名後加個“Jr.”代表 Junior 便可解決。自認門第顯赫的人家，一代代相傳下去，喜歡加上羅馬數字的 II、III、IV 等等，以驕同儕。

德文裡父子同名而為世人熟知的，首推十九世紀奧地利音樂大師、創造華爾滋舞曲的史特勞斯父子。到過維也納的遊客必定曾在市立公園裡白色大理石史特勞斯 (Johann Strauss) 雕像旁拍過照片留念。他的兒子 Johann Sebastian Strauss，也可稱為 Johann Strauss, Sohn（即英文裡的 son）。

中文裡翻譯外國人名，遇見羅馬數字時譯為二世、三世、四世即可。更省事的方法是在前面加個形容詞。布希一家兩代都是總統，老布希和小布希永遠不會混淆。但英文裡可不能這麼做，只能用中間一字 (middle name) 來分辨。常看英文報紙的讀者，看到 George W. Bush，知道那是指已經退休的老爸；若用 George H. W. Bush，那就是指現任總統小布希。

為什麼不用中間的全名來分辨呢？因為老布希中間那個W代表 Walker，而小布希中間那兩個字母則代表 Herbert Walker。十九世紀早年，美國人初嘗帝國主義滋味，有個聲名狼藉的冒險家 William Walker (1824–1860) 到處惹事生非。此人做過醫生、律師、新聞記者，先佔據墨西哥的 Sonoma 省，建立共和國，自任總統，沒多久就被墨西哥人趕走。

那時美國有中立法 (Neutrality Law)，他被捕在德州受審，卻被陪審團釋放。他又募集了一支傭兵，到中美洲興風作浪，在宏都拉斯、尼加拉瓜與哥斯大黎加都沒搞多久。最後被英軍捕獲，交給宏都拉斯政府，被槍斃時才滿卅六歲。布希父子因何名字中間有個 Walker，我不知道，避免使用自然有它的道理。

五、自爆遭恐嚇　扁無招之招

（原刊九十六年十二月十八日《聯合報》民意論壇）

總統自爆遭受恐嚇，電子與平面媒體因此大做其文章。儘管台聯立委候選人李安妮說，她父親做總統十二年中，收到的恐嚇信何止一「拖拉庫」？都被丟到垃圾箱去。何況偵查反對黨無孔不入的國家安全局，與原該維持軍紀卻變成近衛部隊的憲兵司令部，早已被阿扁牢牢掌握了。

每次路過玉山官邸，看見四周深溝壁壘，拒馬連綿，警衛森嚴的氣勢，真令人不敢迫近。選舉越近，總統越喜歡到處安排行程，顯示他大無畏的精神。反正所至之處布滿便裝與制服憲警，只要有人嗆聲，立即被強制壓離。民進黨委員與深綠節目仍然緊咬這樁無聊的新聞，不肯放手，因為除此以外，實在沒有別的競選題材足資號召深綠選民了。

國家元首個人與直系家屬的安全，應受最嚴密的保護，是天經地義的事。應邀前來正式訪問的元首級貴賓，除他本國隨扈安全人員外，也應享受與我國元首同樣的禮遇和保護，理所當然。在美國，為這項工作專設有「特勤處」，但不歸中央情報局或國防部任何單位管轄，卻一直是設在財政部之下；直到前幾年成立國土安全部時才予併入。有人會問：我國國家安全局是仿效美國中央情報局而設的，有何不對呢？不知中情局的前身「戰略事務處」是二次大戰的產物，不可混為一談。其他歐美民主國家雖有類似機構，也都是廿世紀後半才陸續設立。但除獨裁政權外，沒有賦予調查國內團體或個人之權的先例。歐洲許多國家憲法更嚴禁情治單位蒐集國內團體或個人的情資，台灣應知效法。

陳總統雖然仍在公開場合談論家屬被恐嚇的事件，至少已宣稱「走正步，絕不走奧步」。手無寸鐵的老百姓，正睜大眼睛等候他落實這些義正詞嚴的承諾。

六、阿扁與薄瑞光「各說各話」立此存照

（原刊九十六年十二月十七日《中國時報》國際專欄）

一週來國際間有不少大新聞，從普丁擇定明年俄羅斯總統改選「團結俄羅斯黨」候選人，到巴基斯坦總統穆夏拉夫辭卸軍職並解除緊急狀態，都足以影響世局。但對台灣而言，仍以美國在台協會(AIT)理事主席薄瑞光(Raymond F. Burghardt)訪台，強烈表示美國反對「入聯公投」的立場，最為重要。

十日下午，陳水扁在總統府接見薄瑞光與隨行的國務院「台灣協調處」(府方新聞稿譯法)處長史伯明(Douglas Spelman)和楊甦棣等人；黃志芳、林佳龍陪見。此後幾天，各報與電視台紛紛討論這場會晤的意義，言人人殊。其實最好的辦法，就是拿雙方對外發表的原文來解讀，以免誤入歧途。

總統府當晚發布長達四頁的新聞稿，先給美國戴上頂高帽子，把台灣解除戒嚴、美麗島事件從輕判決，都歸功於「美國政府、國會及人民的關切與支持」。阿扁說「台灣絕對是美國許多友邦中最力挺、最支持美國的好朋友之一」，說他七年前「提出『四不一沒有』的信諾，是台灣負責任的表現」。但如仔細比對上下文，新聞稿到第三頁時，「一沒有」就消失無蹤了，只剩下重申「過去八年來向美國政府、布希總統所作的『四不』承諾，絕對不會有任何改變，這點還請美方能夠放心」。然後含糊

地引述薄瑞光答詞中，對阿扁有利的部分。

美國在台協會當然不便直接與總統府新聞稿唱對台，卻在薄瑞光離台前，十一日舉行記者會，先宣讀準備好的聲明，再答覆中外記者提問。台北AIT網站將刊登中譯文，但因等候不及，以下引號中的文字是我自己根據問答全文所譯，併此說明。

薄瑞光強調，美國依據美、中三個公報與台灣關係法制定的「一個中國政策」，歷經三十年來共七位總統，證明有效，現在更不會改變。而美國認為入聯公投「毫無必要地威脅到台海穩定與台灣的安全」，因此美國「反對所有看來故意要想單方面改變台灣現狀，或違反陳總統過去對國際社會所作承諾的任何舉動」。

這段話語氣之重，超越美國國務院主管亞太事務的副助理國務卿柯慶生 (Thomas J. Christenson) 或副國務卿尼格羅龐提 (John Negroponte) 兩人的發言。或許為緩和衝擊，薄瑞光接著表示了解台灣需要國際活動的空間，再次重申美國支持台灣加入非以主權國家為入會條件的國際組織。

到底是經驗豐富的職業外交官，歷任處長、大使等職務的薄瑞光對扁力推公投，要想綁住謝長廷手腳的意圖，洞若觀火。他明白指出，台灣報紙評估近幾月來美國對公投意見的用意，在於讓下任總統可以放手做事，是「正確的觀察」。他強調美國在馬英九與謝長廷之間並無偏頗之心，兩人隨便哪位勝選，俱所歡迎。

畫龍點睛，薄瑞光說美國所有對台評論只有一個目的：就是新總統「應有自主全權」(he deserves to be his own man)，「他不該被別人現在的發言，或現在採取的行動所局限。」(He shouldn't be boxed in by statements that people make now, or actions that they take now.)

薄瑞光仍怕綠營會故意誤導民眾，再重複一遍說：「我講應該給新總統一個機會時，就是指公投問題而言。我對公投作如是觀，華府有許多人和我的意見相同。」因為「只要舉辦公投，就會使新總統難以和海峽對岸發展良好關係。公投如果通過，新總統將難以走出第一步，對他太不公平」。

藍營說阿扁是「麻煩製造者」，民進黨總群起反駁。這次輪到薄瑞光了，他說：「公投不會改變台灣的國際地位，它唯一的功效是製造麻煩。」(It isn't going to accomplish anything in changing Taiwan's international status. All it does is cause trouble.) 如此開門見山地拆穿陳總統的把戲，值得喝采。

他透露說，美國給大陸的忠告也一樣。「等下再說，那兒會有一位新總統，不要反應過度，別做蠢事。」但是在答覆美聯社記者 Peter Enav 問題時，薄瑞光對下任總統試圖擺脫阿扁遺留的緊箍咒一事並不樂觀，這才是他大聲疾呼的原因。

薄瑞光此次來台，大概也看了不少電視政論節目。AIT 台北辦事處新聞科長王樂仁 (Lawrence A. Walker) 告訴我說，他們的理事主席形容台北是「全世界過度分析的首都」(The world capital of over-analysis)。把雙方言語交鋒立此存照之餘，希望藍綠各電視台主播的女士先生們，聽見後也有聞之大笑的雅量。

七、有這款同志　謝哪需敵人？

（原刊九十六年十二月十一日《聯合報》民意論壇）

英文裡有句俗話：「有了這樣的朋友，你還要敵人做什麼？」拿來形容民進黨總統候選人謝長廷的心境，真是再恰當不過。

曾幾何時，民進黨「三寶」的蔡啟芳、林重謨和侯水盛，早已被「上吐下瀉」的杜正勝和謝志偉取而代之。但他們兩位的風頭，如今又被半路殺出來的莊國榮蓋了下去。此人只用個把星期的時間，就成為基本教義派的寵兒，前天又口發狂言，批馬英九太「娘」，而郝龍斌像「同性戀者」。有位朋友閱報後大笑，連眼淚都笑出來了。

鼓吹台灣民主政治的民進黨前輩，怎麼都不會想到他們努力的結果，會出現這樣的寶貝人物來坐享其成；甚至陳總統也表示要向莊國榮「致敬」。還是呂副總統有點骨氣，她說講這種話「要接受嚴厲的批判」。

心裡最不是滋味的謝長廷，遇見這種事只好顧左右而言他，既不願苟同，又不敢批評，免得擴大與阿扁之間的裂痕。謝的心裡非常清楚，杜正勝、謝志偉、莊國榮之流被基本教義派捧上天的風雲人物，其實在給他幫倒忙。這些人說的話越荒腔走板，使大多數民眾引起反感，他當選的機會就越渺茫。何去何從，陷入兩難。

其實謝長廷沒有必要如此躊躇。擺脫阿扁的魔掌，才能獲得新生。眼前就有個大好良機，要看他有無膽量把握。

上星期六，布希總統與胡錦濤通熱線電話，白宮正式發布說，所談內容包括有台海問題。我們的總統府假裝沒聽見，因而沒有反應。週末美國在台協會理事主席薄瑞光由國務院遠東局中國與台灣事務科科長陪同來到台北，昨天下午到總統府拜會。見總統之外，薄瑞光少不得也要拜會兩黨總統候選人。對謝長廷而言，這是與陳總統劃清界線的大好機會。他可以對薄瑞光訴苦一番，但AIT不會替他傳話給媒體。所以見面後，他很可能在答覆記者詢問時，委婉但清晰地不認同杜正勝、謝志偉、和莊國榮的發言，從而透露他與阿扁之間在競選策略上的歧異。

謝長廷在競選過程中，被阿扁指揮手下綁架了幾個月，憋了一肚子冤氣。我想他不會放過這個釐清自己立場，與基本教義派分道揚鑣，回到爭取中間選民的機緣。如果他把杜正勝、謝志偉、和莊國榮當作朋友，謝長廷真的不需要什麼敵人了。如何取捨，我們都在拭目以待。

八、經濟復甦　特務頭子普丁再次勝選

（原刊九十六年十二月十日《中國時報》國際專欄）

上週林博文兄的國際專欄已經寫過〈兩個迷戀權力的獨裁者〉，把俄羅斯總統普丁與委內瑞拉總統查維茲（Hugo Chavez）相提並論。但在個人學識、經歷或領導能力各方面，普丁遠較有土著血統的查維茲複雜，兩人間的差別不可以道里計。

中國大陸雖在崛起中，還要等二、三十年才能成氣候。無論拿「軟實力」或「硬實力」作比較，俄國仍是世界第二超強，也仍是今後美國明爭暗鬥的頭號對手。要了解未來，須先認識普丁這個人，與為何他領導的「團結俄羅斯黨」上星期能在國會下議院（National Duma）選舉中大獲全勝的原因。

七年前為競選總統，普丁在授權出版的自傳（英譯本稱 *From the First Person*）裡，自承他從小就立志要做個情報人員。一九七五年他自國立列寧格勒大學畢業，就立刻加入 KGB（舊蘇聯特務機關「國家安全委員會」俄文首字縮寫，後改為「聯邦安全局」，換湯不換藥）。普丁精通德文和英文，因而他進入 KGB（即「格別烏」）後，就被派到東德的德勒斯登，與西德和英、美的特務人員打了六年的諜報戰。一九九〇年普丁調回俄國，他公餘繼續攻讀，以一篇〈市場經濟體制下區域資源的戰略設計〉為題的論文，獲得博士學位。

雖然美國人譏笑他抄襲美國教授的論文，但既經國立大學審查通過，他的學位不容置疑。事實證明，從他擔任總統起，俄國經濟不但起飛，而且蓬勃成長。無怪此次下議院改選，他的團結俄羅斯黨贏得六四・一％選票，在總席次四五〇席的下院中得到三一五席。而第二大黨俄國共產黨只獲十一・六％，換算成五十七席。差距如此懸殊，無論普丁主導修憲，繼續掌握大權，或找個傀儡明年三月出來競選總統，而自己轉任總理，都可為所欲為，沒人能夠阻擋。

美歐各國的觀選員一致抨擊這次選舉弊端累累，明顯不公。例如作為俄羅斯聯邦構成分子的車臣共和國 (Chechnya)，因抗俄而死了幾十萬人，但此次下院改選的投票率竟高達九九・五％，其中普丁的團結俄羅斯黨獲得九九・四％支持，實在難以置信。笑罵由他人笑罵，俄國概不理會，別人也沒有辦法。

普丁的另一個長處，是懂得與民營企業如何共存共榮。一九九一年他捲入推翻戈巴契夫 (Mikhail Gorbachev) 的政潮失敗，被迫辭去 KGB 職務，暫時脫離特務生涯。此後僅擔任列寧格勒市議會國際事務委員會主任，反而讓他認識了民營企業的需求何在，以及企業主關心些什麼議題，與他從經濟學理論獲得的知識純然不同。

普丁能得俄國人如此擁護，主要由於他對國家經濟復甦的貢獻。一九九八年他又回任特務頭子，出掌聯邦安全局，正值俄國面臨嚴重經濟危機：通貨膨脹不可收拾，盧布貶值達六〇％，外國投資人望而卻步。翌年八月，他被任為總理，年底葉爾辛 (Boris Yeltsin) 辭職，他順理成章代理總統職務，立即推行稅制、銀行、勞工、與地政各方面改革，旋乾轉坤，確實做了不少事。

從那時起，俄國從半生不熟的社會主義市場經濟，改走完全資本主義路線，以發展國內市場替代出口導向，此後十年的成長率都超過一〇%。現雖略有減少，二〇〇六年仍達六・七%。俄國的國內生產毛額是九八九〇億美元，今年七月時外匯存底達四二〇〇億美元，居世界第二位。這些數據並非莫斯科自吹自擂，而是美國國務院的統計數字，可以上網查對。

有多年「對美鬥爭」的經驗，普丁在外交上左右逢源，專挑美國無法獨斷獨行的地方去撿便宜，使華盛頓恨得牙癢癢地無計可施。以中東為例，在以色列與巴勒斯坦人無休無止的爭端中，俄國是擔保「和平路徑圖」的四方之一。若非顧忌俄國的反應，以色列早想用短程飛彈對付巴人「哈瑪斯」組織（伊斯蘭抵抗運動，阿拉伯文英語聲譯為 Hamas）與伊朗了。

在伊朗問題上，俄國以聯合國安全理事會五強身分，不斷阻擋美國想提出制裁德黑蘭政權的決議草案；伊朗總統阿瑪狄尼杰 (Mahmoud Ahmadinejad) 與哈米尼教長 (Ayatollah Ali Hosein-Khamenei) 對普丁的感激涕零，不在話下。而敘利亞如無俄國做靠山，早就抵擋不住美國排山倒海的壓力。其餘阿拉伯國家嘴上雖不便講，心底對有人敢與山姆大叔作對，也有點幸災樂禍之感。

即使在遠東，俄國軍力雖難與前蘇聯時代比擬，但意圖化解北韓研發核武危機的「朝核六方會談」少不了它。中亞腹地爭奪剛開始，俄國是「上海合作組織」創始會員，處處阻擋美國將手伸入中俄後門的企圖。你可以譴責普丁專制、貪汙與弄權，但是你也無法否認他七年總統任內俄國的壯大與進步。

九、萊斯為布希解套

（原刊九十六年十二月七日第一五五五期《時報週刊》專欄）

本週一我在《中國時報》所寫國際專欄的主題是「中東和平會議　布希有了『下台階』」（見本書第十一篇）。因為實情既有趣又複雜，只能約略敘述十一月廿七至廿八日間，美國邀集四十四國與五個國際組織，齊集馬里蘭州安納波里斯（Annapolis）美國海軍官校開會的大概經過。但受字數限制，無法解釋這次最大的功臣萊斯國務卿，在個人政治前途上所做的暫時犧牲。

一個多月前我初次分析美國明年大選，結論是美國可能破天荒地選出一位女性總統，但似乎尚難接受下任總統是黑人。這樣的論斷有點自相矛盾，現在因中東和平會議開成，可以大膽地說，我十月廿九日的預測，果真不幸言中了。

從今年初開始，萊斯八度訪問中東，這次的和平會議又由她從頭到底主持，端出外交史上最特殊的「共同諒解」（Joint Understanding）聲明，宣布事前已獲與會各國同意。其中設置以色列、巴勒斯坦與美國三方面的「合作機制」（a mechanism），誰是誰非要美國說了才算數，完全無視以、巴雙方的主權，真可謂前無古人，後無來者。

中東和平會議圓滿閉幕，限定以、巴雙方須在二〇〇八年底前達成和平共存的談判，替不能連任的小布希完全解除了入侵伊拉克五年多來的困擾，使他可安穩地退休。至於伊拉克局勢能否改善，以、巴兩國永久和平能否實現，讓下任總統去頭疼吧。

萊斯當然有問鼎下任總統的野心。無論就學術地位、從政經驗、全國性知名度，或美國人對政治人物的信任而言，她都比歐巴馬參議員 (Barack Obama) 強得太多。她的支持者早已設立了競選網站 (www.Rice2008.com)，凡捐款七十五美元者可獲贈送她的著作一冊。如無她本人同意，這個網站是不會成立的。

僅就夠資格競選總統職務者而言，黑人中還有曾任參謀首長聯席會議主席、白宮國家安全顧問、國務卿等要職的鮑爾將軍 (Colin Powell)。但鮑氏受夫人影響，看透華府官場的齷齪醜態，寧願安居養老，無意競逐大位。共和黨現有七、八位候選人，只曾任紐約市長的朱利安尼 (Rudolph Juliani) 略為領先。萊斯如在明年二月投入競選行列，對上希拉蕊，兩黨選戰會立即變成「兩個女人的戰爭」，吸引全世界的眼光。

出生於美國南部阿拉巴馬州伯明罕 (Birmingham, Alabama) 的萊斯，幼年嘗盡種族歧視的滋味。發憤圖強的她，天資聰穎，二十歲從美西科羅拉多州的丹佛大學以優等成績 (cum laude) 畢業，一年後在聖母大學拿到碩士。一九八一年，她在丹佛大學國際研究所修得政治學博士，立即被舊金山著名的史丹福大學聘為助教授，迅速升到正教授。

她的專長是蘇俄研究與共產理論，因此在一九八九～一九九一年兩德統一與蘇聯解體期間，萊斯被白宮羅致，先任國家安全會議下主管蘇俄與東歐部門主任，後升資深主任，最後被任為總統的國家安全事務特別助理，與布希父子建立了深厚情誼，延續至今。一九九三～一九九九年間，她是史丹福的學務長（Provost，相當於我國大學的首席副校長），不但主管一萬四千名學生的課業標準與一千四百位講師、教授的考績，還掌握全校每年十五億美元經費的支配權。如無兩把刷子，這個位置是坐不穩的。台灣人都知道史丹福有個胡佛研究所，她也兼任該所高級研究員（Fellow）。

如此忙碌，她還有時間寫書。出版的著作有《難以確定的聯盟關係：蘇聯與捷克武裝部隊》（一九八四年）、《戈巴契夫時代》（一九八六年，與 Alexander Dallin 合著）、《德國統一與歐洲的轉變》（一九九五年，與 Philip Zelikow 合著）。在各種學術性刊物發表的文章超過百篇，每年在各地演講更是不計其數。

希拉蕊已滿六十歲，而萊斯才五十四歲，她可以再等四年，到時看美國經濟與世界局勢如何，再考慮是否出山。如果她不願意等候，明年二月初所謂「超級星期二」（Super Tuesday）後，也可投入戰場。兩者都有可能，主動權在她自己手上。

中東和平會議圓滿結束，留給美國大眾最深刻的印象是萊斯對主子的忠誠。在追隨小布希總統八年後，她寧可暫時放棄自己的政治生涯，為白宮與國務院洗刷陷入伊拉克泥淖的錯誤，扳回一部分聲望。美國當代歷史上，沒有幾位像她這樣的人物。

十、日記解密：蔣下神壇　被扁綁祭壇

（原刊九十六年十二月六日《聯合報》民意論壇）

陳水扁與杜正勝花費一百八十萬台幣公帑，非要把中正紀念堂前面牌樓的「大中至正」牌匾拆下不可，除為選舉綁住深綠基本教義派票源之外，我實在想不出其他任何理由。

今天淩晨關鍵時刻，有人徹夜不眠地守候，要捍衛這座歷史建築的原始面貌。也有人處心積慮，妄想造成衝突死傷，藉此可宣布戒嚴。老百姓被搞得糊裡糊塗，一般人只曉得可能鬧出亂子，卻無人公平地撇開藍綠立場，就事論事去看問題。

平心而論，中正紀念堂的名稱不是不能改，正門的牌匾也並非神聖不可拆換。抗戰時期，蔣中正確是率領全民抵抗日本侵略的英雄，他半世紀領導國民黨建設台灣的功績，也無可抹殺。但自從他自一九一五年到一九七二年、長達五十多年，以千萬字計的日記在史丹福大學胡佛研究所對外公開後，他已經走下了國民黨的「神壇」和共產黨的「祭壇」，還原成為一個有血有肉的平常人。

今年七月十日香港出版的《亞洲週刊》封面故事，用四頁地位報導兩岸三地乃至日本數十位歷史學者不辭辛勞，多次到胡佛研究所閱讀解密後蔣公日記的觀感。其中有大陸的中國社會科學院、北京大學和復旦大學，日本的東京大學，自然也有台北的中央研究院近代史所與國民黨黨史會。這些背景立場完全不同的學者專家，異口同聲都認為蔣氏日記具有高度真實性及權威性，顛覆了國共兩黨過去的官方論述。

換句話說，這五十多年的中國史也好，台灣史也好，因蔣氏日記公開，需要重新評估改寫。僅就二二八事件而言，蔣當時忙於國共內戰，無暇兼顧，他在日記裡怪罪省主席陳儀，說主因是「人謀不臧」，下令「勿濫殺無辜，除首惡者」。各方對歷史的認知，既有如此重大改變，何以民進黨無人知悉？或雖知道而無人敢提？連表面偶爾還保持點公道的謝長廷，也同樣滿口胡言，顛倒是非，真使人百思莫解。

中正紀念堂應該成為保存蔣中正史蹟的博物館，收藏所有現存資料，不是把他當作「最高領袖」來紀念，而是蒐集所有關於他個人和蔣經國總統與那個時代有關的書籍、衣物、照片、乃至武器，供後人參觀憑弔，任何謾罵或吹捧的資料都可展示，無須隱瞞，以顯示台灣的演變與進步。我深信國民黨或馬英九都會認同這個主張。因為已進入民主時代的台灣，人民有足夠的智慧與常識去辨別是非，任憑政客們如何搬弄挑撥，最後只會自食惡果。

十一、中東和平會議　布希有了「下台階」

（原刊九十六年十二月三日《中國時報》國際專欄）

上星期最重要的國際新聞，無疑是美國盡九牛二虎之力，借馬里蘭州安納波里斯美國海軍官校召開的「中東和平會議」。唯一超強的美國找來四十四國派代表出席，有報紙說共四十九國，大概把並非國家的國際組織如歐洲聯盟、聯合國、阿拉伯聯盟等都算了進去。

不管究竟有多少國出席，其中十二個阿拉伯國家過去都不承認以色列，肯參加實屬不易。更重要的，是把美國大敵的伊朗與巴勒斯坦人的「哈瑪斯」組織排除在外，就美國立場而言，這確是外交一大突破。如仔細研究會議結論，它還給即將成為跛鴨的布希總統提供了最佳的「下台階」。

這麼大規模的會議，白宮國家安全顧問哈德雷 (Stephen Hadley) 與國務卿萊斯不知花了多少心血，連哄帶騙才能促成。萊斯從今年初開始，僕僕風塵，走訪中東八次，威脅利誘無所不用其極，但仍要等到以色列與巴勒斯坦雙方領導人條件成熟，才得敲定。

巴勒斯坦自治政府主席阿巴斯 (Mahmoud Abbas)，原本受巴勒斯坦自治議會合法選出的多數黨「哈瑪斯」箝制，動彈不得。今年二月萊斯到訪時，恰逢巴國內部談判破裂，哈瑪斯訴諸武力，佔據了肥沃的迦薩走廊，阿巴斯政府只剩下約旦河西岸彈丸之地，隨時可能垮台，情勢岌岌可危。

以色列總理歐默特（Ehud Olmert）眼見時機不可失，立即趕往西岸拜訪阿巴斯，表示無條件支持他繼續執政。以巴雙方當事人化敵為友後，美國因勢利導，抬出求取中東永久和平的大帽子，使被邀國家不得不給點面子，才使這次會議得以召開。

沙烏地阿拉伯向以阿拉伯各國領袖自居，這次也不得不來，但只派外交部部長紹德親王（Saud al-Faisal）為代表。代表敘利亞的是外交部副部長梅哈達（Fayssal Mekhada）；但以美國對敘利亞態度之惡劣而言，巴夏・阿塞德總統（Bashar al-Assad）肯派人參加就不錯了。

這次會議的主角無疑是阿巴斯與歐默特兩人。因出席元首不多，美國索性以萊斯作為大會主人。所以布希廿七日晚參加萊斯歡迎各國首席代表的晚宴，致詞時只向四位貴賓致意，除歐默特與阿巴斯外，他只提了聯合國祕書長潘基文與代表歐盟處理中東問題的老友、英國前首相布萊爾（Anthony Charles Lyuton Blair，媒體習用 Tony Blair），其餘就一筆帶過了。

以、巴、美三方緊鑼密鼓地談判了三個月，才大致理出個頭緒。六十幾年糾纏不清的以巴爭執，無人指望能在二、三天或數個月內解決。會前所得的結論共五段，由布希親自在廿八日會議席間宣讀，稱為「共同諒解」（Joint Understanding），長六百餘字。除聲言內容「已獲與會各國支持」外，有以下幾個特點：

一、依照「四方」（The Quartet，指聯合國、歐盟、俄羅斯與美國；前二者並非國家，故稱四方）二〇〇三年四月卅日所提出的「和平路徑圖」(Roadmap) 密集談判，在二〇〇八年底前簽訂永久和約，以色列與巴勒斯坦兩國毗鄰而居，和平共存。

二、成立「指導委員會」(Steering Committee)，隨時商討談判中遭遇的困難，而首次會議定今年十二月十二日召開。為保證成功，阿巴斯與歐默特將每兩週會晤一次，追蹤談判進度，協商雙方代表無法解決的問題。

三、以巴雙方承諾立即遵照和平路徑圖所定程序，成立一個以、巴、美三方面的合作機制 (a mechanism)，由美國主導，監督實現和平路徑圖的每一步驟。雙方是否確實盡責，由美國作最後判斷。換句話說，美國是最後裁判者，只有布希說的話才算數，以、巴雙方都得聽他的。

這樣的談判條件，外交史從無先例，真虧萊斯想得出來。但替美國著想，若非手裡有把大馬鞭吆喝著，還真難把兩個不情不願的新人送進洞房。為表示誠意，以國已經釋放了阿巴斯領導的巴人派系「法塔」(Fatah，巴勒斯坦民族解放運動）三百名人員，但監牢裡還關著萬餘名巴勒斯坦政治犯。

以巴有三項爭端最難解決：一、巴勒斯坦國的疆域如何劃定？二、耶路撒冷該歸哪方？以色列已將耶城定為首都，而巴勒斯坦人也誓死力爭；三、從小在鄰國難民營裡長大的巴勒斯坦人堅持要回國定居，不肯放棄二〇〇〇年前就屬於他們的家園。而美國雖有最後發言權，恐怕也是「清官難斷家務事」。

十二、東協簽訂憲章　10+3 從此定型

（原刊九十六年十一月廿六日《中國時報》國際專欄）

東南亞國家協會（ASEAN，簡稱東協）不鳴則已，一鳴驚人，上週二在新加坡慶祝成立四十週年，並簽訂了憲章，賦予本身法人地位。相形之下，有五十幾年歷史的歐洲聯盟，問題遠較單純，卻為法國、荷蘭公投未能通過，擱淺了二年，至今未決，應覺慚愧。

這份長達三十九頁的憲章，共分八章五十五條，鉅細靡遺。除制訂東協旗幟、徽章、與盟歌（尚待徵求）外，並且定下信條：「同一願景、同一個體、同一社會」（One vision, one identity, one community），充分表現豪情壯志，贏得西方若干掌聲。

場面上雖然風光，骨子裡東協仍有它自己的打算。國內媒體似乎未曾點出新憲章有下列幾項值得注意之處。

首先，東協既想朝統合之途邁進，就牽涉到各國放棄部分主權的敏感問題。

菲律賓總統艾若育在各國元首晚宴席間演講時，大罵緬甸軍人專政的獨裁壓制，甚至說，假如緬甸不釋放翁山蘇姬（Aung San Suu Kyi），菲律賓國會可能拒不通過這份憲章。但是憲章第二條「原則」第二項(e)款仍然明定東協與各會員國應遵守「不得介入其他會員國內部事務」。此次會議本已邀

請聯合國派往緬甸特使甘巴里(Ibrahim Gambari)來報告與緬甸軍政府談判經過，臨時也被取消，可見在權衡輕重後，不干涉內政仍是最高原則。

其次，東協雖不曾說出口，但它最重要的顧慮，就是維護這個組織的獨立自主性，不受超強如美國、俄羅斯，或強鄰如中國、印度等左右。憲章第三章第四條列舉現有十個會員國名稱；第六條雖有新會員加入的規定，但限制申請者必須位於東南亞區域內，外人休想問津。申請加入者必須以現有十會員國皆予承認者為限，顯然只在為原葡屬的東帝汶預留地步，還要逼它先與印尼達成協議，才有資格提出申請。

再次，新憲章把當初申請加入的區外國家實際上一筆勾消了。中共早已簽署加入「東協友好合作條約」(ASEAN Treaty of Amity and Cooperation)，下一步應該成為正式會員。影響所及，澳洲、紐西蘭、印度也排隊等候加入。現在有了新憲章，舊約自然失效，從此大門緊閉，請君止步，這招實在高明。

更其次，憲章也完全封鎖了東協步上歐盟與北大西洋公約組織(NATO)二合一的舊路。它向全世界顯示，東協沒有假想敵，更無意與任何國家或集團締結軍事聯盟。東協以地區與世界和平為己任，過去冷戰時期的思維在東南亞沒有市場。

最後，各國要加入的動機原以經貿利益為主，東協雖然關起大門，卻把貿易夥伴作為補償，巧妙轉移了各國的注意力。這次在新加坡除東協四十週年紀念大會外，附帶的大小會議名目繁多，使人眼花撩亂。以中國大陸為例，溫家寶總理除參加第三屆東亞峰會外，還出席了第十一屆「10+3」

會議、中國與東協領導人會議、和第八屆中日韓領導人會議。溫家寶也利用機會，與南韓總統盧武鉉、日本首相福田康夫、越南總理阮晉勇、印尼總統尤多約諾、柬埔寨總理韓森、紐西蘭總理克拉克、緬甸總理登盛、和菲律賓總統艾若育等單獨會談。單獨拜會新加坡總統納丹與李光耀資政是免不了的。他還在新加坡國立大學發表題為「只有開放兼容，國家才能富強」的演講，李光耀和黃根成副總理都到場聆聽。在中華總商會歡迎晚宴席間，他預測中星雙邊貿易將成長到每年五百億美元。

就東協整體而言，緬甸軍政府仍是無法解決的難題。國際間針對東協也對中國大陸的縱容態度，嘖有煩言。美國閣員級的貿易代表施瓦柏 (Susan Schwab) 上週也在新加坡，但只能列席東協主管經貿官員的會議。她坦言只要緬甸政治情況不改善，美國不會與東協商討簽訂自由貿易協定 (FTA) 的可能性。如此直言談相，對東協其餘九國自然會造成衝擊，但以東協慢吞吞的個性，這個警告恐怕要到明年才會發酵。

美國人對東協新憲章的估價，可以華府智庫「戰略暨國際研究中心」(CSIS) 的遠東事務專家柯薩 (Ralph A. Cossa) 為代表。他認為制訂憲章只踏出了一小步，好比「舊瓶裡裝的仍是舊酒」(same old wine in the same old bottle)，了無新義。除非東協向世界顯示，它有能力也有決心清除害群之馬，否則都是廢話連篇。

十三、巴洛克的藝術風華

（原刊九十六年十一月廿二日第一五五三期《時報週刊》專欄）

奉派駐奧期間，我因家眷仍留紐約，週休二日如無國內訪客，最佳娛樂就是去看各式各樣的博物館。奧匈帝國曾是歐洲最強大的霸權，首都維也納有六十幾所可以流連忘返的這類場所，主題無奇不有：時鐘、馬車、天文、醫藥、人類學、數學，甚至馬蹄鐵與馬鞍都各有博物館，信不信由你，我確實去看過。如果把音樂大師從貝多芬 (Ludwig von Beethoven)、海頓 (Franz Josef Haydn)、莫札特 (Wolfgang Amadeus Mozart)，到史特勞斯父子的故居也計算進去，總數恐怕逼近百所。

這麼多博物館裡，我去過次數最多的無疑是位處市中心的「藝術史博物館」(Kunsthistorisches Museum)。不僅因常陪國內訪客擔任義務解說，也因為它收藏範圍之廣與展品之多，超過我有幸看過的倫敦大英博物館或紐約的大都會博物館。所以即使只有我一個人時，也會去消磨整天。

維也納早在一八五七年拆掉城牆，改成環城大道 (Ringstrasse)。藝術史博物館位居大道中心：大廣場中央有瑪麗亞・泰瑞莎女皇 (Kaiserin Maria Theresa) 的銅像，廣場對面則是奧匈帝國的舊皇城 (Hofburg)，金碧輝煌，內有歷代帝王的寢宮，家具陳設都保持原狀；此外還有個武器博物館。

「巴洛克」(德文 das Barocke，英法文為 Baroque) 究竟代表藝術史上哪個階段？有何特徵？很多人不清楚。西洋史家把此字起源上溯到天主教一五四五～一五六三年間在義大利 Trento 召開的教義評議會的決定：過去教堂內的壁畫與雕塑只有高官貴族與知識分子才看得懂，今後應改以不識字的窮苦老百姓為對象。這是個明智的決議，事實上卻又經過一世代，到十七世紀初才逐漸實現。

巴洛克繪畫的風格直接、明顯、簡單、有力，予人一種戲劇化的感覺。它改變了十五、六世紀矯柔做作的風格，更具現實感。我讀過的幾本歐洲藝術史裡，描寫文藝復興時代的繪畫與其後巴洛克繪畫最傳神的一句話，大意是：前者重點在描繪尚未發生的事件，如米開蘭基羅 (Michelangelo) 的〈最後晚餐〉，畫的是耶穌與包括猶大在內的十二門徒，雖然知道猶大已經把他出賣了，卻並未說破。而巴洛克繪畫則會選擇耶穌被釘上十字架的那一剎那，兩者意圖表現的感覺，截然不同。

巴洛克時期之後，繼之而起的是華而不實的洛可可 (Rococo) 時代。畫風纖巧，據說受當時歐洲流行中國風影響不少，也與法王路易十五的豪奢有關。歐洲許多舊皇宮裡的室內裝飾，從壁紙到陳設，仍然充滿洛可可風格，或許因為對巴洛克藝術的偏好，我看到洛可可風格，只覺得它有點四不像。

這次《中國時報》與故宮博物院合作，從奧國藝術史博物館借來這麼多館藏名畫，包括 Jan Brugel 父子、Rembrandt、Titian、Tintoretto、Rubens、Albrecht Durer、van Dyke、Velasques 等大師，真正奧國人反而少。其實，那時義大利、荷蘭、法蘭德斯（今比利時）、西班牙都是奧匈帝國的屬地。皇宮裡收藏各地子民的畫，正足以顯示帝國的聲威無遠弗屆。

維也納藝術史博物館還收藏無數經典之作的雕刻精品。它的鎮館之寶是義大利名匠 Benvenuto

Cellini 手工打造、二十公分高、三十四公分寬的一座純金鹽盤，供皇室用餐之用。但我更欣賞巴洛克雕刻大師 Gian Lorenzo Bernini 許多高達兩尺的牙雕作品，栩栩如生，真像要乘風飛去的模樣。

我常帶國內訪客去看的，還有一所隱藏在市中心 Graben 廣場邊 Capuchin 教堂的地窟，裡面有奧匈帝國歷代帝后的棺材。瑪麗亞·泰瑞莎女皇和她夫婿的銀棺足有兩公尺高，四周圍繞著哭泣的女神。其餘帝后的銀棺雕刻也都非常精緻。聽完我的解說，大家無不讚嘆備至。

躺在最後一具銀棺裡的是奧匈帝國公主瑪麗·露易絲 (Marie Louise)，原本嫁作法皇拿破崙一世 (Napoleon Bonaparte) 的皇后。但拿破崙不該去攻打俄國，兵敗後被放逐到 Elba 島，鬱鬱以終。這位皇后回奧後，不甘寂寞，下嫁給義大利巴瑪公爵，降級成為公爵夫人 (Duchess of Parma)，所以她的銀棺也在維也納這所寺院裡。人人都知道拿破崙的故事，但不會想到他的皇后竟然埋骨於此，歷史就是如此無情。

十四、政治現實下的第三勢力

（原刊九十六年十一月廿日《聯合報》民意論壇）

近來有許多位受大眾尊敬的人物，紛紛站出來號召人民：唾棄不爭氣的藍綠政黨，「走自己的路」，組成第三勢力，競選下屆立委與總統。換成任何其他國家，這些行動都是民主自由與開放的最佳見證。

曹興誠董事長手創全國最亮眼的聯華電子公司，繞道香港去大陸創辦和艦，明明是為國內電子業搶攻市場，卻被政府以莫須有的罪名起訴，殺雞儆猴以維持阿扁愚不可及的鎖國政策。他對國內「凡事只問藍綠，不問是非，導致智能喪失，價值錯亂，無人可以倖免」的現象萬分痛心，因而在各大報刊登廣告，呼籲立法院通過「兩岸和平共處法」，以台灣不獨，交換大陸不武，至於統不統的問題，留到將來再說，這是比較消極的表態。

比他積極的有宏仁集團董事長王文洋，他早年為愛情與自由，寧放棄王永慶長子榮冠，到大陸自行創業。他不能忍受「民不聊生，哀鴻遍野，心疼、無奈、憤怒、活不下去」的現象，在各大報刊登廣告，號召國人一起參加這場「聖戰」。他要找七十三位志同道合的知名人士，登記參選全國每一選區；言外之意，如果有成，似乎他自己會投入明年的總統選舉。

這兩位只是台灣風起雲湧想組織第三勢力人物中，比較突出的代表。前行政院長唐飛早就在籌組「台灣前途展望協會」。黃光國、勞思光、南方朔、侯孝賢等的「民主行動聯盟」更早已開始運作。曾任紅衫軍副總指揮、以「啄木鳥」自居的簡錫堦搞的「泛紫聯盟」，卻在去年六月就宣告解散。前民進黨青年部主任周奕成籌備的「第三社會黨」，則正面臨財力拮据的困窘。

我對前舉諸位先生同樣尊敬，但上週高雄選舉官司二審定讞的結局，令我不能不顧及台灣今日政治結構的特殊性。不管理由多麼動聽，此時此刻要修改憲法、選罷法或單一選區兩票的制度，完全沒有可能。政治不能單憑理想，必須遷就現實，只有在現行制度下打贏這兩場逼在眉睫的立委與總統選舉，才能好整以暇地從制度面去談如何改革。

去年高雄市長選舉，黃俊英只比陳菊少一一一四票，廢票卻有六六二三張之多。有人說差別就在傳統藍營票倉的左營眷區沒有動員投票。試想如果民進黨明年兩項選舉都贏了，台灣亂象繼續下去，再多理想都將化為雲煙。這樣現實的教訓，台灣人能再度忽略嗎？

十五、梅克爾與布希　修復德美同盟關係

（原刊九十六年十一月十九日《中國時報》國際專欄）

被《富比士》(*Forbes*) 雜誌評選為去年和今年世界最有權力女性的安葛拉・梅克爾夫人 (Angela Merkel)，就任德國總理到本週剛好滿二年。許多人不知道她婚前本名實為 Angela Dorothea Kasner。她第一任丈夫叫 Ulrich Merkel，兩人雖已離婚，她卻沿用他的姓，而不將現任丈夫 Joachim Sauer 的姓，冠於安葛拉之前，似乎難以理解。

梅克爾雖在西德漢堡出生，卻在東德長大。父親是基督教牧師，當年東西德間有柏林圍牆阻隔，她家卻擁有兩輛汽車，自由往來兩德之間，曾受質疑。梅克爾從萊比錫大學物理系畢業後，又在東德科學院獲得博士學位。因此她不但是德國歷史上首位女性，首位學自然科學而做到國家領袖的人，今年才五十三歲的她，更是歷來最年輕的總理。

梅克爾雖曾加入東德所謂的「社會主義青年團」，但她在柏林圍牆倒塌前，即已參與爭取民主自由的運動，兩德合併後立即當選聯邦眾議院 (Bundestag) 議員，從政很早。梅克爾在柯爾 (Helmut Kohl) 內閣時代出任婦女與青年部長，後轉任環保與原子反應器安全部長。據說柯爾背後叫她做「那個小女孩」。

二〇〇五年國會眾議院改選，梅克爾領導的「基督民主聯盟／基督社會聯盟」(CDU/CSU) 只獲得三五・三％選票，與緊追在後的「社會民主黨」(SPD) 相差僅一・一％，相持不下。雙方艱苦談判三星期才獲得協議：梅克爾出任總理，但內閣十六位部長要讓一半給 SPD。得來不易，她更需大力改革，獲得德人擁戴。

梅克爾精通俄文，又因看透國際共產主義真面目，她與前任施若德 (Gerhard Schroeder) 總理因競選時批評布希總統，進而產生反美情緒，正好相反。二〇〇三年，聯合國安全理事會因法德兩國反對而拒絕制裁伊拉克海珊 (Saddam Hussein) 政權時，梅克爾就公開表示美國攻打伊拉克已經是「無可避免」，顯示出反對黨不同意執政者的立場。

梅克爾出任總理後，曾主持「八國集團」(G8) 年度高峰會議，今年上半年更擔任歐洲聯盟輪值主席，而在這些場合，她針對許多國際問題與布希聲氣相投，兩人交情更深。梅克爾的英文也好，上週末由教化學的丈夫陪伴，到德州克勞福的布希家族農場作客，過了一夜，次晨由布希親自開輛吉普車載她出遊，擺脫媒體跟蹤，至於談些什麼問題，只有兩人自己知道。

類似的高峰會後，白宮照例在德州農場旁舉行記者會，由兩位主角簡述會談經過，然後允許雙方各有兩位記者發問後結束。梅克爾叫布希 “dear George”，布希則叫她 “Angela”，顯然比布希與薩科奇的交情深得多了。

從國家領袖口中挖新聞，幾近不可能。那天布希列舉的討論議題有：阿富汗、伊朗、伊拉克、阿拉伯聯合大公國、科索沃、緬甸、黎巴嫩、中東和平與以巴會談、WTO 與多哈回合 (Doha Round)、環保與地球氣候變化，乃至梅克爾的印度行。

梅克爾比布希略為明確一些，她提到德國在阿富汗代訓軍警；而她雖強調循外交手段解決伊朗的核子研發問題，卻在推動聯合國安理會決議案之外，也提醒國際原子能總署應制裁伊朗，更重要的是，她承諾將檢討德國與伊朗間現存的經貿關係，暗示有降低的可能。

有關其他中東問題，梅克爾說德國在黎巴嫩派有維和部隊，將繼續支持抗拒敘利亞的黎國現政府。

梅克爾最重視的兩樁事，一是布希承諾美國將全力支持德國成為聯合國安理會的常任理事國；另一則是即將在印尼峇里島召開的世界氣候變化大會，德國誠摯希望在會前能先解決歐盟與美國間的歧見，才能繼「京都議定書」後，進一步面對全球最關心的環保議題。

記者的發問則大都與巴基斯坦總統穆夏拉夫有關，而與美德關係無涉。被問到中、俄兩國對伊朗問題的態度時，梅克爾小心翼翼地答稱，會循外交途徑爭取支持。她也承認德國問鼎安理會一事須獲這兩國支持，否則聯合國任何體制改革都難成功。

繼之，白宮國家安全顧問哈德雷也為記者舉行說明會，其實並未透露太多新消息。倒是他說，布希與梅克爾兩人每隔一週就使用最高機密的視訊電話談天，外國無法竊聽，有時會聊很久。也難怪兩人交情如此深了。

十六、美國的「新老朋友」薩科奇風捲華府

（原刊九十六年十一月十二日《中國時報》國際專欄）

上週華府最為人津津樂道的新聞，是剛離婚的法國總統薩科奇旋風式二十六個小時的國是訪問。這並非他和布希總統初次見面，今年五月薩氏當選後，兩位總統在其他國已經見過三次面，早已用小名互相稱呼了。

二〇〇二年，美國出兵攻打伊拉克前，歐洲最主要兩個盟邦領袖——法國的席哈克總統與德國施若德總理——因不同理由而在安全理事會同聲反對。席哈克繼承戴高樂（Charles de Gaulle）的主張迷戀於法國過去光榮，堅持獨立自主外交，事事與美國唱反調，激起全美反法浪潮，甚至把炸薯條(French fries)都改稱為「自由薯條」(Freedom fries)。

一七七七年美國獨立戰爭時，法國為掣肘強敵大英帝國，曾派拉斐德侯爵(Marquis de La Fayette，上海前法租界有拉斐德路）率軍助戰。每當席哈克提起這段歷史，美國人反譏說：那筆人情債，歷經兩次世界大戰美軍援救瀕臨滅亡的法國時，早已還清了。（德國則是因施若德競選時批評布希政策，無從改口，所引起的反彈也沒那麼嚴重。）

雙方火氣都很大時，美前國防部長倫斯斐(Donald H. Rumsfeld)曾說，法德兩國代表的是「舊歐

洲」(the old Europe)，與東歐舊共產各國加入，歐盟增為二十五國的現況，已經完全脫節，很多人都記得他這句酸溜溜的話。

曾幾何時，德國首先因政黨輪替，原東德出身的梅克爾夫人執政，與布希聲氣相通，邦誼迅速復原。她趕在薩科奇之後訪美，前天晚上在德州克勞福的布希農場密談並過夜。

在法國，與席哈克同屬戴高樂黨（Gaullist Party，簡稱 UMP）的薩科奇雖以該黨候選人當選，半年來他遵循的外交政策，卻與他的前任席哈克有一百八十度的轉變。

薩氏抵華府後，在「法美工商協會」演講時就說：「我真的不懂，我們為什麼會和美國吵嘴？」同晚，應邀為白宮國宴上賓時，他更說：「我要重新征服美國人的心！」又宣稱：「法國和美國過去、現在、和未來都永遠是盟友。」

有趣的是賓主二人在敬酒前致詞時，不約而同地大談歷史，搬出拉斐德侯爵來證明法國是美國「最新的老朋友」(the newest old friend)。薩科奇半開玩笑地說：「一個自稱為美國朋友的人，依然能在法國贏得大選。」獲得滿場鼓掌和笑聲。

薩科奇的細膩之處，從他隨行人員名單就可看出：新任財政部長 Christine Lagard 曾任芝加哥一家著名律師事務所董事長；司法部長 Rachida Dati 在非洲長大，父為摩洛哥人而母為阿爾及利亞人；和 Rama Yade，出生於塞內加爾的外交部兼人權部次長，薩氏介紹時總說「這是我的萊斯 (Condi Rice)」。此外還有羅浮宮博物館的館長 Henri Loyrette，與得過米其林 (Michelin) 三顆星的大廚 Guy Savoy，專為法國大使館舉行招待酒會掌廚。

他的日程如此緊湊，布希選了七日下午，兩人到華盛頓故居佛農山 (Mount Vernon) 向美國國父致敬後，與薩氏舉行正式會談，雙方都帶齊重要部會首長。依照布希在記者會的開場白，從伊朗到科索沃，從阿富汗到蘇丹的達富爾，從緬甸到古巴，都被提出來討論。其餘如反恐合作、環保與溫室氣體與土耳其加入歐盟等議題，更不在話下。

薩科奇並非傻瓜，他「有所為，有所不為」的原則，可從這次雙方都避而不提伊拉克問題，看得清清楚楚。

他也無意改變從戴高樂到席哈克執政時，一貫反對將法國三軍置於向由美籍將領擔任的北大西洋公約統帥指揮下的政策，以維護法國的獨立自主的權利。

薩氏去年為準備競選出版的《證言》(*Testimony*) 一書裡，自辯並非盲目的親美派。他寫道：「如果我愛上了美國的生活方式，我會搬到那兒去住，但我並沒有這樣做啊。」

他也會當眾大發脾氣，上月廿九日，在巴黎總統府接受美國 CBS「六十分鐘」節目專訪時，被記者 Leslie Stahl 追問他十一天前與妻子離婚的事惹毛了，他扯掉麥克風，站起身就走。

法國人本來就認為政治領袖的私生活與公眾無關。密特朗 (François Mitterand) 有幾位情婦，老百姓都知道，對他毫無損傷，這也是薩科奇夠保存「法國味」的表現。

十七、你不知道的拉丁美洲

（原刊九十六年十一月九日第一五五一期《時報週刊》專欄）

媒體影響力之大，上星期阿根廷總統選舉開票結果就看得出來。由於《中國時報》十月廿七日在國際版頭條預測現任科許納總統（Nestor Kirchner）夫人克莉斯蒂娜（Cristina Fernández de Kirchner）會輕易贏得選舉，平面與電子媒體一致捧場，拿她和阿國前總統貝隆夫人艾娃（Maria Eva Duarte de Peron）或美國的希拉蕊相比，熱鬧了好幾天。

無巧不成書，之前兩天即十月廿五日，我剛好應私立淡江大學拉丁美洲研究所兼所長陳小雀教授之邀，在台北市松高路的誠品書店三樓演講「華麗與衰頹——外交官眼中的拉丁美洲」，從一九六〇年我初訪拉美各國，聊到一九八一～一九九〇年間駐節瓜地馬拉九年兩個月的見聞與感觸，有些可與本刊讀者共享。

我國外交部至今仍稱拉美為「中南美洲」是錯誤的，墨西哥明明在北美，卻是拉美三大文化古國之一。首都墨西哥市地下最近發現十六世紀阿茲特克（Azteca）帝王的陵寢，便是明證。

拉丁美洲土著被稱為印第安族，其過則在哥倫布（Christopher Columbus, 1451–1506）。他認為地球既然是圓的，從西班牙往西行駛應可抵達盛產香料的印度，所以今天加勒比海諸島，仍被稱為西

印度群島 (The West Indies)。哥倫布初次登上的陸地其實是今日的多明尼加共和國，所以他去世後，棺木放在首都 Santo Domingo 的大教堂裡。

印第安族其實是黃種人 (Mongoloids)，史前時代從西伯利亞越過白令海峽 (Bering Strait) 抵達阿拉斯加，再逐漸南下，分布南北美洲各地。在美國的平原印第安族 (plains Indians) 文化水準較低，愈往南愈高。拉美歷史有三大帝國，中美的馬雅 (Maya) 最早，全盛期相當於中國東漢末年至唐朝；北美的 Azteca 與南美祕魯的印加 (Inca) 則稍後，均在宋元之間。

這三大帝國共通之處是建都高原，因崇拜太陽而天文數學發展很早。又因礦產豐富，冶金術發達，積聚大量金銀，引來亡國之禍。哥倫布之後所謂「征服者」(conquistadores)，有名的如 Alejandro Pissaro、Hernan Cortez、Pedro Alvarado 等人，跟隨他到拉美出生入死，還有個必須用社會學解釋的原因，就是所謂「長子繼承制」(primagenitura)。

西文有個無法譯成中文的字 hidalgo，指雖為嫡配所生，卻因傳統關係，貴族的爵位榮銜與封地只能傳給長子，避免愈分愈少。這些人雖屬貴族子弟，卻因家無恆產，只好跟隨哥倫布到新大陸去冒險，倚仗有火槍、利劍、馬匹，都是印第安族從未見過的，所以無戰不勝，他們可繼續享受榮華富貴。

看過大陸中央電視台出品《大國崛起》紀錄片的人，都知道西班牙、葡萄牙兩大帝國何以在十五到十七世紀間，由盛而衰，實因從新大陸搜刮而來的金銀，不事生產，只知用來打無窮無盡的戰爭。

等到一七七六年，美國脫離大英帝國獨立，與一七八九年法國大革命後，拉美各地開始蠢蠢欲動，一八一五年維也納公會 (Congress of Vienna) 後，西班牙疲不能興，拉美各地掀起獨立潮。與其他地區不同之處，是常有兩三國的「國父」是同一人。如 Simon Bolivar 與 José de San Martin。講葡萄牙語的巴西，則先成為王國，再被國父 Benjamin Constant 推翻，才有今天的共和國。

拉丁美洲得天獨厚，物產豐富，地廣人稀，從來不愁吃穿。瓜地馬拉人自嘲：上帝創造世界時，給瓜國肥沃的土壤、溫和的氣候、豐富的物產，在一旁的聖彼得不禁要問：「主啊，你是不是太偏袒這塊土地了？」上帝微笑回答說：「別著急，你看我給它什麼樣的人！」這個笑話其實拉丁美洲都適用。

要了解拉丁人的民族性，須讀塞萬提斯 (Miguel de Cervantes) 名著《唐吉訶德》(*Don Quixote de la Mancha*) 那本反諷小說。十七世紀初，歐洲的騎士時代 (age of knights and chivalry) 早已過去，唐吉訶德卻讀騎士小說著迷，騎著瘦馬，手握長矛，率領騎驢的僕人桑丘 (Sancho Panza) 出門效法騎士救美，把風車當作巨人，去拯救實為村姑的 Dulcinea del Toboso，鬧出許多笑話。家人後來把所有的騎士小說都燒掉了，他有沒有從騎士夢中覺醒，則並無交代。

並不是所有拉丁美洲人都繼承了「貴族子弟」與唐吉訶德的傳統。但在物質天堂裡享受慣了，多少難免受點影響。西班牙語系各國，從阿根廷到菲律賓，二次大戰後初期，繁華富裕一度傲視全球，如今卻落在東亞與南亞之後，是否物極必反，讀者惟有自己去判斷。

十八、謝大赦台商　扁家也比照？

（原刊九十六年十一月八日《聯合報》民意論壇）

民進黨總統候選人謝長廷，日前承諾他當選後，將「大赦」過去偷跑投資大陸的台商。現居大陸的台灣人少說也在一百萬上下，此言對謝蘇配的選情應有幫助。但是陳水扁總統立即迎頭潑下一盆冷水，明白宣稱：企業投資大陸以資本額百分之四十為上限的規定，在他任內不會更動，弄得謝進退失據，裡外不是人。

不過，我最擔心的是近來謝候選人開口「大赦」，閉口「大赦」，令人懷疑：如果他明年當選，在我國憲法與現行法律之下，做總統的真擁有無限大的權力，能夠赦免一切過去與現在刑法明定的各種罪行嗎？

打開天窗說亮話，明年五月廿日後，他有特赦陳總統、吳淑珍、趙建銘乃至陳哲男等人所犯的貪汙、瀆職、背信、與內線交易等證據確鑿罪行的權力嗎？

中華民國憲法第四十條規定：「總統依法行使大赦、特赦、減刑、及復權之權。」其重點在「依法」二字。如依民國八十年九月修正公布施行的「赦免法」，短短八條文字看來，只要當選總統並就任後，他確實有此權力，無人可以攔阻。

明年五月廿日以前，陳總統總不好意思特赦自己或他的家人，而且那也不符赦免法的精神。所以在三月廿二日投票之前，國人應該要求謝長廷做出承諾，不拿當選後特赦陳氏全家作為條件，換取阿扁緊抓不放的各種行政資源的支持。

這個要求不是小事，而是最高的道德問題，沒有推託閃躲的餘地。謝先生如果依舊言詞閃爍，不肯正面答覆，人民自然知道該把神聖的一票投給誰。

十九、特偵組查「奸商」大砲轟螞蟻

（原刊九十六年十一月六日《聯合報》民意論壇）

民進黨執政七年半，荒腔走板的舉措「罄竹難書」。但大張旗鼓地由直屬檢察總長的特偵組，去調查各地囤積居奇、抬高物價的「奸商」，要繩之以法，真讓全世界人笑掉大牙。古人云「殺雞焉用牛刀」尚不足以形容其愚蠢，只有拿大砲去轟螞蟻，庶幾近之。

百物飛漲，雖可能受國際原油價格突破每桶九十五美元的影響，但國內種種複雜因素造成這一波原物料到成品漲價的原因更多。只要打開電視機，從路邊小吃攤到五星級飯店，家家都在吐苦水，訴說他們寧願不漲價，才能拉住老顧客的心態。平日挺綠的媒體，乃至民進黨立委都在抱怨說，這樣持續下去，明年乾脆不必選了。弄到扁謝兩人都開口說了話，張俊雄只好祭出明知毫無效果的這手笨招。

自由市場的基本特徵，就是供給、分配與消費環環相扣。一個有為的政府應該一方面疏導貨源，加速物流，另一方面增加生產，或緊急自國外進口，應付季節性的短缺。總之，不可偏離用對症下藥的手段去緩和漲風的指導原則，而不是抓幾個奸商送進監獄，以一儆百，殺雞給猴子看，就能扭轉台灣面臨的困難。

民國三十六、七年蔣經國任上海經濟特派員時，犯過同樣的錯誤。那個慘痛的教訓，使國民黨覺悟到，經濟問題只能用經濟方法去解決。台灣五十幾年來，從尹仲容、嚴家淦、李國鼎、趙耀東到江丙坤，無不信奉這條鐵律，才造成小小的台灣奇蹟。民進黨連如此簡單的道理都學不會，只能說是匪夷所思。

不管怎樣，命令既出，特偵組只好奉命行事。我好奇的是：在陳聰明領導下，特偵組該用查馬英九特別費案的「侯寬仁心態」與快馬加鞭的速度，辦這個上頭交代的大案呢？還是用查翁岳生與民進黨天王特別費案同樣慢條斯理的步調，拖到立委與總統兩次選舉以後，再「不了了之」？

假設檢調機關抓到一個大盤商，在他倉庫裡搜出一萬多包麵粉，將他以囤積居奇罪名提出公訴，媒體也競相報導。但開庭時，他的辯護律師提出歷年存倉記錄，證明過去曾有三萬包或五萬包的存貨，而當時麵粉價依舊平穩。審理的法官難免左右為難，放他吧，「違反上意」，可能影響自身升遷；判他吧，又不能使人心服口服，也只好嘆口氣說，中華民國的司法官真不好當。

廿、「克莉斯蒂娜」不是「艾薇塔」第二

（原刊九十六年十一月五日《中國時報》國際專欄）

在紐約百老匯連演多年的歌舞劇《艾薇塔》(*Evita*)，後來由瑪丹娜飾演主角，拍成電影，她唱的那首《阿根廷，別為我哭泣》(*Don't Cry for Me, Argentina*)，曾轟動全台，今天年輕到中年的人都會哼，這就是大眾傳播的力量。

本報是全台第一家在國際版以頭條地位，預測阿根廷現任科許納總統的夫人克莉斯蒂娜（以下簡稱「克」）將贏得選舉的媒體。沒想到國內平面與電子媒體紛紛跟進，拿她和阿國前總統貝隆第二任夫人艾娃，甚或正在爭取美國民主黨總統候選人提名的希拉蕊相提並論。

但實際上，兩人除一位住過阿根廷首都布宜諾斯艾利斯的總統官邸「粉紅宮」(Casa Rosada) 七年，另一位將在下月住進去外，並無太多共通之處。拉丁美洲除巴西外，都講西班牙文。西語喜歡加個「小」字表示親熱，就像我們叫小張、小李一樣，艾娃因而變成「艾薇塔」(Evita，以下簡稱「艾」以節篇幅)。

當年阿根廷的強人貝隆上校結過三次婚，一九四五年認識從鄉下來首都想在舞台成名、二十六歲的「艾」，是他第二次。次年貝隆就當選阿國總統，有「艾」在旁撐持，此後年月裡，兩人不但獲

得阿根廷人民歡呼崇拜，且成為世界級風雲人物，不止一次上過美國《時代》雜誌的封面。

「克」與「艾」之間有多少不同呢？差別可大了。一九五一年，「艾」一度想在丈夫身邊競選阿根廷副總統職位，卻遭軍方與知識分子反對，有志未酬。（貝隆死前，他的第三任太太伊莎貝曾當選副總統，一九七四年貝隆去世，她還繼承丈夫職務，做過兩年總統，後被軍人政變推翻。）至少在「艾」去世前，國會通過給她「國家精神領袖」的榮銜，命運比伊莎貝好些。

「艾」出身微賤，她的父母並未正式結婚，因而她在自傳《我的使命》裡，對自己的家世含糊其詞。「克」則出身富貴人家，和丈夫就讀法學院時，均為學運領袖。畢業後執業律師，且早在夫婿做總統前，就在阿國最南的聖塔克魯茲州先後當選聯邦參議員、眾議員與參議員，頗具聲望。她和「艾」唯一共同之處，也是這次她當選總統的重要原因，就是她以「貝隆黨」(Peronistas) 人身分競選。

除這點外，兩位女子的性格、作風、處事，乃至對人的態度，可謂南轅北轍。「艾」喜歡在公眾前露面，尤愛在粉紅宮的陽台上出現，接受擠滿廣場上萬群眾的歡呼擁戴。電影裡許多這類鏡頭，確實取自當年的新聞片，看過的人很難忘懷。

「克」則純以有錢有勢的律師面貌待人接物，即使在競選期間，也不開記者會，更不屑參加十三位候選人的公開辯論。她講究衣著，穿戴華麗，可說是標準的貴婦型，只在上層社會裡才如魚得水。「艾」雖然也雍容華貴，卻懂得如何在窮人堆裡引起共鳴，她的群眾魅力比「克」強得太多了。

「克」在一大堆競選者裡脫穎而出，首輪就獲得壓倒性的四五%多數，比得票第二位、也是女性的 Elisa Carrio 多出二〇%，因而無須舉行第二輪投票，所倚仗的是科許納總統四年來的政績。她的貢獻則是與外國銀行和債權國打交道，幫助不少。

阿根廷是廿一世紀開始後，全球獨一無二「倒帳」債務國，欠下國際貨幣基金 (IMF) 與各國銀行共八百億美元，前年才勉強提出重整計畫。至今仍有二百六十億美元的債務未能解決。「克」為何還能當選呢？

因為在科許納總統任內，阿國經濟的年成長率平均達到八%，而失業率也降到十五年來的最低點。雖然反對她的人對這些數據嗤之以鼻，人民仍舊相信了。

阿根廷憲法和許多拉丁美洲國家相同，國家元首以一任為限，避免又有「大獨裁者」出現。反對「克」的人揣測，她做到二〇一二年後，科許納就可再出馬參加大選，然後又讓她接任一次，等於兩夫妻可做十二年。加上過去四年，豈非這兩人要佔據國家最高職位十六年之久嗎？但憲法既有此規定，修憲也來不及了。

有人擔心拉丁美洲「向左轉」的趨勢，必須了解委內瑞拉總統查維茲與玻利維亞總統莫拉雷斯 (Evo Morales) 都是土人混血種執政後的種族反彈，與阿根廷扯不上關係。智利去年也選出位女性總統，但巴奇利夫人 (Michelle Bachelet) 的施政只能算作溫和社會主義，「克」也不會去學她。

「克」已經五十四歲了。相形之下，「艾」死時才三十三歲，一生風光僅有七年。像她那樣的傳奇人物，以後也不會再有了。

廿一、泛藍最後機會　誰在乎去統？

（原刊九十六年十一月二日《聯合報》民意論壇）

晨起讀本報，映入眼簾的大字標題「國民黨去統　刪九二共識」觸目驚心，我和許多人一樣，為之錯愕。徘徊半日，終於想通了，覺得國民黨中常會通過的下年度「中心任務」文件，雖然褒貶不一，深藍人士難免不爽，但成語有云：「皮之不存，毛將焉附？」參照民調結果做出這個不得已的決定，委實情有可原。

「國統綱領」是李登輝任總統時的產物。李為人向來隨風轉舵，並無定見，制定國統綱領時，他可能並未排除兩岸終極統一的目標，甚至還夢想過以中程協議作問鼎諾貝爾和平獎的敲門磚。兩千年大選失利，他與國民黨分道揚鑣，全心全意地擁抱基本教義派路線，自封「台獨教父」。如今又因搶攻中間選民，與民進黨決裂，他已經再無回頭路可走了。

陳水扁執政七年餘，先讓「國統會」名存實亡。等他當選連任後，去年元月預作警告，然後才大張旗鼓地「廢統」，顯示他敢挑戰老美。因此他初次就任時對美所作的五項承諾，只勉強留下「四不」，第五項的「一沒有」硬生生被他賴掉了。國人須了解：國統綱領「壽終正寢」這筆帳，應該記在阿扁身上。幾年來國統委員與研究委員逐漸凋零，或憤而辭職，或臥病在床。國民黨在文件裡拿掉這幾個字，只是反映現狀而已，並不意味基本政策有什麼改變。

至於「九二共識」，兩岸代表那年在香港會談時，本未達成協議。邱進益早就解釋過：是大陸的海峽兩岸關係協會代表回北京後，才以傳真方式致電海峽交流基金會，同意在「一中各表」前提下，商談有關兩岸人民迫切需要解決的問題，其後才能有「辜汪會談」，為雙方人民解決了許多實際困難。

「九二共識」這個名詞是蘇起隨後才想出來，用以代表這個很難說清楚的複雜過程。歷史上常有類似情形，像二次大戰後，美蘇對峙了七、八年，直到邱吉爾在密蘇里演講，使用「冷戰」一詞，立即為全世界採用一樣。刪掉這四個字，並不等於「去統」。馬蕭競選總部一直堅持「台灣的務實道路」，任何選項都不排除，也不是昨天剛說出口的話。

吳伯雄主席在深藍的黃埔四海同心會上「請大家體諒」那番話，擺明了中常會所作文字修正，只是選戰策略的靈活運用，只要勝選，一切問題都可以解決。反之，馬蕭配要是選輸了，現在什麼話都等於白說。這是痛心疾首之餘，從心底掏出來的自白。不論國民黨、親民黨、新黨、或無黨無派的中間選民應該懂得：泛藍只有這一組候選人，只剩這一次機會了。

（本篇於報章發表時，因篇幅限制，略有刪節。現結集成書，為保存原貌，仍依原稿刊載，責任自負，特此聲明。作者謹註。）

廿二、種族問題複雜　美國大選隱憂

（原刊九十六年十月廿九日《中國時報》國際專欄）

到上週為止，我還沒寫過明年十一月美國總統大選的預測。因為時間尚早，美國的傳統是要等到明年元月，愛荷華與新罕布夏兩州初選，這題目才會開始炒熱。本報上週用國際版全頁版面介紹民主、共和兩黨領先候選人的「亞太策士」，參考價值很高，但我仍覺塵埃未落定。

為什麼呢？至少有兩點理由：第一，依照美國政治傳統，有志競逐總統寶座的政客儘管越來越早宣布投入，民眾總要到選舉年才認真看待。第二，則因美國人口統計 (demography) 的重大變化，明年大選平添許多難以預測的因素，沒人有答案。

先就第一點說起。美國兩黨都有預選制度，其中又分兩類：一是由州政府主辦，凡自認為該黨選民都可參與的「預選」制 (primary election)；二是兩黨各自召開「州代表預選會議」(state caucus) 自行推選。兩種制度並行不悖，外國人常常弄不清楚。

不論哪個州採用哪種制度，美國習慣上總要到選舉當年二月的所謂「超級星期二」(Super Tuesday)。那天有紐約、加州、伊利諾、紐澤西等二十個州同天辦理初選，或召開黨代表預選會，局面才大致底定；但佔優勢者還要等夏天召開的兩黨全國代表大會 (nominating conventions) 正式通過才算數。現在去猜測民主或共和黨競逐提名者誰會贏、誰會輸，危險度太高。

第二點，人口普查結果得出的統計數字，更使今日即論斷兩黨最後能獲得提名人選的專家們，會眼鏡跌碎滿地。這裡面又牽涉到種族問題。讓我先問，美國明年會選出一位少數族群的女性或黑人總統嗎？老實說，以希拉蕊的知名度，當選歷史上首位女總統或有可能。但首位黑人總統呢？恐怕很難。

這樣說並非貿然斷言歐巴馬肯定會出局。反對小布希的人有不少會投票給他。但就黑人可能出馬競選總統者而言，歐巴馬絕對不是最佳人選。鮑爾或萊斯比他強得太多，這兩位都做過國務卿。鮑爾還有輝煌的軍職經歷，退休後韜光隱晦，無意從政，主要是受他太太的影響。但萊斯的學識與經驗，無人能比，她對總統寶座也並非沒有興趣，至今毫無動靜，道理很簡單，因為審度內外情勢，明年還不是她出馬的時候。

兩百三十年來，美國人口結構最大的變化是，非洲裔的黑人已不再高居少數族群之首。儘管黑人生育率超過白人，至今仍僅佔三億人口的十二～十三%。操西班牙語的拉丁人後裔(Latinos)則至少有十八%，且仍在快速攀升中。美國有一千二百萬非法移民，拉丁裔佔八○%以上，確數無人知道，但僅合法移民就把美國選舉搞得天下大亂。

兩月前《新聞周刊》有則由小見大的報導：美國西南部各州的西班牙語廣播電台，有位晨間共用節目主持人 Eduardo Sotelo 到了華府。像他那種起床節目的 DJ，可云車載斗量，但聽說他來了，布希總統馬上請他到白宮共進早餐，然後眾院議長裴洛西 (Nancy Pelosi) 與參院多數黨領袖李德

(Harry Reid) 邀他共進午餐。

此人為何這樣吃香呢？因為拉丁裔人就像廣東人或台灣人一樣，不論在家或外出，總只講粵語或台語。他的聯播節目在西南部幾個州（尼華達、科羅拉多、新墨西哥、與亞里桑那）擁有廣大聽眾，號召力強大，誰能獲得他的支持，贏得這幾州的選舉人票 (electoral college votes) 的希望就會大增，影響全局。

新墨西哥州人口中，拉丁裔已佔五三％，必須有點拉丁裔血統才能當選州長。現任的李察遜 (William B. "Bill" Richardson) 曾任眾議員、駐聯合國大使、能源部長、二〇〇四年民主黨全國代表大會主席等職，資歷完整顯赫，更重要的，他的祖母與母親都是貨真價實的墨西哥人，拉丁血統不容置疑。他已宣布參加競逐民主黨總統候選人，明年八月廿五至廿八日在科羅拉多州丹佛的密室交易裡，即使他搶不到大位，勝選者邀請他搭檔作副總統候選人的機會，比別人都大。

一般說來，拉丁裔人比較認同民主黨，這也是希拉蕊呼聲比別人高的原因之一。如果撇開明年的選舉，客觀地從美國歷史傳統著想，這十八％的拉丁裔人有如在池塘裡投下一塊巨石，掀起層層波瀾，因而產生許多難解的問題。美國本就是移民造成的國家，你能限制拉丁美洲各國的新移民嗎？無論如何都說不過去。你拿鼓勵歐洲國家移民比例來抵消嗎？更是做夢。

在外匯收支方面，墨西哥與中美各國今天全靠這些拉丁裔人的「贍家匯款」，貼補它們對外貿易的巨額逆差。高喊全球化與資金自由出入的美國，能加以限制嗎？也絕無可能。美國種族問題複雜的程度，不止影響國內政治遠景，對經濟貿易的衝擊，也同樣不能忽視。

廿三、美國為何不怕油價飛漲？

（原刊九十六年十月廿六日第一五四九期《時報週刊》專欄）

百物飛漲，從麵粉到垃圾袋，從計程車到星巴克咖啡，少有例外。只有蔬菜是受今夏颱風特多的影響，而國內消費低迷停滯，則因執政黨施政不當所致。但如果把眼界放得再寬些，從全球化效應已經把世界造成一個貨暢其流的廣大市場去觀察，就可知這一波又一波的漲風，基本上都是受原油價格所帶動，要不漲都困難。

原油價格的起落，不論期貨還是現貨，操在紐約物資交易所（New York Mercantile Exchange，簡稱 NYMEX）手中。上星期，受土耳其與伊拉克北部的庫德族自治區邊界劍拔弩張的影響，原油價格一路上飆，衝破了九十美元大關；期貨略微低些。但整體去看，油價不會再退回今年初六、七十元的盤整期了；年底前後漲到一百美元的可能性，也無法排除。

美國前聯邦儲備理事會主席葛林斯潘（Alan Greenspan）在他剛出版的回憶錄《動盪年代：新世界中冒險記》(*The Age of Turbulence: Adventures in a New World*) 裡，直言布希總統下令攻打伊拉克，完全是為了石油利益。直言談相，震驚各界。

白宮只由女發言人珮麗諾（Dana Perino）在答覆記者詢問時，帶點尷尬地回答：「總統有一點兒驚訝。」(The President is a bit surprised.) 別無評論，這是無法駁斥時最聰明的做法。

豈止石油，凡屬消耗性的石化燃料 (fossil fuels)，美國一向不肯承認卻也難以否認的政策，就是先花錢買別國產品來消費，自家的則留到最後才使用。你可以罵它自私，但那是它的國家利益，哪一國不如此呢？

美國法律規定：阿拉斯加地下蘊藏的豐富油氣，非經國會專案通過，不得開採；但在墨西哥灣 (Bay of Mexico) 海底蘊藏者因為是公海，各大油公司就拚命開發，迄今已佔全美油產量的二五～二八％。墨西哥與中美洲各國既無錢也沒有技術，只能眼睜睜地在旁乾嚥口水。

中國大陸崛起後，對石油需求每年以二○％的速度在增長，早已超越日本，成為全球第二大石油進口國。英國廣播公司 (BBC) 報導指出，大陸雖在新疆與東北都有大規模油田生產，所需原油仍有二八％倚賴進口。大陸現有一千萬輛汽車，到二○二○年如增加十倍，消耗油量將難以想像，這才是問題所在。

各大國搶奪能源只是錢幣的一面。從另一面去看，自「石油輸出國家組織」(OPEC) 立場而言，原油正是它們手裡最有效的武器。大陸並未加入 OPEC，因而不受它在產量或售價各種決議的拘束。

它也不是國際經濟合作發展組織（Organization for Economic Cooperation and Development，簡稱 OECD）的會員國，因而並非國際能源組織（International Energy Agency，簡稱 IEA）的一員，無須受 IEA 的約束，反而有較大的迴旋空間。

OPEC 十一個會員國中，伊朗與委內瑞拉愈來愈傾向與中國大陸統一步調。伊朗日產原油二百萬桶，超過伊拉克一倍多，已是世界第四大石油輸出國，外匯收入有八〇％是售油所得。相對之下，使美國友邦如沙烏地、庫威特、阿拉伯大公國等的影響力日減，這也是美國的隱憂之一。

但是連葛林斯潘也不肯公開承認的，還有一項因素，就是美國為何不怕油價飛漲？美國每日耗油量高達二千零七十萬桶，其中五八．四％倚靠進口；請注意，那是每一天。難道只有三億人口、卻消耗掉全球四〇％能源的美國，不懂得在外匯支出上打打算盤嗎？

非也，真正的原因，就在兩次「石油危機」與「亞洲金融危機」學到的經驗裡。一九七三年由OPEC領頭造成的危機，把每桶油價從三美元跳到四十美元，連美國都無法承受。OPEC各會員國有如貧兒暴富，卻不知道怎樣處理這麼多錢。放在箱子裡是不會生利息的；放在本國銀行裡吧，銀行也貸不出去，使國內存款利率幾近於零。歐洲只有瑞士還靠得住，但胃納也有限。最後只好仍拿去買美國政府債券，或存入美國銀行裡去生息。

八〇年代的金融危機，把原油價推到五、六十元上下。美國大公司乘機買下亞洲許多有潛力的企業。美國人心裡明白，上兩次危機時，美國在國際貿易收支(foreign trade balance)帳固然欠了產油國與進口國許多錢；但在國際收支清算(international payment balance)帳上，美國還有得賺。

因此這些年來，美國聯邦儲備理事會的基本政策，始終維持銀行利率比別國高出兩三個百分點，最近降了兩碼(〇．二五％)，就引起舉世注目。華府如此老神在在，就是因為只要國際收支不是負數，油價再漲，對美國的傷害不會很大。

廿四、沒想到「兩德統一」有這麼多曲折

（原刊九十六年十月廿二日《中國時報》國際專欄）

政治學家有所謂「分裂國家」(divided states) 的理論，說第二次世界大戰造成三個前例：南北越、東西德、與南北韓。南越被北越用武力併吞掉，東德則被西德拿錢「買回」，如今只剩南北韓，也在朝復合的路上摸索前進。至於分裂的中國，則是國共內戰的後果，不可混為一談。

台灣人對越戰經過很熟悉，對兩德如何統一則印象模糊。二十幾年前，我有幸出任駐奧地利代表二年多，德文雖沒有學通，一牆之隔的德國卻幾乎走遍，德意志民族的歷史更讀了不少，雖不敢妄發議論，內心難免自認稍多一點了解。

但最近龍應台文化基金會邀請去聽德國海德堡大學的魯道夫・瓦格納 (Rudolf G. Wagner) 教授以「統一了，然後呢？」在中山堂演講，英文講題作 "German Unification: Popular Culture, Maoist Students, and the Socialist Disneyland"，使我回想了好幾天，深感與今日台灣處境對照，有些地方可作為鏡子，有些地方卻又值得警惕。

德意志這個民族早期四分五裂，有二百餘個大小城邦各據一方。到一八四八年（清道光廿八年）歐洲各君主國掀起民主革命浪潮時，德語系統三十八個邦才組成鬆散邦聯 (Deutscher Bund)，仍各擁

完整主權，離所謂民族國家相差甚遠。

一八六二年俾斯麥 (Otto von Bismarck) 輔佐普魯士國王，四年後打敗了奧地利，一八七一年德意志帝國才誕生。那時已是同治十年，慈禧當政，光緒帝維新未成，就快被囚禁瀛台了。舉這些中西近代史曆對照，主要在說明德國人只在近一百餘年才有民族觀念，與華人三千年歷史完全不同。一九七〇年代，當時西德總理柯爾開始推行東進政策 (Ostpolitik)。一九七二年底，西德國會通過「基本法」，東西兩個德國政府相互承認，使德意志民主共和國（簡稱 GDR）和德意志聯邦共和國（簡稱 FRG）都能加入聯合國為會員，二年後並且互派大使。

瓦格納講到這裡時，擠滿台下的六百餘聽眾裡，必定有人會想到，這不正是台獨人士夢寐以求的台海兩岸關係的理想結局嗎？但此後的發展卻與之背道而馳。原來即使在共產黨統治下，東德人仍享有相當程度的自由。一九八九年中國大陸發生天安門事件，東柏林竟有一萬人上街遊行，高呼：「我們不要天安門！」

我當然也知道：早年西歐經濟共同體 (European Community) 期間，西德的生產力最強，貢獻也最多；而在東歐共同市場 (Comecon) 裡，東德則是火車頭，但從沒把兩者並排評估或聯想過。我也忽略了東德雖築起柏林圍牆防阻人民逃往西方，但東德人挾「東德馬克」優勢，去東歐其餘國家的限制較少。

一九八九年九月，匈牙利撤除與東德的邊防，大批東德人湧入後轉往西德，尋求庇護。繼而捷克又成了另一條借道逃亡的途徑，政府想擋也擋不住。二個月後，阻隔兩德二十八年的柏林圍牆被人民莫可抵禦的意志力衝倒，不滿一年，兩個德國就正式統一了。

曾任歐洲漢學會主席的瓦格納教授因為身歷其境，娓娓描述東德崩潰的過程，許多細微末節恐怕連學者專家也未必清楚。如在兩德合併前，一九八九年九月四日，東德萊比錫大教堂前聚集一千多人，要求總書記何內克 (Erich Honecker) 政府給予人民自由出境的權利，被稱為「星期一的遊行」，影響力蔓延到東德其他城市。

更有趣的是早在一九七六年，東柏林有位抱著吉他自彈自唱的民歌手畢爾曼 (Wolf Biermann)，巡迴演唱到西柏林時，歌詞觸犯了東德禁忌，第二天便被東德政府註銷護照。演講會節目單裡有多首他追求自由的歌詞，但未說明那天唱的是哪首。這哪裡像是曾歌頌毛澤東文化革命的左派學生的行為？

瓦格納教授還講了個真實故事：德國統一後，有個頭腦快的商人，買下何內克的別墅，裡面安裝了一片拆下來的柏林圍牆，命名為「社會主義迪士尼樂園」。遊客要買門票才能進去體驗祕密警察、物品奇缺、外幣稀少等在共產主義下生活的滋味，想出這個點子的人真是天才。

國家分裂或統一取決於歷史的洪流，非人力所能操縱。「入聯」、「返聯」只是選戰議題，明年三月後無非鏡花水月，台灣仍應從基本問題去考慮國家未來的走向。

廿五、「星火燎原？」美捲入土耳其與庫德族之爭

（原刊九十六年十月十五日《中國時報》國際專欄）

美國在中東真是流年不利，這次又無緣無故被捲入了土耳其與庫德斯坦間的爭執。肇因是國會眾議院外交委員會通過不具拘束力的決議案，將九十幾年前鄂圖曼帝國（Ottoman Empire）殺害一五〇萬亞美尼亞人（Armenians）的歷史事件界定為種族屠殺（genocide），惹得土國召回駐美大使，揚言土境內軍用機場將停供美國使用，直接影響美軍對阿富汗與伊拉克的後勤作業。

此事發生在第一次世界大戰中期，一九一五至一九一七年間。鄂圖曼帝國早已灰飛煙滅，變成土耳其共和國。然而遍布美國，尤以加州為多的亞美尼亞人後裔，鍥而不舍地年年炒作這筆陳年舊帳，動機雖值得同情，也有些無聊。白宮與國務院正在努力與土耳其政府溝通，希望挽回瀕臨破裂的同盟之誼。

台灣少有人知道，被屏除在聯合國之外的三百多個不同族群，一九九一年成立「不具代表權的人民與民族組織」（Unrepresented Nations and Peoples Organization，簡稱 UNPO）。美國的波多黎各、阿拉斯加和夏威夷都有鼓吹獨立運動的團體加入為會員。

無巧不成書，上星期土耳其與伊拉克間也爆發了一場危機，UNPO 會員的「庫德工人黨」

(Kurdistan Workers Party，庫德文 Partiya Karkeren Kurdistan，簡稱 PKK）有軍隊，有地盤，割據伊拉克北部鄰近土國的省分，經常向土耳其境內發射火箭，或入侵數十公里後打了就跑，使土國上下忍無可忍。

PKK 如此猖獗，自然是拜聯軍入侵伊拉克，推翻海珊之賜。聯軍今日在伊境內的部署，大體上美國負責中部即首都巴格達與鄰近各省，英軍負責巴斯拉 (Basra) 海港與南部各省，而將北部原本就是庫德人的居住區，交給庫德族自治政府。

庫德族要達成獨立建國的目標，牽涉實在太廣。他們祖居的地區除伊拉克北部佔地最廣外，還包括土耳其的東南部、敘利亞的東北部與伊朗的西北部。這些國家有哪個肯放棄極具戰略意義的邊境省份呢？答案是一個都沒有。

一九七〇年代，領導庫族激進分子的歐加瀾（Abdullah Ocalan，外號「阿波」，Apo），挾宗教狂熱與左傾思想，把追求獨立建國和半生不熟的馬列主義混在一起，成立了 PKK，從此為鄰近各國帶來無限困擾。初期以暗殺土國官員、在海外土耳其使領館放置炸彈為主要鬥爭手段。

前蘇聯崩盤後，PKK 不再提共產主義，強調伊斯蘭教義，甚至利用婦女做犧牲品。土耳其政府調查結果，一九九〇年代後期十五件自殺炸彈案中，竟有十一件是婦女幹的。所以美國、歐盟、與北大西洋公約組織先後都將 PKK 列入「恐怖組織」名單。

兩伊戰爭時，雙方都利用 PKK 去擾亂土耳其的政軍機構。一九九九年，阿波在非洲肯亞被希臘安全單位捕獲，要遣送回希臘時，美國中央情報局 (CIA) 和土耳其國家安全局 (MIT) 竟然聯手演出一場電影式的劫機，把他搶回土國受審，被判處死刑。

阿波向歐洲人權法庭（European Court of Human Rights）申訴，土耳其自知理虧，迫於國際輿論壓力，把死刑減為無期徒刑。失去了領導人的PKK乃逐漸轉變策略，PKK在首領被捕時與去年九月，兩次片面宣布對土耳其「停戰」。但土國總理厄爾多干（Recep Yayyip Erdogan）說：「僅國家間才有停戰，我們與恐怖團體之間，沒有停戰那類名詞。」

今年七月土國選舉國會議員，PKK公然恫嚇在庫德族聚居區內的其他民族不要出來競選，否則會「面臨死亡」。土國政府資料顯示，自一九八四年迄今，因PKK行動喪生人數達三萬七千人，其中僅四五六八人為軍人，其餘都是無辜的老百姓。

美國也不能脫卸責任。我看到《紐約客》雜誌報導，美國從兩伊戰爭時起，就支持PKK在伊朗境內的分支機構PJAK。英國《每日電訊報》專訪PKK軍事首領Murat Karayilan時，後者坦承他與美國官員經常在伊拉克北部會晤，接受美國資助，鼓動伊朗境內庫德人與德黑蘭政府作對。

這次危機發生在九月廿九日，PKK游擊隊越境在土耳其的Strnak鎮伏擊一輛小巴士，造成十三人喪生，其中七人是自衛隊員。依照國際法，土國軍隊本可行使現場追捕權（right of hot pursuit）直接進入伊拉克，總算自知克制。

美國已在斡旋，原想阻止土軍越境攻入伊拉克北部。因為兩國不可能為一場無意義的邊境衝突開戰；土耳其作為北大西洋公約會員國，也無法過分責難風雨飄搖的伊拉克民選政府。但現在加入了莫名其妙的亞美尼亞種族屠殺案，把問題越搞越複雜，難以收場了。

廿六、「同床異夢」兩韓高峰會的三個層面

（原刊九十六年十月八日《中國時報》國際專欄）

上星期最熱門的國際新聞，無疑是大韓民國（ROK，以下簡稱南韓）盧武鉉大統領夫婦步行跨過北緯三十八度線，然後改乘汽車前往十萬人列道歡迎的平壤，三天兩夜的訪問過程。朝鮮人民民主共和國（DPRK，以下簡稱北韓）最高領導人金正日雖突然現身，卻面無笑容地只和盧大統領握了個手；以迄週四盧氏夫婦擺下「大長今宴」辭行，他也沒有賞臉，送行者只有「最高人民會議常任委員長」金永南，處處顯示金正日自認比對手的輩分要高。台灣平面與電子媒體對這次歷史性峰會報導雖甚詳盡，我卻找不到從東亞政治與外交觀點出發的分析。

就「六方會談」錯綜複雜的關係而言，即使先撇開中、日、俄三國不談，兩韓八年來第二次高峰會，至少應從北韓、南韓、與美國三個層面去探索他們彼此間「同床異夢」的動機與反應。

收穫最豐的無疑是北韓。老奸巨猾的金正日，明知發展核武只能嚇住日本，嚇唬不了美國，去秋故意試爆一顆「核子裝置」（nuclear device，注意並非核彈），吸引全球注目。然後在六方會談裡，拿它作為逼使美國承認北韓的主體性，與之舉行以建交為最終目的的雙邊會談。

美國主管遠東事務的助理國務卿希爾（Christopher Hill）九月底就到北京，十月一日率團出席六

方會談的第六次會議。這次會談由大陸外交部副部長武大偉主持，比平壤的兩韓高峰會只早一天結束，通過「落實共同聲明第二階段行動」案，內容雖只摘要公布，看來美國六十餘年與北韓的敵對關係，真將成為歷史，這是金正日最大的勝利。

北韓在極權統治下，經濟萎靡，無數人民餓死。金正日同意在朝鮮半島無核化前提下，關閉延邊原子爐，接受國際原子能總署人員實地視察，純為交換各國的經濟援助。盧武鉉此次雖不好意思效法一九九九年時，金大中統領透過民間拿五億美元去賄賂金正日，但捐贈的糧食與其他實物，外傳將值二百億美元，這是金正日的第二大勝利。

南韓十二月即將大選，憲法規定大統領以一任四年為限，二〇〇三年選出的盧武鉉本就無法連任。何況他先退出當選時代表的「新千年民主黨」，另組新黨。三年多來，他的政績乏善足述，醜聞頻仍，到今年二月，眼看支持度從當初的九〇%跌到二〇%以下，又退出為他量身定做的「開放國民黨」。

這位平民出身，當過律師，競選時以「敢向美國說『不』」轟動一時，初次訪美時卻又向布希保證「不會被北韓牽著鼻子走」的大統領，與阿扁頗有幾分相像之處。為在歷史上留名，他從六月起分別出訪日本、中國、和俄國。再次退黨，則是為南韓史上首位女總理韓明淑鋪路，讓她辭職重回開放國民黨，希冀與民調遙遙領先的「大國民黨」李明博一決雌雄。

我猜測盧武鉉馬上會再訪華府，向布希總統指天誓日地保證南韓絕對配合美國政策，不會單獨與金正日媾和。他首要目的是讓韓明淑當選，替他收拾爛攤子。他也幻想兩韓如真能簽訂朝鮮半島和平條約，他與金正日都有問鼎諾貝爾和平獎之望。

相形之下，美國處境最為尷尬。遠在盧武鉉啟程前半月，我就讀到四篇關切他此行與美國利益可能衝突的分析，執筆者若非重量級學者，就是曾主管遠東事務的高級退休官員。

這些作者有國防大學戰略研究所 James J. Przystup 教授、原白宮助理後為國安會遠東事務資深主任 Michael J. Green、華府智庫 CSIS 的太平洋論壇主席 Ralph J. Cossa、另一篇則是大西洋理事會 (Atlantic Council) 網羅多位學者專家集體提出的專題報告。他們指出許多美國應擔憂之處。

兩韓領導人十月四日簽署的「北南關係發展與和平繁榮宣言」，哪些地方從美國觀點看來有問題，卻又難以啟齒呢？國內長篇累牘的報導裡，或學者專家現身媒體評論時，似乎沒人指出過。

嚴格而言，南韓政府根本不是板門店停戰協定的簽字國。一九五一～一九五三年間，我在駐韓聯合國部隊裡當翻譯官，因戰事膠著，辭職回台，準備赴美進修。七月廿三日抵台，正是停戰協定簽字那天。我清楚記得代表聯軍簽字者是受美籍統帥克拉克將軍 (Gen. Mark Clark) 指派的哈里遜 (William K. Harrison) 中將，而代表北韓與大陸「志願軍」簽字的則是北韓的南日大將，沒有南韓的份。

比法律觀點更重要的是美國在南韓的同盟身分，與涉及的利益問題。依照停戰協定，南韓部隊理論上仍須受聯軍統帥節制，現任者是美國的貝爾 (Burwell Baxter "B. B." Bell) 上將。美軍雖已撤離板門店退居二線，只剩第二步兵師與幾個空軍中隊，卻在首爾與他處佔用最昂貴的土地，南韓每年尚須負擔駐韓美軍幾乎所有費用。這些糾纏不清的問題不解決，雙方心裡永遠會有疙瘩存在。

兩韓高峰會引起的問題太多，篇幅所限，留待以後再談。

廿七、蕭會美高層　扁幫的忙

（原刊九十六年十月七日《聯合報》民意論壇）

過去曾在美工作十五年多，我雖家住紐約，每月去華府少則一兩次，多則三四趟。對國會大廈與附近幾座供參眾議員辦公用的大樓，可謂熟門熟路。

這兩天讀報，看見蕭萬長二日抵達華府後，後續三天的拜會與餐敘節目如此密集，會晤階層如此之高，人數又如此眾多，豈但前所未有，後續恐怕也很困難。

陪他同行的劉兆玄、蘇起、馮寄台幾位固然很辛苦，袁健生的安排也功不可沒。但依我這個局外人看來，最大功勞還得記在陳水扁總統名下。蕭返台後，真該打電話給總統府向他道謝才對。

為什麼呢？雖然退休已久，旅居美國的多年老友與熱心華僑仍然不斷有電話或訊息傳來，告訴我最新的事件。譬如蕭團原定道經紐約，僑胞為搶奪主辦的榮譽，引起爭執；類此事件在華僑社會說來，每次都會發生，稀鬆平常之至，但蕭團考慮後取消了紐約行。台獨人士竟把它描述成「美方壓迫取消」。這種芝麻蒜皮的小事，竟有三位老友打電話來向我反映，我覺得實無過問必要。

拿蕭萬長在華府所受待遇相比，可證紐約綠營造謠伎倆之笨拙。我可斷言：自從名義上隸屬美台經濟協會的兩國年度國防工業諮商會議，為避人耳目特別搬到馬里蘭州海軍官校內舉行，會中美國國防部副助理部長辛恩那篇動人的演說，充分顯示布希政府負責官員對陳總統個人與民進黨「入聯公投」口號的反感，已經像傳染病一樣，在華府變成流行性感冒了。

這就是微笑老蕭此次在華府短暫三天訪問裡，能與這麼多參眾議員及高級官員產生前所未有的真誠互動的幕後主因。蕭團返台後，我想會向全國同胞作忠實的報告。

廿八、自兼主席　不會被逼宮

（原刊九十六年十月五日《聯合報》民意論壇）

民進黨游錫堃堅辭，陳水扁總統兼任民進黨主席，本該是順理成章的事。只看趕在週三中常會前，基隆市黨部發起各縣市黨部連署勸進活動，只一小時便收到其餘廿個縣市主委簽字回覆，可云神速。

但前天開過中常會後，細讀新聞報導，才知道陳水扁、謝長廷、游錫堃、呂秀蓮、張俊雄等黨政首長全部缺席。包括代理主席的葉菊蘭在內，出席的民進黨中常委據報載一共才九人。即使陳勝宏、楊秋興、劉秋芳之流，都是三頭六臂的超人，他們幾個人就可決定黨主席該由何人出任，這樣的密室政治，豈非比「列寧式政黨」更獨裁？難怪明天還要召開中執會，蓋個「橡皮圖章」追認一番。

設身處地替陳總統想想，最聰明的安排是讓別人出任主席，他仍可在幕後操縱全局。因為三個月後，立法委員投票結果出爐，民進黨如果正如外間預料，會輸得很難看，黨主席須依例辭職，以示負責。陳總統如不願擔負敗選責任，透過另一位傀儡操盤，風險會少得多。

可是他實在放不下心來。外間原本盛傳，葉菊蘭很可能是接任主席的最適當人選，李應元則可能接任黨祕書長。問題出在：在陳總統眼裡，葉菊蘭對謝長廷的忠誠度，遠超過她與阿扁的交情；如果謝蘇「競選總部」的總幹事李應元再出任黨祕書長，那不是民進黨機器被謝系人馬「整碗端去呷」了嗎？

外間傳聞的安排如果屬實，意味謝長廷嫡系幹部將實際掌握民進黨可觀的資源與黨部機器，把陳總統拱上供桌，變成一塊神主牌，雖仍可受人燒香膜拜，卻越來越沒有實權，成為名符其實的「跛鴨」了。這才是陳總統不避物議，親自兼任黨主席的原因。

自兼主席，由嫡系的總統府副祕書長卓榮泰接黨祕書長，可確保在只剩兩百多天的總統任期內，不會發生「逼宮」之類情事。其缺點則是主帥親自披掛上陣後，迴旋空間大大地萎縮，再也沒有什麼「制高點」可以一面唱高調，一面仍指揮若定了。

我有點替民進黨「杞人憂天」，因為陳總統真正在意的，並非明年三月廿二日投票結果，藍綠兩黨誰勝誰負。他心裡最關切的是自身與家人卸任後的安危。他如果緊抱主席職位不肯放手，即使謝長廷勝選，顧忌他手中掌握的情治系統監視與竊聽報告必有許多把柄，倒也很難換掉他。

坦白而言，黨主席一職會變成阿扁的護身符。除嚇阻後任不敢動他外，四年後他還可再競選總統。那時他也只六十二歲，誰能攔得住他？

（本篇於報章發表時，因篇幅限制，略有刪節。現結集成書，為保存原貌，仍依原稿刊載，責任自負，特此聲明。作者謹註。）

廿九、緬甸「僧侶革命」大陸難逃指責

（原刊九十六年十月一日《中國時報》國際專欄）

緬甸（Myanmar，舊稱 Union of Burma）由佛教僧侶領導如火如荼爭取民主自由的運動，二星期來因軍警對群眾開槍，死傷累累，已至不可收拾的地步。而且抗議地點不止五五〇萬人的古都仰光（Yangon，舊稱 Rangoon），一二〇萬人的第二大城曼德勒（Mandalay），與鄰近中國的密支那（Myitkyina）都有發生。

前段稱仰光為古都，因為獨裁的軍政府二年前已將緬甸首都遷至仰光與曼德勒中途的彬馬那（Naw Pyi Taw，中國大陸官方譯名）市，各部會都在新都辦公。外國使館藉詞難找適當房屋，仍留仰光。美國因更名 Myanmar 未經一九九〇合法選出的緬甸國會通過，至今仍沿用 Burma，表示不承認新國名。

六十餘年來，五千四百餘萬緬甸人民遭受的苦難從未中止。第二次世界大戰時，反對英國殖民統治的緬甸人在翁山（Aung San）與廿九位同志號召下，寧肯與日軍合作而與盟國為敵。一九四八年元旦緬甸獨立，翁山將軍還來不及就總統職，就與預定內閣閣員一同遇刺身亡，成為國父。緬甸從此混亂，內戰頻仍，一九六二年尼溫（Ne Win）將軍發動政變，開始了幾達半世紀的軍人治國。

受盡了封閉鎖國與經濟衰落之苦，緬甸人渴望民主改革，一九八八年八月大批學生上街遊行，軍隊開槍鎮壓，一千餘人死亡。翁山的女兒蘇姬 (Aung San Suu Kyi) 首次慷慨激昂地號召人民反抗暴政，奠定了她民運領袖的地位，也開始了十幾年有時收押有時改為軟禁的生活。她被囚之初，軍方又在街頭射殺了三千多人。

受國際輿論壓迫，一九九〇年五月軍政府勉強舉辦國會選舉，翁山蘇姬雖被軟禁不能出門，她領導的「全國民主聯盟」(National League for Democracy，簡稱 NLD) 大獲全勝，在四八五席中贏得三九二席。軍方因而反悔，把一九七四年通過的憲法又冷凍起來。此後十七年中，緬甸與國外完全隔絕，不准外國媒體入境採訪。電視報導遊行的鏡頭，來源都是地下反政府組織所提供。這次日本記者長井健司拿觀光簽證混進人群，肇禍原因就在他手上那架攝影機，犯了大忌。

今日的緬甸軍政府稱為「國家和平與發展委員會」(State Peace & Development Council，簡稱 SPDC)。主席兼三軍總司令是七十四歲的丹瑞 (Than Shwe) 大將，副主席兼三軍副總司令兼總理是梭溫 (Soe Win) 上將。他們的鐵腕統治靠的是三十八萬大軍，其中陸軍有三十四萬，與六萬警察。官員軍警與其家屬構成新統治階級，享受與當年英國殖民時期軍政人員同樣的特權。相形之下，一般民眾年所得才合二百美元，有天壤之別。

比台灣大十九倍的緬甸土壤肥沃，物產豐富，二戰前曾為稻米輸出大國；如今只有鴉片走私出口仍居世界第二。它的各種寶石與翡翠聞名全球。更富經濟價值的是近海地底豐富的天然氣，估計蘊藏量超過十兆立方公尺，現有中國、印度、南韓、泰國、馬來西亞各國投資開發。天然氣輸出目前已佔緬甸外匯收入之半，今後只會更多。

中國大陸支持緬甸不遺餘力，還有戰略考慮。作為石油進口大國，中國深恐一旦有戰事發生，從中東駛來的油輪必須通過受西方國家控制的馬六甲海峽 (Malacca Straits)，所以積極進行租借緬甸面臨印度洋的深水港，從那裡興建一條輸油管直達雲南。美國國防大學有幾篇論文討論這件事，大陸則仍諱莫如深。

俄羅斯在聯合國裡也力挺緬甸，則是爭風吃醋，趁機討個小便宜。安理會廿七日緊急集會，商討緬甸局勢，受中俄兩常任理事國掣肘，只通過一份溫吞水的聲明，不敢提加強制裁。派奈及利亞籍主管政治事務的副祕書長甘巴里為特使前往緬甸，如無中國幕後點頭，也進不了緬境。

中國大陸雖被各國民主人士痛責未能約束緬甸軍政府，仍然緊抱周恩來「和平五原則」中不干涉他國內政的那條原則作為護身符。外交部發言人姜瑜在記者會上，不痛不癢地說，希望緬甸問題「有關各方保持克制妥善處理，不使事態進一步複雜化、擴大化」，更不要影響「緬甸或本地區的和平與穩定」。

姜瑜希望緬方「致力於改善民生，維護民族和諧，處理好國內社會矛盾等有關問題」。至於各國批評大陸偏袒緬甸獨裁軍政府一點，她則輕描淡寫地回答說：「我們注意到個別媒體近日發表一些指責中方的不實之詞，這是對中方別有用心的誣蔑。」

卅、《費加洛的婚禮》與維也納國家歌劇院

（原刊九十六年九月廿四日《中國時報》國際專欄）

趕中秋假期，台灣樂壇盛事是在樂壇大師小澤征爾指揮下，維也納「國家歌劇院」(德文 Statsoper) 交響樂團接連兩天在台北國家音樂廳，以清唱方式演出莫札特 (Wolfgang Amadeus Mozart) 的歌劇《費加洛的婚禮》(義大利文 *La Nozze di Figaro*)，今晚則在高雄文化中心獻演。台北的票價從三千五百元到一萬元不等，駭人聽聞。學生票賣到二千五百元，比在維也納 (Wien) 的學生票貴上好幾倍。奧地利人知道了，恐怕會傳為笑談。

這齣鬧笑歌劇 (opera buffa) 位居全世界演出最多的十大歌劇第六名。一九七九至一九八一年間，我因擔任駐奧地利代表，在維也納住過兩年多。回顧幾十年來，《費加洛的婚禮》除在金碧輝煌的維也納國家歌劇院外，在南非開普敦的尼可馬蘭劇院 (Nico Malan Theatre) 和紐約大都會歌劇院 (Metropolitan Opera House) 也聽過，不虛此生。趁此中秋假期，談談這所舉世聞名的維也納歌劇院，或可暫時遠離被選舉吵出來的烏煙瘴氣。

維也納的確是「音樂之都」。其他大都市多的是偉人英雄的肖像，這裡最多的卻是音樂家的雕像。海頓 (Franz Josef Haydn)、舒伯特 (Franz Schubert)、貝多芬 (Ludwig von Beethoven)、布拉姆斯

(Johannes Brahms)、孟德爾頌 (Felix Mandelsohn) 等外，在市立公園 (Stadtpark) 裡小史特勞斯 (Johann Strauss, Sohn) 拉著小提琴演奏圓舞曲的純白大理石立像，是遊客必往攝影留念之處。

維也納的中央公墓裡，專為音樂家設有一區，貝多芬到史特勞斯父子的墓地都在那裡。還有馬勒 (Gustav Mahler)、荀白克 (Arnold Schönberg) 等較近現代的作曲家。雖然有些只是衣冠塚，經常仍有人在那裡徘徊憑弔，情景感人。

維也納有兩所國家設立的歌劇院，另一所叫「人民歌劇院」(Volksoper)，多演像雷哈爾 (Franz Lehàr) 的《風流寡婦》(*Die Lustige Witwe*) 一類的輕歌劇 (operetta)。兩家都靠政府每年撥助巨額經費，方能維持。相形之下，台灣這次有銀行鼎力支持，邀來小澤征爾指揮交響樂團，票價還貴得離譜，應有愧色。

到奧地利的遊客，必定會去奧匈帝國著名的泰瑞莎皇后 (Maria Theresa) 在維也納郊外的夏宮 (Schloss Schönbrunn)，看過那幅才四歲多的莫札特坐在女皇膝上彈琴的巨大壁畫。離維也納四小時車程的薩爾茲堡 (Salzburg)，有莫札特出生時的老家，更是每年遠道來欣賞音樂節各種演出的歐美旅遊團必到之地。

這位音樂天才只活了三十五歲。一九八四年有部 *Amadeus* 電影，美籍明星 Tom Hulce 把他活活氣死當時享有盛名的宮廷作曲家 Salieri 的故事，戲劇化地表現出來。它所根據的是俄國大作家普希金 (Alexander Pushkin) 原作，由林姆斯基・高沙可夫 (Nicolai Rimsky-Korsakov) 譜曲的歌劇，現在已無人知曉了。

《費加洛的婚禮》是莫札特首次創作義大利式歌劇。與他合作的龐特 (Lorenzo da Ponte)，反而默默無聞。當時是莫札特把舞台劇作家布馬伽 (Pierre Beaumarchais) 的原作劇本帶去給龐特，後者花六個星期把它改寫成歌劇腳本，刪除諷刺皇室與貴族的台詞，歌詞則使用優雅押韻的義大利文。

莫札特把歌劇本呈給泰瑞莎女皇的兒子，約瑟夫二世。皇帝批准後，《費加洛的婚禮》一七八六年五月一日首次在夏宮裡的宮廷戲院 (Burgtheater) 上演，共演九場，唱的是義大利文而非德文。那時義大利北部都臣屬奧匈帝國，所以不成問題。

據歷史記載，原作演出長達四小時。觀劇的達官貴人為附庸風雅，每首詠嘆調 (aria) 後總要求 encore，約瑟夫二世最後下令限制「安可」的次數，以免拖到七、八個小時還無法結束。莫札特後來曾增刪修改內容，現在演出的版本比最初濃縮多了。

維也納國家歌劇院的前身在一八一〇年才開始，比《費加洛的婚禮》晚生廿幾年，現在自稱為世界最偉大的歌劇院。有件事不能不提，那就是每年二月盛大的「歌劇院舞會」(Vienna Opera Ball)，歐洲富商巨賈趨之若鶩。劇院大廳裡所有觀眾座椅全部拆除，男賓必須著白領結的大禮服，女賓清一色白晚禮服長可及地，在歌劇院交響樂團演奏史特勞斯優雅的圓舞曲聲中翩然起舞，奧地利國家電視台轉播到深夜，全世界都能看到。門票只二一五歐元，實在值回票價。

卅一、向國際法院提告 別做夢！

（原刊九十六年九月廿日《聯合報》民意論壇）

民進黨重用的官員，一大半不懂國際事務；即使自認留學國外，曾擔任駐德代表的謝志偉，居然宣稱聯合國總務委員會昨晚否決將台灣申請入會案列入議程後，要向海牙國際法院提出告訴！我真不懂這種缺乏深度國際認識，只懂點皮毛的人，怎麼會在歐洲最重要的德國，做過代表？

首先，根據聯合國憲章第九十三條，國際法院是聯合國的附屬機構，僅會員國（當然當事國）或特定的非會員國（得為當事國），始得提出告訴。所謂特定條件，指預定加入而尚未加入的國家，瑞士在一九四八年，或諾魯在一九八八年都曾利用第九十三條後段，提出告訴並獲受理。但是這兩項條件，台灣都不具備。

民進黨智庫其餘那些半瓶子醋的教授學者，或許在想可以再花些冤枉錢，找幾個友邦代為提出。對不起，除當事國之外，別的國家都沒有資格代它在國際法院打官司。一句「不適格」就被頂回去了。

更何況，國際法院規約還明訂，「在法院得為訴訟當事國者，限於國家」。如果連美國都公開說，不論台灣或中華民國都不是國家，台灣更可能在國際法院自陷「非國家」的窘境。

其次，國際法院十五名法官中，通常安理會五強必有代表。大陸的史久鏞法官在二〇〇三年至二〇〇六年間，還曾擔任院長一職。去年卸任後，由英籍的女副院長繼任；是否因他年逾八十，我不太清楚。史久鏞祖籍浙江寧波，上海聖約翰大學畢業，哥倫比亞大學法學博士，據說對人接物，溫和有禮。但有他坐在院長右方，國際法院會受理台灣提訴的任何案件嗎？他也無須學大陸外交官那副窮兇極惡的嘴臉，只要輕輕提及安理會第二七五八號決議案，就足夠擋掉任何討論了。

最後也最重要的，還是國際法院與安全理事會間曖昧不清的關係。憲章第九十四條規定：所有會員國必須遵守國際法院的裁決；如有違反者，得交由安全理事會議處。你甚至可以說，國際法院的層次比安理會低。尤其因安理會常任理事國享有否決權，所以凡對五強有損的裁決，等於無效。尼加拉瓜曾向安理會抗議美國不遵守國際法院的裁決，安理會討論時卻被美國否決掉，便是著例。

一九九二年發生的泛美航空客機在蘇格蘭上空被利比亞安置炸彈案，二七〇人死亡，震驚世界。利比亞向國際法院控訴美英對它實施經濟制裁，侵害它的主權。問題在於對利實施制裁，原本是安理會通過的決議案。因而拖延十一年後，利比亞強人格達費(Muammar al-Qaddafi)眼看海珊被美國輕易推翻，主動認輸，同意支付鉅額賠償，才得解決。可見不論用什麼法律理論去國際法院打官司，困難重重。

而且，美國在一九八四年已經聲明：它今後不再無條件接受國際法院的裁決了。大陸隨時可作同樣宣示，但它比老美聰明，學會了善用自己的軟實力，無須做得太難看。我要勸陳總統與民進黨政府，不必聽那些半吊子專家學者的餿主意，去自找無趣了。

卅二、第六十二屆聯大開議　台灣仍擠不進議題

（原刊九十六年九月十七日《中國時報》國際專欄）

今天是第六十一屆聯合國大會的最後一天。明天起，第六十二屆聯大將正式登場。主席與廿一位副主席人選早就由各區域推定，明天的投票只是形式，基於尊重各會員國投票權的國際禮儀，目前仍不公布，媒體也不好預報。我曾有幸參加中華民國出席聯大代表團一連九年，略知聯大 (UN General Assembly) 運作與慣例，趁此機會，正可談一下國人對聯合國的認識與誤解。

六十三年來，聯合國雖在維護和平與集體安全方面，不無貢獻。但離國人過分浪漫的憧憬，認為它是公平正義的化身，甚至國際間的仲裁者，還有很大距離。今日的聯合國，雖然滿口仁義道德，實際仍受幾個超強控制。非洲蘇丹共和國西部達富爾 (Darfur) 地區的人間慘劇，已有二十萬人死亡，兩百五十萬人流離失所。但聯合國甚至美、英、法國都不能解決，便是最顯著的事例。

上週，國務院亞太事務局柯慶生副助卿在美台商會年度國防工業會議上，對台灣放話說：民進黨搞入聯公投，只是「內部政治消費」，美國堅決反對。他的話雖不中聽，卻一點沒錯。即使民進黨提的「入聯公投」獲得全民百分之百的支持，聯合國就會接納「台灣」為會員國嗎？

聯合國憲章 (UN Charter) 第一章第四條後段，寫得清清楚楚：新會員國申請入聯，須經安全理

事會推薦，與大會過半數以上投票通過。中共既為常任理事國，此事百分之百不可能。我要加上一句，外交部雖然浪費數以千萬計的公帑，希望把「台灣入聯案」列入今年的討論議題，也沒有可能。

明天聯大第六十二屆首次大會要票選主席、副主席、六個委員會的主席、與證書委員會委員。副主席名額原為八人，因會員國日增，現在已增加到廿一位。

除安理會五強外，其餘的副主席與各委員會主席照例從五大地區周而復始地遴選。所謂五大地區是：非洲、亞洲、拉丁美洲與加勒比海、東歐、與西歐。前三區國家數多，後兩區國數少，將來難免會引起議論。

掌握大權的總務委員會（General Committee），由主席、二十一位副主席、與各委員會主席組成。如果將聯大比作一家公司的股東大會，總務委員會就像董事會。自然，聯合國平素運作時，安理會才是它的董事會；但本文討論範圍僅以聯大會期為限，大會要討論任何議題，必須先經總務委員會通過，才能列入議程，我想讀者不會把兩者混為一談。

今年的第六十二屆聯大已列入議程的議題有多少？多達一百六十一項，每項都非常重要。最重要的氣候變化（climate change）關係全球所有國家福祉，因此大會排定從九月廿四日至廿八日，作為高層專題週（High Level Event），各國元首或政府領袖都會出席。

十月一日起那一週，前三天是「總辯論」（general debate），後兩天則排作「各宗教與文化間的了解與合作」（Interreligious and Intercultural Understanding and Cooperation），也當作高層專題日，無非讓各國元首、總理、乃至外交部長可以天南地北暢談該國政策，藉以提高他們在本國的聲望。平時

「總辯論」至少要浪費兩星期時間，今年特別安排兩次高層專題，縮短了總辯論，使議事略有改進，應歸功於新任祕書長潘基文。

潘基文接任才八個半月，毀譽參半。雖號稱通曉英、法語文，聽過他演講的朋友說，他只會照稿宣讀，口齒不清，態度木訥，在歷任祕書長裡，個人魅力最差。從北韓核武問題到阿富汗人質危機，潘氏都未能發揮聯合國祕書長的特殊地位、功能與影響力。在制約聯合國內部龐大國際官僚系統，整頓各有後台不聽指揮的屬僚上，成績也不高明。

為急求表現，潘基文上週專訪非洲，會晤利比亞、查德、與蘇丹三國總統，獲得蘇丹總統巴希爾(Omar Hassan Ahmed al-Bashir)同意，十月在利比亞首都的黎波里(Tripoli)召開達富爾和平會議。這表示他也得到格達費的支持。如能有成，將為就職迄今首項政治性的成就。

今年的聯大是潘基文接任後首次大會，列入大會的一百六十一項議題，每項都可談上個把星期，而會期僅三個月，年底前必須結束。我敢擔保台灣入聯案絕對擠不進去，在總務委員會就會被打消了。

卅三、返聯入聯一字差　真假大不同

（原刊九十六年九月十五日《聯合報》民意論壇）

今天在台中與高雄各有一場支持進入聯合國的遊行。國民黨在台中主辦的那場，親民黨並未參加，因而不能稱作泛藍陣營的活動。同樣地，高雄那場被李登輝批評說「民進黨看來不是謝長廷在選，是陳總統在選」，直言「舊總統不要管這麼多」，所以也不能看作綠營團結的象徵。

兩大陣營均有不同聲音，難怪一般老百姓會暈頭轉向，不知哪個當真，哪個作假。其實如仔細想想，道理很簡單：陳水扁背水一戰，把謝長廷綁架上場，看來像玩真的。但即使行政院硬逼中央公投審議委員會翻案，綁住立委選舉的「入聯公投」，獲得全國民眾百分之百支持，聯合國就會對台灣敞開大門嗎？不會！所以看來像真的，反而是假的。

國民黨主張的「返聯公投」，不硬性設定如果能重回聯合國時，用什麼樣的名稱。不論是用中華台北或台澎金馬政治實體為名，如各報全版廣告所云：「用對的方法，重返聯合國。」什麼是對的方法呢？就是「穩健務實、有彈性、有尊嚴的策略重返聯合國及加入其他國際組織」。陳水扁譏為「拿香跟著拜」而且還「拿錯了香尾」。不急於一時，也不做一步登天的夢，看來像假的，反而是真的。

真假之間，疑慮難免。有人勸國民黨應速撤回返聯公投案，的確反映部分人的心聲。但我也必須指出，這是把戰略與戰術混為一談了，因而導致錯誤的結論。

自退休後，我早已不參加任何政治活動，但關懷仍所難免。純自遠處遙觀，我的感覺是「馬蕭配」的競選主軸早已定調。簡言之，就是台灣二千三百萬人民不論藍綠，都是國人一份子。國民黨要為全國人民服務，而非僅照顧某個特定族群利益。

在此前提下，爭取全民而非部分民眾的認同，已成他的總體戰略。馬英九一改舊日作風，繼鐵馬長征後，再深入中南部民居借宿，讓窮苦的老百姓近距離看看他的真面貌，了解他的基本性格，這條路已經無法回頭，他也不會再回頭。

此時此地，受夠了民進黨執政七年餘來，經濟衰退痛苦的人民，千萬不可自以為是，忘記唯團結方能獲勝的基本道理。從去年百萬紅潮到現在，不論施明德、簡錫堦、黃光國、林正杰、或其餘領袖此時如獨樹一幟，想建立第三勢力，只會分散力量，讓陳水扁坐享其成，於己於國，只有壞處沒有好處。

卅四、總統候選人出爐　民刑事應停審

（原刊九十六年九月十日《聯合報》民意論壇）

上週末，民進黨大動員搞「入聯公投」活動，以「國家正常化」為口號。我們以為明年的總統選舉也應正常化，去除投票前籠罩的陰影，讓國人得以靜聆不同政見，深思熟慮後決定要支持謝長廷，或是投給馬英九。投給誰都沒有關係，要緊的是免得最後如俗語所云「竹籃子打水，一場空」。

立法院本週復會，各黨委員可連署提議，修改總統副總統選舉罷免法，委員會審查後，逕付二讀，提報院會通過，立即生效。修法重點很簡單：

明定凡政黨依其內部規章，不論以何種方式，選出或指定總統候選人之後，自該日起至下屆總統就職前一日為止，對候選人個人之任何檢察、調查或民、刑司法程序均暫時中止，俾國人得行使自由意志，不受行政或司法干擾，選擇他認為最適於領導國家的人選。

台灣小政黨不計其數，可加但書云：此一規定，僅適用於前屆總統選舉時，得票超過實際總投票數百分之五或百分之七的政黨，就不怕不肖罪犯走法律漏洞了。

民進黨正全體動員攻擊所有司法人員。謝志偉叫囂要所有司法官公布黨籍。國民黨只以公布吳淑珍與杜正勝等人的入黨申請書作為回應，缺乏積極性。司法院長吞吞吐吐，不敢承認曾經入黨，難為部屬表率。只有司法官協會與檢改會嚴正聲明，但仍未能撥亂返正。修改選罷法，等政治紛擾過去，司法再發揮民主制度最後防線的功能，相信司法官不論政治認同如何，都會鬆一口氣。

為什麼要以各政黨自行認定總統候選人之日為準，而不等到中選會公布候選人名單之日起算呢？因為現任的張政雄主委，明顯只聽總統府的話，早已失去人民的信任。更因為我很難想像陳總統、游主席或蘇前院長會同意。只有進退兩難的謝長廷先生和同情他的民進黨籍立委，會舉雙手贊同。因為只有這樣，才能矯正當前是非不明，行政干涉司法，政府違法亂紀的現象。況且有耳語相傳說，等牽涉高雄捷運的幾個重大弊案起訴時，謝前市長可能被迫退出大選，到時蘇貞昌就名正言順地成為正候選人，而非陪選的深宮怨婦了。

今天離陳水扁交卸職務只剩二百五十天，總統府雖然厚著臉皮，發函台北地院，把李慧芬買內衣褲所獲交給李碧君的發票，都認定為「絕對機密」，只能拖延一時，難掩人民悠悠之口。謝候選人與他的嫡系人馬，此時再不揭竿發難，與貪汙腐敗劃清界線，更待何時？

藍營也非毫無雜音。王金平院長的國會龍頭寶座，無人可以取代。偏有極少幾位本土派委員，認定馬英九二審必然翻盤，要拱王院長出來。這只會傷害王金平的清譽，無法撼動泛藍選民的心志。只要修改總統副總統選罷法，這些杞人憂天的事，再無發生可能。

卅五、APEC意外風波　恐影響澳洲大選

（原刊九十六年九月十日《中國時報》國際專欄）

和人際關係一樣，國際間也有趨炎附勢現象。只看這次澳洲雪梨的APEC領袖會議，二十二位元首或代表中，誰最忙碌，誰比較空閒，便可知世情冷暖。但正因為有些領袖太受注意了，偶而也會發生反效果。

美國總統布希這次雖迭有凸槌演出，如把APEC說成OPEC，澳洲說成奧地利，被各國媒體取笑。但美國獨一無二的超強地位，究竟仍無法取代。除地主國澳洲的霍華德總理與反對黨領袖陸克文外，布希單獨會見了胡錦濤、俄羅斯總統普丁、日本首相安倍晉三和南韓總統盧武鉉，深入晤談。其餘東南亞國家協會的十國元首，則由布希作東午宴，一網打盡，免得單獨約晤，而領袖會議一共才九月八日與九日兩天，布希八日晚就先飛回華府，不參加第二天的活動。公報稿與所謂「雪梨宣言」(Sydney Declaration)早就由資深官員會議(Senior Officials Meeting，簡稱SOM)擬好，包括應付全球氣候變化與溫室效應之道，純屬形式而已。

但布希這次最大的敗筆，台灣媒體似未報導，就是他在九月六日會晤霍華德總理後的記者會席間，居然告訴澳洲媒體說，別把霍華德的中間偏右聯盟(Center Right Coalition)看扁了，認為它在大

選時會輸給中間偏左的工黨 (Labor Party)。布希是個忠厚人，所言只為表示他對霍華德在阿富汗與伊拉克兩次戰事中，不遺餘力地支持美國，衷心感激。

然而如此干涉他國內政的言辭，就外交慣例而言，卻闖下了滔天大禍。因而布希第二天接見工黨領袖陸克文、副黨魁愛蘭德 (Julia Eilland) 與該黨外交事務發言人麥克理蘭 (Robert McClelland) 三人時，顯然備受責難，雙方弄得很不愉快。

澳洲銷路最廣的《雪梨前鋒早報》(*Sydney Morning Herald*) 報導，布希接見曾在台北學華語、在澳洲駐北京大使館任職的工黨外交事務發言人，去年才接任黨魁的陸克文，原定只是十分鐘禮貌拜會，卻變成四十五分鐘，可見雙方曾激烈爭辯。

陸克文送給布希兩本書，頗有諷刺意味。一本是澳洲前工黨領袖，首次大戰時領導國家的寇丁 (John Curtin) 傳。另一本書名是《中國的攻勢：中國的軟實力如何正在改變世界》(*The Chinese Offensive: How China's Soft Power is Transforming the World*)。

陸也告訴布希說，他如出任總理，將撤回在伊拉克的澳洲部隊。

澳洲政制師法以英國國會所在地為名的西敏寺制度 (The Westminster System)，國會每五年改選一次。霍華德本人屬自由黨 (Liberal Party)，與副總理樊爾 (Mark Vaile) 的國民黨 (National Party) 合組中間偏右聯盟，自一九九六年起連贏了兩次，因而必須在明年一月十九日前辦理改選。

但奉行西敏寺制度各國，極少等到最後一天才辦大選。執政黨總選擇對它最有利的時機，宣布改選國會，以期獲勝。霍華德把這次 APEC 大會看得如此重要，自然希望藉會議成功，有助於扭轉他一年多來歷次民意調查的劣勢地位。

這又與美國直接有關。伊拉克僵局愈來愈無解，澳洲民意也追隨歐美自由派輿論，批評霍華德盲目挺布希，陷入泥淖。我查過去的澳洲民意測驗結果：就政黨而言，中間偏右聯盟從去年十一月的四九%，一路跌到一週前的四一%，同時期內工黨則自五一%升到五九%，相差十八%。就個人聲望而言，霍華德去年底還有五五%，如今只剩三七%；陸克文則自三六%，扶搖直上到四八%，差距十一%。如果明天就投票，哪個黨會大獲全勝，不言可喻。

澳洲媒體充斥有關何時選舉的預測，愛賭博的人甚至可就大選日期押注。原本盛傳可能借助APEC會議的聲勢，在十月十三日至廿日間舉行。被布希這個莽撞鬼無端插進來後，恐怕會延遲到十一月或十二月初。為領袖者必須謹言慎行，這才是台灣應該學習的地方。

卅六、APEC領袖會助澳洲「東方化」卻讓台灣頭疼

（原刊九十六年九月三日《中國時報》國際專欄）

亞太經濟合作論壇（Asian Pacific Economic Cooperation）一年一度的會議，昨天在澳洲雪梨開鑼。各國領袖將陸續抵達，以便在會外單獨晤談。正式的領袖會議（Leaders Meeting，用意在避免「高峰會」(Summitry) 之名)，要等到本週末亦即九月八、九兩天才正式集會。我政府原擬派蔡英文前往，遭到拒絕，由張忠謀以「領袖代表」身分出席。

澳洲政府對此次會議的重視，超出世人想像之外。霍華德總理八月廿九日特在雪梨最具影響力的樓威學會 (Lowy Institute) 發表政策性演說，稱它為「澳洲歷史上最重要的國際會議」。言外之意，它比歷年美澳紐 (ANZUS) 同盟會議更重要，將促使澳洲改變舊日思想，更向東方靠攏。

澳洲派任的今年 APEC 執行長（Executive Director，中國大陸譯為總幹事）赫壽坦大使（Amb. Colin Hesseltine）上星期提出改組在新加坡的常設祕書處計畫，要大規模擴充人員與工作範圍。澳洲派駐 APEC 的史賓塞大使（Amb. David Spencer，按此職亦係創舉）也表贊同。在這兩天作為前奏曲的資深官員會議裡，勢將引起激辯。

這兩位澳洲大使的主張並非全無道理。APEC 雖尚未滿十八歲，作為它會員的各經濟體的 GDP

總額已佔全球總額一半以上，所佔全球貿易總額也迫近半數。澳洲八〇%的貿易對手，就是APEC其餘的二十一個經濟體，歐洲包括英國還不滿二〇%。

但如此重要的一個組織，在新加坡的常設祕書處卻只有二十餘人，全年預算不滿四百萬美元。每年開大會時，經費不敷部分，慣例全由地主國負擔，至少要花費二、三十倍。

APEC涵蓋範圍愈來愈廣泛，每個月都有各式各樣的大小會議，今年到現在已有三十幾次之多，祕書處現有人員既疲於奔命，又缺乏專業人才。澳洲認為現行由大會地主國指派執行長，因而年年換人主持工作的制度，實不足應付事實需要。

但反對者卻指出：APEC所以能成功，正因組織具有高度彈性，不走其他國際組織的硬性路線，而以取得共識為最終目標。APEC旗下的各種會議，從來不投票表決，讓與會者能暢所欲言。正因為APEC沒有像紐約的聯合國或設在布魯塞爾的歐盟總部那樣龐大的國際官僚體系，才使它比任何政府間或非政府團體(NGO)的國際組織，更有效果。

霍華德總理說，澳洲對今年APEC有四點期望：一、持續區內經貿合作；二、加強區域安全；三、藉由領袖間的個人接觸，增進澳洲與亞太各國的雙邊關係，他特別點出普丁、布希、胡錦濤、與環繞太平洋其餘各國；四、尋求阻止全球氣候急劇變化之道，包括加強能源安全，改進「京都議定書」的缺失，為環保而改善森林與土地利用等等措施。

而台灣關心的恐怕不是上述幾點，而是白宮國家安全會議負責亞洲部門的韋德寧(Dennis Wilder)上週末說的「台灣或中華民國在國際社會上並不是國家」。他又透露布希與胡錦濤乘APEC之便，本週四單獨會晤時，一定會談到台灣問題。

繼美國副國務卿尼格羅龐提毫不客氣地對陳水扁總統放話之後，韋德寧故意透露消息，顯見華府與北京間已達成某種默契。布希總統這星期在雪梨領袖會議之前或會中，豈但將公開反對「入聯公投」，可能有更激烈的表示。

APEC 組織所以彈性，正因為二十二個經濟體中，包括台灣和香港等非主權國家在內，是我國在國際上最重要的窗口之一。如果受陳總統執迷不悟的影響，使台灣的會籍更降低到無法忍受的程度，倒楣的又是全國人民。

卅七、請謝長廷先生弄清史實

（原刊九十六年八月卅一日《中國時報》政論廣場）

民進黨中央前天舉辦「白色恐怖罹難者追思會」，謝長廷演講說，這都是「兩蔣時代錯誤的漢賊不兩立政策留下的後遺症」。他用「錯誤、自私、無知」形容當時的政策，以致「台灣今天沒尊嚴」。

選戰激烈，藍綠兩陣營互相攻擊，本是常事。但作為執政黨總統候選人，說話至少應有事實基礎。一九七一年十月廿五日我國被迫退出聯合國那晚，我是出席聯大代表團的顧問。我的回憶錄《孤臣無力可回天》裡，有詳細的描述。

周恩來當時邀請國安顧問季辛吉去北京，所以聯大辯論中國代表權問題時，只有常駐代表老布希在為台灣奮力苦戰，美政府真正意向，全世界都看在眼裡了。

美政府內也有兩派，國務卿羅傑斯與老布希仍主張保留我國席次，一面發動歐美國家提出所謂「雙重代表權案」，一面不斷派特使來台勸說蔣中正總統。到七月中旬，台北態度終於鬆動，外交部發出嚴格訓令，指示當時與我還有邦交的六十幾位大使去拜會駐在國外長，把部令發來的備忘錄照讀一遍，不得改動一字，然後把備忘錄留交對方。內容委婉地表示說，如果貴國決定支持美國的雙重代表權案，我國亦同樣感激。

那天在聯大會場討論的經過，首先是支持我們的沙烏地大使白汝迪堅持應先討論他提的修正案，接連發言七次，把各國代表都得罪了。

其次，則是代理主席的委內瑞拉大使不熟悉議事規則，晚上九點鐘有人提議散會，本可由主席敲下議事槌就可一哄而散的，他卻交付投票。此時會場充滿反對白汝迪的情緒，休會動議竟被否決。

接著「重要問題案」也遭否決，勝負已定。

布希大使緊急提議，將阿爾巴尼亞提案採分段表決，但在非洲國家鼓譟之下，臨時動議也失敗了。那時周書楷外長才依程序問題發言，宣布我國不得不退出聯合國。

卅八、公投入聯　美反對還硬幹

（原刊九十六年八月廿九日《聯合報》民意論壇）

有人問我如何看待「以台灣名義加入聯合國」的公民投票，我說，看法可有幾十種，你要問的是哪一種？問者頗為詫異，要我解釋。

對略有世界智識的人而言，即使公民投票結果百分之一百都贊成，就能打開聯合國的大門嗎？當然不能，這是一清二楚的事。任憑黃志芳與謝志偉砸下多少納稅人血汗錢，把路過紐約聯合國總部門前的四十輛公車車身廣告包下來，街上貼滿海報，也不會產生任何實際作用。

民進黨自陳總統以下都不是傻瓜，當然知道這樣亂搞不會生效，只是「出口轉內銷」而已。但黨內各大天王的計算，也因人而異。對陳水扁而言，這是他討好深綠選民，擺脫「跛鴨」形象，鞏固權力的手段，是他敢對美國嗆聲的動機，更是他卸職之後保證家族安全的護身符。

對游錫堃主席而言，這是唯一可操弄基本教義派情緒，使謝長廷進退兩難的策略。對戴著總統候選人桂冠的謝長廷，則是考驗他對大陸開放主張的試金石。他忽然大罵特偵組吳文忠檢察官，把王金平院長也硬拖進去，無非轉移焦點，免得黨內仇敵逼他對公投入聯表態而已。對蘇貞昌而言，能少碰這隻燙手山芋最好，因而這幾天變得消聲匿跡，不見蹤影了。

對馬英九競選團隊而言，國民黨替對手做了幾十年防火牆，可謂含冤莫白。這次總算想通了，馬表態贊同公投入聯，無關實務考慮，只是把球丟回民進黨那邊說「對不起，這回不陪你玩了」。李敖早就罵過，這些假台獨是「孬」種，不敢玩真的。

真正嚇了一跳的是大陸涉台單位，上月原定舉行的兩個學術性研討會，已邀請台灣學者專家數十人出席，臨時都緊急煞車，顯然解放軍主戰派的壓力太大。近幾週則似乎有逐漸降溫徵象，到底是外馳內張，或者是胡錦濤、溫家寶、或楊潔篪聽了台灣什麼人的勸告，思考後也想通了，覺得何必多傷精神，不如讓老美去管教阿扁，外人不得而知。

不過，美國倒是明確提升了反對台灣入聯公投的層級。副國務卿奈葛彭廿七日在媒體專訪中，明白將台灣入聯公投視為「朝向宣布台灣獨立，和改變現狀的一步」，更批評台灣處理公投態度的「錯誤」。

布希總統本來就討厭陳水扁，伊拉克與阿富汗已經弄得他焦頭爛額，明春選情逐漸吃緊，台灣偏在此時給他來添麻煩，不識相到了極點。陳總統這次過境阿拉斯加，待遇層級之低，只有「不留情面」差堪形容。總統胸前雖然佩戴了新聞局大量印製的「台灣入聯」貼紙，只能展現阿Q精神，於事無補，於國則有害。

把老美惹火，豈止親痛仇快而已。台灣老百姓做錯了什麼事，要替阿扁承擔如此的禍害？那時民進黨又怎樣能向國人解說？

卅九、「四十而不惑」替 ASEAN 算筆總帳

（原刊九十六年八月廿七日《中國時報》國際專欄）

豈但台灣媒體一字未提，外國報紙似乎也未注意到：東南亞國家協會（ASEAN，以下簡稱東協）八月七日剛度過它的四十歲生日。孔子云：「四十而不惑」，正可藉此機會回顧東協的成功與失敗。

大陸媒體將 ASEAN 譯為「東盟」，未免誇張，且與事實不符，因為東協組織至今仍甚鬆散，與歐洲聯盟 (EU) 的理想與進程，相差不可以道里計。但換個角度去看，世界各個地區裡，東協仍是最具活力，最受區外國家重視的區域性組織，遠較美洲國家組織 (OAS)、阿拉伯聯盟 (AL) 或非洲聯盟 (AU)，更受各國青睞。

東協為何成功呢？正因為首先，它不好大喜功，寧願從小規模經貿合作，逐漸發展到東亞高峰會議與每月都有的各個領域的部長級會議。其次，四十年來，各會員國和平相處，連帶影響到鄰國。東協與中國大陸簽署「南中國海各方行為準則宣言」，和成功調停越南與柬埔寨的戰爭，都曾起示範作用。

再次，冷戰結束後，一面有傳統強權美國與日本，另一面則是新崛起的中國與印度，而東協成功地遊走於其間，不容許任一方影響東協決策，但也沒得罪雙方。最後，它大大提高了東南亞國家

的地位，不但歐盟主動提議與它合辦「歐亞論壇」，區外國家從澳洲、紐西蘭到印度，都在門外排隊，等候加入。

它們恐怕要等很久；東協既不想得罪朋友，卻也不願敞開大門。它現有的十個會員國，總面積達四四六萬五〇〇〇平方公里，總人口五億五八〇〇萬，國內生產毛額總加起來超過二‧七六兆美元。這樣的規模足夠和其他地區組織相比了，再多只有添麻煩。

台灣讀者熟知的「10+1」或「10+3」，說穿了都是東協玩弄門外國家的手法。沒錯，二〇一〇年起，東協與中國、南韓和日本間將相互減免關稅，最後形成東亞最大的自由貿易區，令區外國家垂涎欲滴。

以八月廿五日在新加坡趁各會員國經濟部長會議之便，東協與日本就「自由貿易區協定」達成協議為例，日本雖減免大部分東協產品的進口稅，但對敏感貨物如米、糖、奶製品等，仍不會放鬆；東協各國更可等十五至十八年後才對日本實施開放。

回顧四十年來，東協在塑造區域團結形象，提高會員國能見度，對抗SARS流行感染，共同反恐，以及運用集體說服力，迫使緬甸軍政府釋放諾貝爾和平獎得主翁山蘇姬等，的確做了很多令人稱道的事。

至於十年前印尼軍方推翻蘇哈托政權，與前年泰國軍方趕走戴克辛總理，雖與東協主張的民主選舉信念不合，多少反映了兩國民意，不應予以苛責。它對不同宗教的開放態度，尤獲讚揚；十個會員國中，伊斯蘭教、佛教、天主教、基督教與無神論並存不悖，世上再也找不到其他區域可與東協相比。

放眼未來，東協正如其他地區或國家，面臨的新挑戰大多來自在全球化潮流下，看不見因而難以攔阻的「敵人」——包括賺了一筆就跑的國際金融炒家、禽流感之類的病毒和隱姓埋名的恐怖分子。

做事按部就班的東協，成立四十年後，才開始考慮制定一份憲章(ASEAN Charter)，邀請各會員國聲譽卓著的退休元勛組成了「賢達小組」(Eminent Persons' Group)起草，將提請今年十一月的高峰會議討論。但是東協祕書處的網站，雖然什麼資料都有，卻故意不公布這些大老的姓名，免得被大國遊說。

這與今年初東協各國外交部長會議雖不顧緬甸反對，通過設立常設性的人權委員會，卻不肯賦予該委員會逕行通過制裁的權限，有異曲同工之妙。仔細想想，東協四十年來能安然渡過全球金融危機，把亟欲染指的區外國家擋在門外，不就是靠會員國間的默契與共識嗎？

東協要繼續發揮作用，必須與各大超級強國保持若干不能形諸文字的了解。北京最不願看見東協被華府操縱，因而東協至今仍婉拒美國派遣觀察員參加任何會議或活動。美國幕後策動它的盟國澳洲和紐西蘭申請加入，也透過友邦如新加坡和印度取得東協不少資料，但就是望門興嘆。

同樣地，中國雖然簽署了作為東協基礎的「東南亞友好合作條約」，要想真正成為東協一員，恐怕也如成語所云，等黃河的水澄清了才有可能。

四十、兩不沉航母：一艘快觸礁一艘不見

（原刊九十六年八月廿二日《聯合報》民意論壇）

陳總統昨天啟程訪問中美洲友邦。往返只在阿拉斯加稍停，加油後立即起飛。借用卓榮泰的話，這是一次「忍辱負重」之旅。

但出發前一天，我們的總統先生還意氣風發地把他領導的民進黨比喻為「擊不沉的航空母艦」，做了許多似通非通、嵌入四大天王姓名的詞句，彰顯他「幕後逼婚」之功。殺風景的是：就在同天下午，黨主席游錫堃進府向他報告說，蘇貞昌返國「共赴黨難」後，謝蘇配的民調不升反降，與馬蕭配的差距拉大到十七個百分點。

游錫堃主席解釋說，這個現象來自綠營群眾不知為何而戰；話雖沒錯，多少帶些私心。真正的原因，首先是蘇前院長從堅持不領情，變成「半推半就」，這齣戲唱得太久一點，觀眾難免厭倦。其次是競選總統者對於副手人選，只以少惹麻煩為主，從來不考慮拿他或她當成接班人，古今中外都有例在先。當年羅斯福挑上杜魯門，或蔣中正接受李宗仁時，哪裡有意把治國重任交給副手？

陳水扁兩次選呂秀蓮做他的競選夥伴，無非權衡輕重，覺得「深宮怨婦」對他的威脅最少而已。什麼「最佳夥伴」一類的謊話，騙得過傻瓜，騙不過呂副總統。她在參加葉菊蘭就任總統府祕書長儀

式上講的那番酸溜溜的話，兩旁的正副祕書長只能活生生嚥下去，還得假裝笑容，也真難為他們了。

當然，以上所述有一條但書，那就是最接近總統身邊的人，知道外間無人敢猜測的內情。君不見，最高檢察署特偵組檢察官，直指「高雄發展聯誼會」的正副會長涉及貪瀆共犯、偽造文書、湮滅證據與洗錢等罪嫌。這兩個人，徐政朝是謝長廷的金主，蕭玲慧更是謝擔任立委時的助理。辦到他們兩人，顯示司法那張網越收越緊，恐怕快接觸到民進黨獨一無二的總統候選人了。後事如何，我不敢想像。

另一種「擊不沉的航空母艦」更為詭異。八月上旬，台灣有記者應邀參觀美海軍「二〇〇七勇敢之盾」演習。

台灣被邀的記者在關島安德森海軍基地，就注意到那張亞太地圖上沒有標示台灣。到小鷹號母艦上聽簡報時，更只見有片淡綠色的地區，沒有名稱。他詢問為何時，美國軍官答覆得妙，說「世上有各種各樣的地圖」。天啊！民進黨不是倚仗台灣「擊不沉的航空母艦」的戰略地位，沾沾自喜，強調無論什麼情況下，美國都不會放棄台灣的嗎？

有次我與一位熟悉遠東情勢的老美記者聊天，談起「擊不沉的航空母艦」這個觀念，他大笑說：那種陳腐的舊思想，今日早已無人理會了。我問為何？他說你想想看，廿一世紀的戰略觀念是機動為先。台灣這條航空母艦雖然炸不沉，但也開不走；敵人只要用飛彈破壞了你的機場跑道，你的戰機無法起飛，就只能束手待斃。

原來這才是美軍地圖上找不到台灣的原因，希望陳總統也曾注意到這條新聞。

四一、穆加比倒行逆施　辛巴威成「失敗國家」

（原刊九十六年八月廿日《中國時報》國際專欄）

國際法觀念裡，新增所謂「失敗國家」(failed state) 一詞，首見於五年前《外交事務》(*Foreign Affairs*) 雙月刊七、八月號，由哈佛大學甘迺迪學院的羅特貝格教授 (Robert I. Rotberg) 執筆，文中列舉從非洲到中亞各國，分析它們如何走上窮途末路。羅氏身兼世界和平基金會主席，終身研究有些國家如何被領導人弄得民窮財盡的歷史，被公認為這方面的專家。

該文對以南非為首的非南發展群體 (Southern Africa Development Community，簡稱 SADC)、以及歐洲聯盟與美國如何避免公開指責辛巴威 (Zimbabwe) 共和國的穆加比總統 (Robert Mugabe)，誤信可用溫和手段促使他改變作風，有強烈的批評。五年後重讀，仍無須改動一字。

我任職南非時，常因公取道辛巴威去其餘非洲國家，知道穆氏自命前進，與北京打得火熱，雖然和他在曼德拉宴會席間握過手，但從來不去找他。這個大英帝國殖民地，原稱南羅德西亞，先由白人大地主史密斯 (Ian Smith) 片面宣布獨立，招致聯合國制裁。英國出面調停，在倫敦談判成功後，一九八〇年四月正式獨立，華府與北京率先承認，隨即加入聯合國。

辛巴威首次全民大選時，穆加比的 ZANU-PF 黨與當時號稱辛巴威「國父」的恩柯莫 (Joshua

Nkomo)領導的PF-ZAPU黨競爭劇烈，最後穆氏勝出，先任總理，後成總統。此後每四年一次大選，他修改了憲法的任期限制，連續當選，迄今已做了廿八年總統，使之成為終身職了。

南羅德西亞原為南部非洲農業大國，白人經營的大規模農場用機器耕種施肥除蟲，產量驚人，供應鄰近各國有餘。獨立之初，穆氏標榜和解共存，恩柯莫還在內閣裡擔任過部長，史密斯則當選參議員。穆加比逐步排除異己，培養親信，強姦司法，掌握軍警情治系統的結果，大權集於一身，反對他的人關的關，找不到起訴理由者則派人暗殺；其獨裁兇狠的程度較非洲有名的暴君如剛果的莫布杜(Mobutu Sese Seko)、中非的卜卡薩(Jean Bedel Bokassa)、或索馬利亞的巴瑞(Mohamed Siad Barre)，有過之而無不及。

南非與辛巴威在經濟上向來互依互補。南非佔辛巴威對外貿易總額的廿二%，進口貨物超過三分之一是南非產品。我每次在首都哈拉雷(Harare)過夜，漫步街頭，感覺與南非無殊，因為從百貨公司到超市與便利商店，全是南非的分支行號。南非總統姆貝基一心想當非洲領袖，不願得罪穆加比；但屠圖大主教(Archbishop Desmond Mpilo Tutu)就沒那麼客氣，他罵穆加比是「吹錫喇叭的獨裁者」(tin horn dictator)，意謂此人還不夠資格與史達林或希特勒相比較。

過去辛巴威的經濟支柱是英裔白人經營的大農場，以農產出口的外匯，從南非進口工商產品。穆加比執政後以強制收回農地，分配給黑人貧農為號召；一度多達廿五萬的白人紛紛出走，如今剩下不滿五萬。黑人貧農雖分到土地，卻因缺少配套措施，名義上的補貼都被貪官汙吏吞沒，產量不及過去一〇%。這是經濟的硬道理，也是使辛巴威成為「失敗國家」的原因。

全世界報紙最近充滿有關辛巴威「超級通貨膨脹」(hyperinflation)的消息，官方承認通膨率達四五〇〇%，事實上更接近一一〇〇〇%。官定匯率每美元可換二百五十辛元(Z$)，在黑市一美元能換到卅萬辛元。銀行限制存戶每天只能提一百五十萬辛元，等於五美元。市面美鈔短缺，南非鍰(Rand)因而成了搶手貨幣。

造成超通膨的主因，是穆加比七月底下令，所有物價應恢復到六月十五日的價格。一夕之間，商店貨架變空了，連黑人主食的玉米粉都缺貨。燃油不足，首都時常停電。加油站買不到汽柴油，公車停駛，總之是全國大亂。

恩柯莫曾經遇刺，後死於癌症。現在反對穆加比的「民主改革運動」(Movement for Democratic Change，簡稱MDC)的三名領導人莰萬吉拉伊(Morgan Tsvangira)、恩科比(Welshman Ncube)和加塞拉(Renson Gasela)四年前被政府控訴叛國，纏訟兩載，最後因證據不足獲釋。等民怨沸騰，揭竿而起時，這三人勢將成為辛巴威的希望。

英國《衛報》專訪美國駐辛大使戴爾(Christopher Dell)，後者直言他認為辛巴威一旦動亂，穆加比將被推翻。現任使節敢如此預測，完全違背外交慣例。戴爾此言，真可能一語成讖。

四二、跟上時代　推動陪審制吧

（原刊九十六年八月十六日《聯合報》民意論壇）

馬英九一審被判無罪，馬蕭配民調大漲十二個百分點。但正如吳伯雄揮淚而言，「高興一天就好」了。關心中華民國前途的有識之士，真正該做的是趕快釐清檢察程序並非司法的開端，引進美、法、俄與日本都已實行的陪審制度，避免再有陳長文教授昨天在民意論壇指出的「全敗收場，北檢鬧劇還演嗎？」那種現象。

我去年起就在報上鼓吹台灣應趕上時代潮流，改掉陳舊的大陸法制下的檢察與審判制度；近兩星期也介紹英美法下的陪審制。重點在把檢方與被告真正同等看待；提起公訴只是檢調程序的結束，而司法程序要等到一審才算開始。檢方提起公訴前，必須先獲至少十五位公民的「大陪審團」或低於一審的初級法庭如「治安法庭」同意。而初審法院判決被告有罪或無罪，也須得到通常由十二人組成的「小陪審團」投票通過。

我國司法當局正在朝這條路上慢慢前進。去年底，有報導說司法院的改革方案出爐了，卻只是在三位法官外增加兩名「參審官」陪同審案，我忍不住寫了篇〈學美國司法制度　別畫虎不成反類犬〉（收錄於《2006驚濤駭浪的一年》）。發表之後，收到司法院刑事廳劉令祺廳長來函，很客氣地附來司法院研擬的「國民參審試行條例草案」，廣邀各界人士出席討論，集思廣益。究竟開了沒有，我沒看見任何報導，後來也就全無下文了。侯寬仁前天還說「無法接受」，可見執迷不悟的程度。

檢察總長更不可再有鄉愿心理，躲避應負的職責。上次召開的檢察長會議，居然沒有結論，令社會無所適從。檢察總長任期四年，等陳聰明任滿時，誰是握有提名權的總統，都很難說，實不必顧忌太多。

民進黨文宣部前晚就馬案發布書面聲明，第一段強調游錫堃主席對判決感到「遺憾與痛心」，要求北檢立即提出上訴，一副義正詞嚴的模樣。但是到了最末一段，忽然變了腔調，改口說本案「對民進黨內擔任公職的同志不會造成太大影響」，因為游主席「相信司法仍有正義的存在，只要司法秉持一致公平、公正的標準，任何人都會接受。」他是替六千五百餘位領過特別費的現任與卸任官員們慶幸呢，還是為自己鬆了一口氣，可以仔細玩味。

前天馬英九最可稱道的動作，是只說了短短兩分鐘話，希望「虛耗到此為止」，既未怪罪司法，亦無一語批評侯寬仁，充分表現出他的人格特質。藍營仍掌握立法院多數，當前要務除助馬競選外，仍應從修改制度，逐步推動陪審制著手，不必浪費時間與民進黨打無聊的口水戰，使國人不知司法改革的關鍵在哪裡。

四三、南韓人質事件峰迴路轉　尚在未定之天

（原刊九十六年八月十三日《中國時報》國際專欄）

志願到阿富汗傳播基督福音，而於今年七月十九日被綁架的南韓人質中，已有裴亨奎牧師與沈聖珉兩人遭殺害。南韓籍聯合國祕書長潘基文一籌莫展，而直接或間接有關的美國、巴基斯坦與阿富汗政府，無法屈從恐怖分子所提換囚條件，唯有強硬到底。剩餘廿一名人質看來似乎性命難保。

台灣媒體對此事的報導也有問題。把阿富汗反政府游擊隊「神學士」音譯作「塔里班」，易使讀者忘記它是落後國家的宗教狂熱組織。阿富汗這個比台灣大十八倍的中亞樞紐之地，人口僅三千一百萬，其中竟有六四％是文盲；無論男女，平均壽命都不滿四十三歲。簡單點說，阿富汗人仍然生活在十八世紀裡，與廿一世紀幾乎不發生關係。

既然全國都信伊斯蘭教，應該團結一致了吧？卻仍有宗派之爭：遜尼派佔八成，兩成屬於什葉派。人種更複雜，有九大族群：除人數最多的普什圖族（Pashtun）外，其餘如塔吉克族（Tajik）、烏茲別克族（Uzbek）、土庫曼族（Turkmen）等，後面都有前蘇聯的共和國虎視眈眈，要保護他們同文同種的兄弟。各族語言也不同，多數人日常使用源自波斯文的達利語（Dari）和普什圖語。

造成阿富汗今日悲劇的罪魁禍首，是美、俄兩國。一九七九年聖誕節前夕，蘇聯派兵空降阿國

首都喀布爾(Kabul),會同藉演習為名而已在阿境內的蘇聯部隊共十二萬大軍,建立了傀儡左傾政府。沒想到倔強的阿富汗人不服，紛起組織伊斯蘭游擊隊「人民戰士」(mujahedin)，抵抗外來侵略。

他們孤軍奮戰了幾年，美國與沙烏地、巴基斯坦等國才積極介入，源源不絕地供應武器裝備給反抗軍。美國困於越戰十幾年，樂見阿富汗變成「蘇聯的越南」，因此把神學士當作盟友。這場名為阿富汗內戰，實際由美、蘇支持的「代理人戰爭」，歷時十年;蘇軍死亡十四萬五千人，阿富汗人死亡則超過一百萬，阿國真是不如孫中山形容的「次殖民地」。

直到一九八八年底，才由巴基斯坦與阿富汗兩國政府出面，在美、蘇充作「保證人」的條件下開始談判，簽署了「日內瓦協定」，蘇軍在一九八九年二月全部撤離阿富汗。第二年,「蘇維埃社會主義共和國聯邦」解體，原屬各加盟共和國掀起獨立風，以阿富汗為中心的中亞地區回到十九世紀末的無主狀態;唯有美國報了越南之仇。

前文說阿富汗仍停留在十八世紀，並非虛語。蘇聯撤軍後，阿富汗又恢復軍閥割據，四分五裂的局面，游擊隊變成民軍，各擁其主，互相殘殺，爭權奪地。最荒唐的是阿國十年內戰，全國淪為戰場,犧牲巨大,當時代表阿國簽署日內瓦協定的是號令不出都門的納吉布拉(Muhamaad Najibullah)政府。忙於內戰的神學士游擊隊既未派代表參與談判，也沒有簽署日內瓦協定。

「神學士」領導人物大都是普什圖族，在本國或巴基斯坦的伊斯蘭神學院畢業的教長。一九九二年，他們領軍打進喀布爾，取得政權。正因這批人缺乏現代智識，先用大砲轟毀有千餘年歷史，已列為世界文化遺產的巴米揚大佛，招致舉世譴責。又因昧於世局，接受賓拉登捐助，容許「基地」

恐怖組織在阿境設置訓練營，闖下滔天大禍。

而二〇〇一年發生了「九一一恐怖攻擊事件」，美國本土從未遭受如此重大損失，朝野摩拳擦掌要找人出氣。當時神學士政權儘可商請「基地」首腦賓拉登躲到巴基斯坦邊境或其他地區，暫避風頭，但神學士卻悍然峻拒美國引渡賓拉登的要求。「九一一」後一個月，布希總統下令出兵，五週就拿下喀布爾，並找了曾任阿國外交部次長、後來反對神學士政府的卡札（Hamid Karzai）當阿富汗總統，美國出了口惡氣，倒霉的又是阿富汗老百姓。

百餘年前，英國與帝俄爭奪中亞霸權，阿富汗首當其衝，西洋史家稱之為「大狩獵」（The Great Game）。第二次世界大戰後，英國撤出印度半島，巴基斯坦承繼了「西北邊省」（Northwest Frontier Province），它與阿富汗邊界的崇山峻嶺成為走私者的天堂。兩國間過去的領土摩擦則轉為政制的歧異，巴基斯坦雖也信奉伊斯蘭，向來政教分離，與主張政教合一的神學士相反。巴基斯坦現任總統穆夏拉夫最大的夢魘，就是巴國內部的基本教義派受伊朗與阿富汗影響，企圖改變巴基斯坦的民主制度。

卡札頗具群眾魅力，前年再度當選阿富汗總統後，羔羊皮帽與縫製合身的斗篷已經成為他個人的註冊商標。但他仍無法解決兩大問題：滿山遍野的罌粟花，使阿富汗成為世界最大鴉片輸出國；軍力不足，無法制服各省擁兵割據的軍閥。八月六日，卡札應布希邀請到美東馬里蘭州大衛營作客。白宮與國務院網站以顯著地位登出的兩人在記者會答詢，一字未提南韓人質，彷彿沒有這回事。卡札而且說，神學士游擊隊對其政府與人民，已經「不構成任何威脅」了。

離美後，卡札趕往巴基斯坦首都伊斯蘭城，會晤穆夏拉夫。八月九日，巴、阿兩國在喀布爾召開跨國性的「聯合和平會議」(Joint Peace Jirga)，歷時四天。穆夏拉夫原允參加開幕式致詞，但以國內要務纏身與安全為由而推遲，到了十二日才親臨閉幕式致詞。這類的長老會議(Loya Jirga)，依照伊斯蘭習俗，由年高德劭的教長與各族領袖參加，可以談上一兩個月，而第二次的「聯合和平會議」將在巴基斯坦舉行，但日期未定。

南韓政府代表團已和神學士代表在加茲尼市面對面談判，神學士方面認為韓方承諾在一月內撤出派駐阿國的二百名士兵與所有援助機構和人員是「積極態度」，可證阿富汗政府只是假裝不知道而已。但卡札雖可睜一隻眼閉一隻眼，恐難同意釋放獄中神學士俘虜的要求。有無峰迴路轉的希望，還在未定之天。

四四、總統介入司法　「陪審制」更顯必要

（原刊九十六年八月六日《中國時報》國際專欄）

上週本欄討論「侯寬仁現象」指出：我國要想改革司法積弊，應向英美法系取經，立即兩度得到印證（見本書第四五篇）。

其一是星期一，每年獲得外交部巨額補助的台灣民主基金會舉辦「轉型正義經驗比較國際研討會」開幕。做過律師的陳總統出席致詞後，在府內接見前東德總理梅季耶（Lothar de Maiziere）與所謂「前東德黨產調查委員會」官員費雪（Matte Fischer），藉機把全國司法人員包括法官、檢察官與調查員，「一竹篙打翻一船人」，痛罵了一頓。已有留學生投書指出，他把費雪所屬單位搞錯了；它是原為共黨統治的東德歸併西德而設，正確名稱應為「處理前德意志民主共和國之機構與政黨財產獨立調查委員會」（UKPV），與台灣情況無法相提並論。

其二是同日下午，馬英九特別費案開最後辯論庭，到深夜十一時才結束。檢方臨時提出追加公務與背信罪，意在迫使法官從重處斷，嚴重侵犯了被告與辯方應該獲知的權利，容在後文說明。連已調往最高檢察署特偵組工作，照理說他的執掌與馬案已經無關的侯寬仁，也在庭外向媒體表示，他偵訊時所做的筆錄「符合馬的真意」，未免「狗抓耗子，多管閒事」。

上週受字數所限，只解釋「大陪審團」(Grand Jury) 制度。但陪審制最基本的保障人權精神，就實務而言，由十二位公民組成的「小陪審團」(Petit Jury 或 Trial Jury，以下簡稱陪審團）才表現無遺。本文旨在解釋後者的歷史根由，以及在千變萬化的個案裡，它能補充僵硬法律條文不足的原因。

歷史學家將陪審制度的起源一直推到希臘羅馬時代，至少也追溯到英國的「大憲章」(Magna Carta) 第卅九條，與今日世界關係不大。最簡單易懂的說法是，陪審制是習慣法 (common law，或譯為不成文法）下，人民應享的基本自由，或基本民權不可或缺的一部分。美國憲法第三條，以及第五、第六與第七修正案都有明文規定。

陪審團的職責是：聽取檢辯雙方傳喚證人的證詞 (testimony) 與交互詰責，以了解事實真相。聽取檢辯雙方最後總結，和法官有關適用法律的解釋後，陪審團閉門討論，以獲得一致判決為目標。

英美法制下的審判，檢辯雙方地位完全平等；法官倒像是球賽裁判員，不直接參與，只在一方就對方詰問言辭提出異議時，裁決該部分問答應否列入審判速記紀錄。庭訊結束後，陪審團閉門開會 (in caucus)，根據速記紀錄討論，決定被告是否有罪。他們可能激辯很久，無人能猜測如何終結；法官和檢辯雙方律師只能在外面乾著急。

恢復開庭後，法官詢問首席陪審員 (jury foreperson) 已未達成判決？如回答有，則將紙條交庭警送到法官手中宣讀。被告是否有罪，就在那一剎那間定奪。無罪者當庭釋放，檢察官垂頭喪氣，嫌犯家屬與辯護律師則欣喜欲狂。如判定有罪，法官會宣布定期另行宣判刑期。

陪審團員意見不同而相持不下時，雖僅一人堅持反對，即成僵局 (hung jury)，法官唯有宣布審判無效 (mistrial)，一切從頭再來。陪審員既如此重要，黑白兩道自然都想到威脅他個人或家屬，使判決結果對自己有利。美國電影裡類此的情節，多得不可勝計。

挑選陪審員的方法，各州不同，有從選民名單，甚或核發駕駛執照名單上依次傳喚的。因而檢辯雙方在挑選陪審員時，有權質詢該人對本案有無所知，發現已有偏見時，得否決人選，拉丁文稱為 voir dire。但一方能否決的陪審員人數有其限制，檢辯雙方必須自知節制。

以美國之大，每年各州陪審團的案子統計僅十五萬件左右，聯邦陪審團案件更只約五千；其中三分之二是刑案，其餘才是民事訴訟案件。被告也可選擇放棄陪審團對他個人權益的保護，僅由法官直接審理 (bench trial)。絕大多數刑案被告因自知檢方搜證確鑿，難逃法網，寧可由辯護律師與檢方討價還價，或者可少坐幾年牢。

陪審團最重要的功能是制衡政府看似無限的權力，在發掘真相凌駕一切的前提下，檢辯雙方擁有的任何資料，包括臨時追加起訴 (enhancement) 的罪名，事先必須告知對方，免得對方措手不及。前文提及特別費案到終結辯論那天，檢方才追加起訴公務與背信兩項罪名，在這點上確有欠缺。在施行陪審團制的國家裡，這種事不可能發生。

很多人不知道：不但英語系各國包括香港有陪審制，屬於大陸法系的法國也有陪審團制度，只是人數為九人而非十二人。帝俄時代曾有陪審制度，共產革命後廢止。一九九三年俄羅斯聯邦重予恢復，且規定在完全廢除死刑前，凡最重可判死刑的案件，均須有陪審團參與。

日本從一九二三年到二次大戰前，雖有陪審團制度而功能不彰。二〇〇四年五月，國會 (Diet) 通過陪審法，但不叫陪審員而稱「裁判員」。名額六人，自選民名冊中遴選，會同三位法官共同審理重大刑案；案情較輕者，可由四名裁判員陪同一位法官審理；要點在於裁判員人數比承審法官至少要多一倍。為先教育民眾，這個新制度要到後年五月才正式實施。

如果我國有陪審制度，馬英九特別費案會不會被起訴？或者高捷九大弊案會不會無疾而終呢？留待讀者自己去想像。

四五、向「英美法」取經 避免再有「侯寬仁現象」

（原刊九十六年七月卅日《中國時報》國際專欄）

起訴馬英九特別費案的侯寬仁檢察官，有沒有故意竄改證詞，各報與政論節目已經討論得太多，不必再浪費篇幅。我也無意追究，為何使侯檢察官名噪一時的周人蔘電玩案和太極門案，這些被告最後都被判無罪定讞。

本文目的在指出：多年來司法院與行政院法務部雖然花費成千上萬的公帑，不斷派員出國考察司法制度，謀求借鏡改革，卻只學到些皮毛，才會出現如今檢察官們各吹各的號，人人不同調的「侯寬仁現象」。這是司法制度的根本問題，必須從根本求改革。

早年法院開庭時，檢察官坐在主審法官右手，最左則是陪席法官，一副平劇裡「三堂會審」的模樣；被告哪有「人權」可言？司法改革後，檢察官的座位搬下來了，與被告席並排，面對法官，表面平等了。但在國人觀念裡，檢察官仍是「官」，把偵訊仍當作「司法程序」的一環，與英美法制把偵訊視作警察權延伸的觀念，有很大的差距。

英美法制裡，檢察官只是「地方律師」(District Attorney)，由各郡縣公民直接投票選出，與各州法務廳長 (State Attorney General) 或聯邦司法部長 (US Attorney General)，並無任何統屬關係。地方律師雖有調查權，可以指揮警察，卻並非司法官。被調查的人基於「無罪認定原則」(innocent until proven otherwise)，有權大聲喊冤。只有經大陪審團通過，被提起公訴後，司法程序才正式開始。

請注意此處所稱的大陪審團，與英美法院審訊民刑案件時，由十二人組成的小陪審團有別（參見本書第四四篇）。後者的功能是聽取檢辯雙方的供詞與終結辯論，經法官解釋適用法律後，投票決定被告是否有罪，不在本文討論範圍之內。

英國從一一六六年起，就有大陪審團。美國是聯邦制，各州司法獨立，所以聯邦有「聯邦大陪審團」(Federal Grand Jury)，與州級以至郡縣級各自的大陪審團，互不統屬。總而言之，英美法制的檢察制度，與大陸法制的「檢察一條鞭」觀念，在基本上是衝突的。

今日美國有廿幾州仍有各自的大陪審團在運作。設置大陪審團的目的，在避免「地方律師」只憑個人主觀推定有罪無罪，逕行提起公訴，不但浪費社會資源，且易招致民怨。大陪審團聽取證詞時對外不公開，也不准被告或其律師在場旁聽。它並可主動直接傳訊證人或調閱物證。檢察程序結束時，由大陪審團投票決定該案有無足夠證據可以提起公訴。大陪審團認為不應起訴時，地方律師只能接受，眼睜睜地看「被告」揚長而去。

以加州為例，各郡縣的大陪審團通常由十九人組成，自公民名單中選拔，任期一年，從每年七月至次年六月為止。其工作單位應給予公假，照支薪津，政府也有津貼。地方律師或其助理 (Assistant DA) 傳訊證人時，須有大陪審團在旁，陪審團團員並得隨時發問。各郡大陪審團並有監督該郡民選政府及所屬機構預算與運作之權，得提出調查報告。大陪審團討論任何個案都採投票表決，以多數意見為準，少數意見沒有表達的空間。

大陪審團任期太長，運作不易，與現代工業社會難免扞格。英國已經廢除了大陪審團制，代以由較低級的法庭（如 Magistrates Court，可譯為治安法庭）決定該案是否應交付審判（committal procedure），或稱「初步聽證」(preliminary hearing) 制度。澳洲、紐西蘭、與加拿大在一九六〇到七〇年代相繼效法；美國也有廿餘州跟進。

美國的聯邦大陪審團只辦違反聯邦法律的重大弊案，我看將延續下去，不會被取消。至於各郡縣地方律師，就個案提起公訴，必須先過大陪審團或低級法庭這一關。何況既為民選職務，更要顧慮到民意與輿論。不論制度如何，或叫什麼名稱，英美法制的用意是避免檢察官一手遮天，保護被告人權，審慎處理重大案件，比大陸法制強得多。

陳長文教授上週投書媒體，說明刑法第一二五條規定有「濫權起訴」與「濫權不起訴」之罪，我想很多法官早已忘記刑法第四章「瀆職罪」裡有這樣的規定了。台灣司法界「官官相護」風氣仍盛，而且誰肯站出來，控訴某檢察官犯了瀆職起訴罪呢？

倒是侯寬仁檢察官與特別費案的辯護律師團互相對媒體放話，攻擊對手，把檢察系統的尊嚴破壞殆盡，令識者痛心，使教授法律的學者汗顏，這種風氣實在要不得。檢改會應該就這點加以檢討，免得國人拿同樣的有色眼鏡，去看九〇%值得尊重的檢察人員。

台灣要更進一步尊重人權，必須從改變國人認為檢調即是司法制度一環的觀念做起。我認為首先要把檢察官傳訊，只認作調查案件的一個重要步驟，但司法程序尚未啟動。媒體報導檢察官提起公訴時，對被告求刑幾年，也不要看作幾乎已經定下罪名。改掉這些不正確的觀念，切實貫徹檢察官與被告席都面對審判官，故應平等看待的認識，才是今日首要之圖。

等這種新觀念深入民心後，再立法引進大陪審團制度，叫什麼名字都可以。報載因為日本人合群性與服從性太強，以致推行陪審制有困難，台灣幸而沒有這種問題。大體而言，日本和我國都在逐步脫離大陸法制，向保護人權的英美法制移動，大方向絕對是正確的，付諸實施卻需要由教育人民，使大家有正確的法制觀念做起。

四六、阿Q式入聯　赴美續丟臉

（原刊九十六年七月廿六日《聯合報》民意論壇）

戒嚴時期，魯迅著作被禁，台灣許多中年以下的人因而沒機會讀過《阿Q正傳》。魯迅筆下描繪的這個人物，被頭戴硬草帽，身穿西裝，手拿「司提克」的假洋鬼子打了一頓後，爬起來喃喃自語道，「只當他是兒子打老子」。

陳水扁總統親筆簽名給聯合國祕書長的信函，駐紐約辦事處長廖港民透過索羅門與馬拉威兩國常駐代表團，送到紐約東河旁的祕書處大樓。事先既未連絡，在國內先大事宣揚，是辦外交的大忌。現在被聯合國法律事務處根據安理會第二七五八號決議案「逕行退回」，狠狠地刮了一巴掌，不知道總統大人是沮喪呢，還是高興？

我只怕阿扁高興的成分居多，因為凡略有國際常識的台灣人，都明白不論用什麼名義去叩聯合國大門，在現階段毫無希望。新任祕書長潘基文上任不久，當然要看大陸臉色行事；即使七月份安理會輪值主席不是中共，其他十四國中隨便哪一國做主席，也不會理睬我們。如今外交部說，要找友邦提案將以台灣名義申請入會問題，列入今年大會議程。聯大每年議程有一百多項，為避免氾濫，照例應先經總務委員會討論，遭到封殺也是意料中事。

為辦不到的事而高興，只有一個原因，就是阿扁要達到公投綁大選的目的。作為民進黨候選人，謝長廷在公投問題上，不得不支持黨意。但他在美國說了，台灣早已是主權獨立國家，人民投票選總統就是明證，這種委婉表示的異議，可以想見他的無奈。

台灣真正該密切注意的，是大陸的態度。廿四日新華社奉令發布了「中台辦、國台辦負責人」就陳總統申請書遭退回一事發表的談話。

細研之下，大陸沉默近月後，對陳總統的兩項挑戰，即向聯合國提出以台灣名義入會申請案，與以入聯公投綁大選，已經中央政治局討論定調了。以這篇談話的內容，對照前兩星期香港親共報紙的叫囂，聲言阿扁這次踩到了紅線，勢將觸發人代會通過的「反分裂法」以武力解決的機制，似乎有點緩和的跡象。

何以見得呢？首先，談話的內容相當平和，把批評對象僅限於陳水扁一人；其餘如謝長廷、游錫堃、蘇貞昌、甚至也贊成的馬英九都未遭波及。其次，談話雖然指出台灣當局繼「推翻『公投審議委員會』否決民進黨『入聯公投』提案的決議」後，又向聯合國祕書長提出申請書，卻一字未提「反分裂法」。再次，此次辱罵陳總統最嚴重的話，不外他是「不折不扣的陰謀家」與「不惜斷送台海地區乃至亞太地區和平穩定的破壞者」之類語言，老實說，與過去相比算是很客氣了。

大陸態度轉趨溫和，可能因與美國緊急交涉後，華府表示願以下月降低阿扁過境待遇、甚或不許過境，作為初步警告；再不就範，則在聯合國內對台北施壓，鼓動歐美各國一致在大會發言反對。

而北京考慮整體外交，動武只會惹來痲煩，樂得讓老美去打前鋒，為自己留點後步。

情勢如此，這場阿Q式自取其辱的戲，恐怕還要繼續演到結束，到國外去丟臉，是台灣人的不幸，也是中華民國的不幸。

四七、重起爐灶　布希的「新中東和平計畫」

（原刊九十六年七月廿三日《中國時報》國際專欄）

每週寫專欄，偶而會抱怨國內媒體漏掉某條國際新聞。上星期台灣各報接連漏掉了兩條消息，卻因為都牽涉到沒完沒了的巴勒斯坦問題，情有可原。連《紐約時報》也後知後覺，事過兩天才有報導。《華盛頓郵報》更只短短數百字，看來都是受了以巴糾紛「新聞疲勞症」之害。

第一則是七月十六日下午，布希總統鄭重其事地在白宮大廳發表重要演說，宣布他「全新的」中東政策。開場白首先表明，五年前在玫瑰花園演講時，他是第一位提出巴勒斯坦應獨立建國的美國總統。美國願見「兩個民主國家——以色列與巴勒斯坦——和平又安全地共存共榮。」(Two democratic states, Israel and Palestine, living side by side in peace and security.)

這番話暗示：美國在半世紀多來的中東糾紛裡，一直偏袒以色列，縱容以軍在約旦河西岸為所欲為的立場，面臨真正調整的時刻了。若在平時，強大的「猶太遊說團」(the Jewish lobby) 會立即動員它麾下成千上百的民間團體、參眾兩院議員、華爾街金融鉅子與各地傳播媒體，用各種理由反對。然而這次卻毫無動靜，令人詫異。

第二則漏網新聞更有趣，布希演講的前一天即七月十五日，裴瑞斯 (Shimon Perez) 正式就任以色列總統，任期七年。讀者或許聽過此人姓名，卻不會想到再過十天即八月二日，他就滿八十四歲；總統任滿時將是九十一歲高齡。相形之下，從前西德總理艾德諾 (Konrad Adenauer, 1896–1967) 創立基督民主黨 (CDU)，人稱「老頭子」(der Alte)，卸任總理時也只六十七歲。

猶太人不是傻瓜，為何單院制的以色列國會 (Knesset) 在六月十三日選出裴瑞斯為總統呢？我想最重要的原因就是配合布希的新中東政策，希望在層層死結的以巴糾紛裡，找出一條可以前進的道路。

出生於波蘭的裴瑞斯是位傳奇人物，在以色列政壇打滾六十五年；一九五九年進入國會，當選總統後才辭去議員職務。這些年來，以色列多次更換內閣，他在其中十二個內閣裡歷任新聞、交通、財政、外交或國防部長等職，代理過一次內閣總理，然後又做過兩屆閣揆。當選總統之前，他仍是副總理兼區域經濟發展部長。

一九九四年，裴瑞斯以外長身分，祕密和巴勒斯坦領袖阿拉法特 (Yasser Arafat) 在挪威奧斯陸進行談判。時任總理的拉賓 (Itzhak Rabin) 事先並不知情，發覺之後，拉賓聽任他繼續談判，若失敗則可矢口否認。所以達成和平協議 (the Oslo Accords) 後，三人共同獲得諾貝爾和平獎。

以色列有十幾個政黨，裴瑞斯換過五個政黨，先後擔任過工黨（Avoda 或稱 Labor）與左翼聯合陣線 (the Alignment) 的領袖。這次競選總統，則由佔國會最多數席次的前進黨 (Kadima) 提名，依照以國憲法，由全體一百廿名國會議員記名投票；而第一輪裴瑞斯只獲得五十八票，到第二輪才以八十六票當選。他的勝利顯示以色列朝野也了解，目前以巴間僵持不下的局面，必須有像裴瑞斯這樣的溫和人物，才能獲得巴勒斯坦人信任，給和平一線希望。

自從「六日戰爭」大勝後，以色列倚仗無堅不摧的軍事力量，佔領整個約旦河西岸與迦薩走廊，對世居當地的巴勒斯坦人進出設下種種限制。引起巴人反感最深的，是以國政府十幾年來持續在佔領區內建造村落，收容俄國來的新猶太移民；又藉防堵炸彈自殺客為詞，豎起兩公尺半高的圍牆，不斷蠶食巴人世代祖居的地區。裴瑞斯認同以色列應有正當防衛的權利，但他對擴張猶太人居住地區，卻不無微詞。

今日的巴勒斯坦基本上形同兩國：二〇〇五年，急進的「哈瑪斯」雖有恐怖行為前科，靠選票成為巴勒斯坦自治議會最大黨，符合民主原則，使美國啞口無言，只能以停撥援助款為抵制。哈瑪斯幕後有伊朗與敘利亞支持，獨佔迦薩走廊沃土。而領導「法塔」（Fatah，意為巴勒斯坦全國解放運動）的巴勒斯坦自治政府主席阿巴斯，雖然代表世界各國都承認的巴勒斯坦臨時政府，卻侷處約旦河西岸，號令難出大門。

布希總統宣示的新政策，用意在迫使巴人在法塔與哈瑪斯之間做出選擇。他最重的一句話是：「巴勒斯坦人民必須決定自己的未來，他們要溫和與希望呢，還是恐怖與死亡？」而為達成共識，萊斯國務卿月底將啣命前往中東，配合剛就任「四方代表」的英國前首相布萊爾，主持一項國際會議，邀請阿巴斯、以色列與「其他鄰國」部長級以上代表，共同磋商根本解決以巴問題。布希沒說明鄰國包括哪些國家，但大家都知道他最關注的是沙烏地阿拉伯，因為沙國至今仍與美國不同調，拒絕承認以色列的存在。

布希在演講裡，呼籲阿拉伯各國放棄「世界上沒有以色列這個國家的謊言」，希望他們支持合法的阿巴斯政府。布希保證歐美各國將盡力協助巴勒斯坦，美國已立即撥發補助款一億九千萬美元，另外提供二億二千八百萬美元貸放給巴勒斯坦工商業。美國並將召集捐助國會議，邀請日本、挪威、沙烏地、約旦、埃及等國出席，共商如何幫助巴勒斯坦立國的經濟基礎。

布希也要求以色列政府立即將巴勒斯坦應分得的稅款，撥交給阿巴斯。以色列已從其囚禁的一萬巴人囚犯中，先釋放二百五十五人，以示善意；也沒有反對布希的新號召。完全重起爐灶的新中東計畫能否打破過去屢次失敗的命運，就看月底萊斯與布萊爾之行了。

四八、司法利箭　謝躲不躲得開？

（原刊九十六年七月十七日《聯合報》民意論壇）

昨天謝長廷針對玉皇宮案，向特偵組聲請保全證據，引起矚目。對於這項罕見的主動出擊，謝營解釋，是擔心有利證據會因為「政治動作」等因素遭到湮滅或隱匿。

俗諺云：「民不與官鬥」。謝長廷雖已是民進黨獨一無二的下屆總統候選人，他的身分究竟仍是一個老百姓，對掌握一切資源與權力的政府，縱然同屬一黨，也禁不起幕後操縱公權力，假查弊為名，冠冕堂皇的打壓手段。

只看近日來各報的大字標題，從「特偵組查謝五大案」到「玉皇宮案，謝長廷改列被告」，即使死忠的深綠選民，心裡頭也一清二楚，知道翻出這麼些弊案，如果有政治因素，那就是要逼使謝長廷就範。

什麼事要逼他就範呢？首先應該是競選副手人選問題。儘管蘇貞昌說得不能再明白了，他沒有興趣當謝候選人的副手，府院黨都不肯放棄。而媒體怎麼追問，謝都不肯鬆口，一定要等辦過民調，八月十五日才公布。其間他又要去華府訪問，如此消費蘇前院長，如果幕後有個運籌帷幄的藏鏡人，難怪最後要使出司法調查這個絕招。

引人深思的是，「上頭」命令追查謝長廷在高雄市長任內的舊案，用意何在？謝的短命院長在任不滿一年，而高雄市兩任八年，被提告而未結的案件一大堆，挑毛病毫不費力，自然是原因之一。

但涉及貪瀆案不是開玩笑的事，總統選舉投票，距今還有八個多月。偵查完畢後，萬一被提起公訴，而且如果一審判決有罪，謝前院長縱然才高八斗，口若懸河，到時面對雷霆萬鈞的司法壓力，能否挺得住，是個大問號。

真走到這地步時，民間甚至反對黨人士或許會對謝長廷的遭遇，寄予若干同情。倒是府院黨和民進黨內同志的壓力，恐怕難以抵擋。司法這支利箭，射出後就無法收回；接下去變化如何，無人能夠預料。以謝的性格，自然不肯束手就縛，可能的發展至少有三種：

其一，是堅持廣大選民仍然支持他，拒絕退讓。那時就要看二審如何判決，是發回更審呢，還是重申原判，甚或加重其刑？

其二，謝反正豁出去了，咬牙切齒之餘，索性掀出暗算他的幕後黑手，拚個不是你死，就是我活。

其三，是向背後那隻看不見的手低頭，承諾禮讓蘇貞昌成為民進黨總統候選人，交換無罪判決，四年後徐圖東山再起。

四九、重溫歐洲與美國在伊拉克問題的歷史

（原刊九十六年七月十六日《中國時報》國際專欄）

上星期四，民主黨控制的美國國會眾議院通過決議案，要求美軍應在明年四月底前撤出伊拉克。美國總統布希早已說過：如果國會硬性規定撤兵期限，他會行使憲法賦予總統的否決權。美歐各國自由派人士也知道，布希這個硬脖子傢伙，說到必定做到。民主黨離足夠維持原案的三分之二多數尚遠。否決只是前哨戰而已，後續變化仍難預測。

藉此機會，倒可以檢討一下在伊拉克問題上，歐陸國家與美國主政者的意見紛歧，怎麼會走到現今地步？

老布希做總統時，一九九〇年因海珊無緣無故地入侵科威特，北大西洋公約組織出兵制裁伊拉克，歐洲主要國家和美國同樣站在「扶弱鋤強」旗幟下，才使「沙漠風暴」(Operation Desert Storm)一戰成功。但大家更忌憚伊朗，因而留下海珊，讓他牽制德黑蘭，造成養癰貽患的後果。

比現實更重要的，是大西洋兩岸立國精神基本上的差別：歐洲各國繼承殖民時期傳統思想，對中東各國不論是否披著民主外衣的威權統治見怪不怪；而美國基於獨立革命和建國理想，認為中東人民雖然種族、文化與信仰不同，也應該享有民主、自由與人權。這正是歐洲與美國間，就錯綜複

雜的伊拉克問題意見分歧的起源。

一九九八年，還在柯林頓總統時期，美國國會曾通過「伊拉克解放法」(Iraq Liberation Act)，撥款給中央情報局，鼓勵伊拉克流亡人士反對海珊總統的宣傳與行動。歐陸主要國家從來就不贊成美國要改變他國政權的天真想法，認為有違國際法基本原則。

歐洲歷史傳統使位居大陸的法國、德國、比利時、荷蘭等國，與孤懸海外的英國，在思想上又有差異。法、德等國經三百年戰爭教訓，了解沒有一國可獨自稱霸。他們積極發展「歐洲聯盟」，一九九三年的「馬斯垂克條約」步向歐洲整合之路；六年後又通過歐洲共同外交與安全政策 (Common Foreign & Security Policy)，為將來可與美國、中國、俄羅斯等大國分庭抗禮，預作準備。

法國從密特朗到席哈克，繼承戴高樂遺志，從冷戰時期起，就夢想做東西兩大陣營間的平衡力量。又因在第二次世界大戰之前涉入中東甚深，黎巴嫩原為法國屬地，自認比美國更了解中東，所以在聯合國安全理事會激辯伊拉克問題時，帶頭反對美國提案。

相形之下，英國雖是歐盟一員，卻不願放棄與美國同文同種的親密關係；布萊爾在布希尚未決策前，就決定支持到底，動機明顯。

二戰後，德國外交政策大體上與美國亦步亦趨。但二〇〇二年九月，施若德總理在國會選舉時為與反對黨競爭，罵了布希，不得不在安理會辯論中力挺法國，造成法、德與美、英對壘的局面。所謂「大西洋聯盟」幾乎名存實亡。

當時美國防部長倫斯斐形容法、德象徵「舊歐洲」(the old Europe)，只有脫離舊蘇聯影響，轉而支持美國的東歐國家，才能代表「新歐洲」(the new Europe)。其時美國國內反法情緒高張，理想主義結合了單邊主義(unilateralism)，美英聯軍輕易拿下巴格達，布希聲望高達頂點。法、德等國則因顏面攸關，陷入進退兩難，更不容易轉圜。

在伊拉克翻天覆地沒找到大規模殺傷武器，又被指為石油利益而侵伊，布希的日子也不好過。其實攻伊美軍最大的錯誤，是事前全未考慮到勝利後重建伊拉克國內秩序的問題，尤其把執政的阿拉伯社會復興黨官員悉數整肅，造成政治真空，無法填補。

國內反戰聲浪漸起後，布希用鼓勵伊人自治，逐步歸還政權作為對策。二〇〇四年伊拉克選出阿拉威的臨時政府，逼得法、德小幅修正「為反對而反對」的姿態，如推動伊拉克加入「世界貿易組織」，恢復最惠國待遇等，但遠水難救近火，意思一下而已。

如將歐陸國家全盤援助巴勒斯坦人的積極態度，與對伊拉克重建的冷漠對比，差別更為驚人。歐盟對伊拉克重建計畫承諾了十五億美元，尚未付清；法國則一毛不拔。「巴黎俱樂部」各債權國分期減免伊國舊債八〇%的計畫，也仍待實現。

歐盟國家與伊拉克的經貿關係本來極為密切，二〇〇一年時，在伊拉克的國際貿易總額中，歐盟佔了三分之一，伊國的進口額有五五%係來自歐洲。今日伊拉克輸往歐洲的油氣雖位居第十，總額僅佔歐盟外貿總數的一・四%。要恢復往日財經關係，還需要很長時間。

美國還政伊拉克後的民主選舉，世界各國都派員觀察，唯有歐盟派來的考察團卻以安全顧慮為詞，躲在鄰國約旦。馬里奇(Nouri al-Maliki)繼任伊拉克總理後，歐盟對伊國的態度較前又友善了些，但它認定美、英攻打伊拉克是不當行為的基本立場，始終維持不變。

四年前參與聯軍的西班牙、義大利、乃至波蘭，近年來都因國內選舉，反對黨獲勝，而陸續撤軍或大量減少駐軍人數，如今真的只剩下美、英兩國在「孤軍奮戰」了。

美國表面上尊重各國內政，其實寒天飲冷水，點滴在心頭。如今法、德兩國總統和總理都已換了人，薩科奇與梅克爾正在致力修補對美關係，布希不必再擔心「舊歐洲」的態度。細看上週美國眾議院撤兵決議案的表決結果，共和黨籍議員只跑掉了四票，民主黨陣營卻有十人倒戈，反對預設期限自伊撤軍。各國自由主義分子聯合迫使布希撤軍的希望，現階段沒有實現可能。

五十、馬亮出底牌　競選主軸明朗化

（原刊九十六年七月十一日《聯合報》民意論壇）

馬英九與謝長廷對談蔣渭水，不管兩人在本土議題上初次交手的表現誰輸誰贏，花兩小時從頭聽到尾後，我的感覺是：馬英九已經確定了他的競選主軸，休說黨政前輩或電視名嘴，任何人都無從改變他辭主席職務將近五月來，一步步構建起來的競選策略。

今日回溯，他早有成竹在胸，按部就班地照自己的想法在做。他從未說過要學蔣經國般深入民間，但從騎鐵馬十日行，到巡迴住宿中南部，脈絡明顯，無可動搖。

他一直都對二二八遺屬為國民黨承認錯誤並表達歉意，每年出席二二八紀念會，正如他譴責天安門事件，多年來態度始終一貫，從無變化。

他也不是因為明年要參選，才開始推崇蔣渭水與台灣民眾黨。《原鄉精神——台灣的典範故事》書中的第十個故事〈台灣先賢步履中的尊嚴與力量〉，是他五年前舊作，當時還在第一任市長任內，自然以競選連任為優先，不會想到今天參選總統。

人的性格都有隨和的一面，也有執著的一面。隨和並非聽人擺布，而是時機未到，沒有驚師動眾的必要。但凡涉及原則問題，為領袖者必須堅持立場，不能妥協。

隨手拈幾個例。民進黨選戰主打「本土牌」，馬英九在部落格裡全不理會它的虛妄，只主張讓人民自己去定義何謂本土；並指出在全球化衝擊下，台灣整體環境與文化也在急劇變遷，我們必須適應浪潮，帶領本土，走向國際。這番話初聽似乎迂腐，在名嘴們眼裡不值分文，他卻毫不在意，因為他深信人民會自己做出正確判斷與選擇，這就是他的執著。

民進黨窮追猛打國民黨不當黨產痛腳，我相信馬英九對這事真心關切，而且與選戰無涉。若非執政者虎視眈眈，百計阻撓，嚇得有意承購中央投資公司的人不敢接手，劉泰英留下的這個爛攤子可能早已脫手。不論明年大選勝負如何，只要馬仍有一分影響力，國民黨與黑金必將徹底切割，馬在這件事上的執著，是不會改變的。

連戰在主席任內開始國民黨內部改造工程，尚未竟功。中央黨部如何精簡人事，怎樣與國會黨團統一步驟，積弊已深的地方黨部如何才能由下至上改組，重新成為戰鬥單位，我相信這些問題上他的執著更甚，而且早有定見，不勞別人操心。

馬英九五個多月來思考的結果，雖然明年大選勝負仍難預測，他所做的決定肯定保證國民黨不會從台灣消失。

五一、「龍蝦高峰會」美俄達成限核協議了嗎？

（原刊九十六年七月九日《中國時報》國際專欄）

台灣很多媒體錯過了上週的一條重要新聞，那就是全球擁有最多核子武器的美俄兩國，在互相出言恫嚇後，最後對外宣稱已達成限制核武擴散的部分協議。

這條新聞是否真正重要，留待後文討論。媒體錯過它的原因，首先是記者的眼光都集中在俄羅斯總統普丁趁訪問瓜地馬拉之便，接受美國總統小布希邀請，在緬因州肯尼邦克港他父親老布希的別墅裡會晤。布希父子與貴賓三人乘船出海釣魚，只有普丁一人釣獲一條大魚等等的花邊新聞。緬因州盛產龍蝦，記者們因而稱布普兩人的祕密會談為「龍蝦高峰會」(the Lobster Summit)。

其次則是兩國外交部長雖都跟隨各自總統在緬因州參加會談，但萊斯國務卿和拉夫羅夫外長(Sergey Lavrov)到事後才聯名發表了短短三段的聲明，埋藏在國務院網站裡，內容初讀平淡無奇，容易被編輯台忽略。

第三則是負責商談者只是副部長級，美國是主管限武談判與國際安全事務的副國務卿約瑟夫(Robert G. Joseph)，俄國則是外交部副部長基斯利雅克(Sergei Kyslyak)。他們七月三日在華府舉行記者會，次日適逢美國國慶，國務院網站雖登出十一頁長的速記紀錄，但無人注意。

要了解有無真正協議，必須回溯到今年二月，普丁在德國舉行的第四十三屆慕尼黑安全政策會議演說席間，公開抨擊美國挾核武自重，製造全球緊張情勢。他說：「美國在各方面都已逾越了分寸（overstepped its national borders in every way），其結果是許多想取得核子武器的國家紛紛加入了這場軍備競賽。」普丁甚至將美國與希特勒的「第三帝國」（the Third Reich）相提並論。

普丁的抱怨只是近因，遠因則是美國致力拉攏原屬前蘇聯，但獨立後卻親西方的烏克蘭，又要將波蘭與捷克納入歐洲導彈防禦系統，分明是以莫斯科為假想敵，使俄國朝野覺得「此可忍，孰不可忍？」因此，俄國對策定調在全力阻擋在波蘭與捷克設置雷達網這件事上。

而美俄相爭，最高興的是坐山觀虎鬥的中國大陸。新華社報導普丁在慕尼黑講話時，大字標題是「俄美『新冷戰時代』來臨」，一副幸災樂禍，唯恐天下不亂的模樣。

眼看局面愈來愈僵，快到不可收拾地步，布希總統主動邀請普丁去瓜地馬拉時順道來訪，兩人可在老布希的避暑別墅裡，遠離華府記者群，不受干擾地單獨密談。這才是台灣高唱卻從未做到的「過境外交」。

上月，普丁提議北大西洋公約組織可使用遺留在前蘇聯的亞塞拜然共和國的雷達設備，作為歐洲導彈防禦系統的一環。美國雖感覺俄國態度有轉圜徵象，卻認為那些舊蘇聯時代器材過於老舊，毫無用處。這回在飽啖龍蝦之餘，普丁改口說，俄國願意在其南部領土新建一所最現代化的雷達站，受北約—俄羅斯理事會（NATO–Russia Council）節制，讓北約總部布魯塞爾與莫斯科可同時接獲來襲彈道飛彈的預警。

這一招實在高明，既能落個「化敵為友」的美名，又把俄國和北約結成「盟邦」，共享歐洲導彈防禦系統一切機密。試問除俄國外，有哪個國家會愚蠢到發射導彈襲擊北約國家？沒有可能嘛。小布希被普丁將了這一軍，無法下台，只好贊同，真是有口難言。

布希被記者追問時，不得不稱讚普丁的建議「非常大膽，極具建設性」。但布希透露，他也告訴普丁說，波蘭與捷克仍應成為歐洲導彈防禦系統的一部分；易言之，美國並未放棄原計畫。布希在討論普丁的提議時自問自答說：「你問我相信他嗎？沒錯，我信任他。」布希認為普丁的建議「絕對有誠意，符合美國的利益，那就是與俄國維持良好堅實的關係。」

而輪到普丁講話時，他的開場白是「我要先為這次會談大獲成功，恭賀我們兩國自身。」他說，等這次達成的協議完全實施後，美俄關係將會基本轉型，逐步走向戰略夥伴之路。話說得很漂亮，但雙方究竟達成了什麼協議呢？

萊斯與拉夫羅夫的聯合聲明第二段說，兩國外長「論及如何繼續裁減戰略武器協定之後的安排(post-START arrangement，所謂START指美蘇一九九一年簽署的Strategic Arms Reduction Treaty，對兩國互相瞄準對方的核彈數量訂有嚴格限制)，俾對另方戰略攻擊武力之了解，有持續性與可預知性。秉承兩國總統之指示，雙方將繼續商討，俾早日獲得結果。」

聯合聲明的第三段則是：「雙方將承續『禁止核子武器擴散條約』(Non-Proliferation Treaty，簡稱NPT）之目標，並考慮實施該約第六條規定之安排。」第六條的主旨是「締約各國承諾以最大誠意談商制止核武競賽之步驟，早日達成全面裁減核子武器，尋求在有效國際管制下步向完全裁軍之路。」

這些話永遠無法做到，等於白說。

「龍蝦高峰會」三天後，七月五日俄國第一副總理，被認為普丁接班人的伊凡諾夫 (Sergei B. Ivanov) 重申俄國堅決反對將波蘭與捷克納入北約導彈防禦系統的立場。他威脅說，如果美國這樣做，俄國將在波羅的海岸的領土加里寧格勒 (Kaliningrad) 部署導彈，「藉以對抗威脅」。

看來布希是以「君子之心」，去「度小人之腹」，被普丁擺了趟烏龍。如何下台階，還得費一番心思。

五二、扁吃王金平豆腐　掩飾心慌？

（原刊九十六年七月四日《聯合報》民意論壇）

外交部自吹自擂的「第廿二屆中美洲暨加勒比海盆地國會議長論壇會議」昨天上午在圓山飯店揭幕，其實只來了與台灣有邦交的七國議長或副議長，其餘十幾個國家全部缺席。王金平院長以觀察員身分列席，陳水扁總統應邀致詞時，卻大吃他的豆腐，說什麼「立法院與總統府的距離，比市政府與總統府之間要近得多」，像在鼓勵王出馬獨立競選總統！

大肚能容天下事的王院長，也非首次被人吃豆腐。十五年前，我陪曼德拉來台訪問，當時的立法院長劉松藩在馥園設宴款待，入座後逐一介紹陪客。輪到當時的王副院長時，劉說「這是我的副議長，他整天都在盤算怎樣搶我的位置坐」，引得哄堂大笑，曼德拉也覺得很有趣。王院長那時的表情，和昨天被阿扁消遣時差不多。

但這兩次的時空卻大不相同：劉松藩是存心要使王難堪，最後落得自己流亡國外，有家歸不得，品德高低立判。阿扁卻有點半假半真，半假或許只是開個玩笑；若半真的話，裡面可能大有文章。

他明知一生忠於國民黨的王金平，不可能投奔綠營。民進黨已經選出謝長廷為總統候選人，再沒有什麼比國會議長更適當的位置了。不論總統選舉誰勝誰負，只要藍營加無黨籍在立委選舉裡依舊過半，無人能動搖王的寶座。

「君無戲言」，要是酒酣耳熱之際，還可另當別論，昨天卻是如此正式的國際場合。以總統之尊，而且面前放著外交部恭擬的講稿，我想阿扁的脫稿演出，只有兩種可能，一是他自有他深不可測的道理，凡夫俗子無從臆測；另一就是我們的總統先生心理極不平靜，不知不覺地透露出他內心的焦慮不安。

陳總統表面上雖然鎮靜如常，外地行程滿檔，大群官員與隨扈前呼後擁，看起來笑容滿面；但再笨的老百姓都知道他有一籮筐心事。媒體不斷炒作趙建銘二審宣判，刑期比一審反而加重，以及「第一公主」發飆罵她的公公，越描越黑，在香港都成了頭版新聞。這是第一樁縱使貴為總統，也無法擺脫的煩心事。

第二件煩惱，是謝長廷在獲得提名後，選擇的路線離阿扁的期望，距離越來越遠。長扁之間本就沒有多少「革命情感」，陳總統支持蘇貞昌為民進黨候選人，早非祕密。四大天王割喉競逐時，謝登廣告說「好人出頭，壞人出局」，把蘇前院長罵成「大石頭」。蘇貞昌回敬以「涉案的是謝長廷，受害的竟變成蘇貞昌」，雙方已經殺紅了眼，成為生死對頭。阿扁此時卻要推動「謝蘇配」，以致葉菊蘭忽然大動作爭取副座提名，幕後顯然有謝的身影。誰也看得出來，在這場暗中進行的角力賽中，已成跛鴨的阿扁贏的機會不多。

最後也最無法保證的，是明年五月廿日卸任後，他與吳淑珍一家老小能否躲過已被起訴的國務費案，安享從SOGO到另外四案證據明確的贓款。「第一女婿」能救當然要救，實在沒辦法也只好算了。但他絕不能讓「第一夫人」入監服刑。總統府以「國家機密」為詞，函特偵組要求退還全案資料，已是明知山窮水盡、困獸猶鬥的做法。如果你是阿扁，怎不要心慌意亂，拿吃王金平的豆腐，來掩蓋內心的不安與慌亂呢？

（本篇於報章發表時，因篇幅限制，略有刪節。現結集成書，為保存原貌，仍依原稿刊載，責任自負，特此聲明。作者謹註。）

五三、布萊爾交卸首相 工黨失去明星

（原刊九十六年七月二日《中國時報》國際專欄）

六月廿七日，領導工黨（British Labour Party）風光執政十年的布萊爾，不情不願地讓出首相寶座，完全退出了英國的政治舞台。

台灣不熟悉英國政治制度的人會感覺很奇怪，因為繼任首相者是同樣隸屬工黨的布朗（James Gordon Brown，媒體均省略 James），自然並非政黨輪替。英國國會上議院全由世襲或新冊封的貴族組成，無須民選，職權有限。立法大權全掌握在國會下議院手中。但下院既未改選，也沒有投什麼票，怎麼輕易地就更換了首相呢？

這正是英國政治的特質。英國人慣對有不朽功勳的領袖棄若敝屣。歷史上最有名的前例，便是第二次世界大戰結束前，波茨坦高峰會開到一半，英國大選變天，工黨的艾德禮（Clement Attlee）取代了邱吉爾，使世人錯愕不已的故事。

這次布萊爾讓位，主要因為民意認為他過分配合布希總統的中東政策，以致英軍在伊拉克與阿富汗陷入泥淖。近因則是前年五月下議院選舉，三大黨（另兩黨為保守黨（Conservative Party）與自由民主黨（Liberal Democrats）競爭激烈，此外還有三、四十個小黨攪局，各顯神通。

計票結果，工黨只得到三五％的選票，失去四十七席，在六百四十六席的下議院只剩三百五十一席，勉強過半。保守黨卻增加了卅三席，到一百九十五席；自由民主黨也增加了十一席到六十三席。去年地方議會選舉，工黨損失照樣慘重。接連兩次拉警報，自然使工黨上下充滿危機意識，不得不考慮換人做做看。

過去保守黨佘契爾夫人（Margaret Thatcher）執政期間，大刀闊斧地掃除積弊，扭轉二戰後工黨左傾社會主義的許多措施，使英國經濟復甦，深得人心。布萊爾在一九九四年因前黨魁史密斯（John Smith）驟然病逝，由他繼任工黨領袖。一九九七年五月，靠他的應變急智與能言善辯，加上拋棄意識形態，改走中間路線的政策，才使工黨投閒置散十八年後，再度執政。

布萊爾聰明之處，在於他深知民心趨向。他不敢推翻佘契爾夫人的施政，自稱領導的是一個全新的工黨（the new Labour），內政上走「急進中間路線」（radical center）。但所有評論家都認為他實際是中間略為偏右。英國權威的《金融時報》甚至說他走的是民粹（populist）路線。十年來他提高稅賦，制定最低工資，保障同性戀者權利，在教改與國民保健各方都有新猷，並簽署歐盟條約，開始推動憲法改革，減低社會福利開支，都是有目共睹的成就。

照理說，下議院每五年才必須重選；但期滿前首相如認為穩操勝算時，得隨時奏請女王解散下議院，重新選舉。工黨共贏過三次大選，二〇〇五年的結果雖然很不理想，本屆下議員任期仍可拖到二〇一〇年五月才終止。布萊爾說過不止一次，他會做到任期屆滿之時。但黨內人心惶惶，導致布朗提前在今年五月的工黨全國代表大會裡發難，而密室協商的結果，布萊爾終於在五月十日宣布辭去黨魁職務，布朗順理成章地繼任，「逼宮」乃成事實。

依照英國傳統，財政大臣（Chancellor of the Exchequer）向來就是候補首相職務的第一順位。布朗做過十年財相，任期打破了一百八十年的紀錄。但他的個性與布萊爾恰巧相反，口才很差，人緣也欠佳。他就讀愛丁堡大學時，打橄欖球受傷，左眼失明，外出常戴黑眼鏡。布朗與布萊爾時代的同僚相處不甚和睦，以致他接事後，各部大臣紛紛求去，新內閣幾乎全部換血。

倫敦與台北相差七小時，星期三傍晚，布萊爾在下議院最後一次接受質詢，CNN 全程現場轉播，我從頭看到尾。那是難得一見的演講比賽，本就狹窄的國會議事大廳裡擠得滿坑滿谷，前排資深的與後排資淺或角落裡小黨的議員們輪流起立發言。英國習俗不鼓掌而高呼「聽哪！聽哪！」（Hear! Hear!）表示激賞，從頭到底喊聲不斷。立法院真該把那場錄影帶一字不漏地譯成中文，分發給我們的立法委員，學學人家的措詞與禮貌。

最後發言者來自北愛爾蘭，他說布萊爾對英國最大的貢獻，是與北愛獨立黨「新芬黨」（Sinn Fein，原意為「我們的黨」）達成和解，終止了百餘年來北愛不斷抗爭流血的獨立運動。布萊爾簡短致謝後步出議場時，全場不分黨派都起立致敬，掌聲雷動，實在感人。

布萊爾的好友布希總統早就替他安排好退休後的職位。星期三下午，聯合國總部和美國常駐聯合國代表團同時宣布：布萊爾將以「四方代表」（指美、俄、聯合國與歐盟，後兩者並非國家，故稱四方）名義，調解以巴糾紛，以促成巴勒斯坦建立獨立民主國家，與以色列和平共存為目標。這樣一個安排可使布萊爾遠離英國黨爭，不再為他領導工黨時，為接受政治獻金，曾呈請女王冊封捐款者爵位，使他們擠進上議院的「賣官鬻爵」醜聞影響。

布萊爾下台了。他在英國人心目中的地位，仍要等候歷史做最後決定。

五四、全新小馬　換方式作自己

（原刊九十六年六月廿五日《聯合報》民意論壇）

全民大猜謎活動終於揭曉，從電視名嘴、政壇老手到尋常老百姓，滿地都是碎鏡片，我的一副也在內。如今回顧，唯一差堪告慰的是，馬英九終於走出了他自己的路。

從二月因特別費案被起訴，立即辭去國民黨主席，宣布競選二〇〇八年總統開始，到現在才一百三十天。拿這短短四個多月做比較，你會發現之前與今天的馬英九，有改變也有不變之處。改變的是領導能力與風格，不變的則是基本原則，有四點值得一提。

首先，一板一眼徹頭徹尾的「法律人」不見了。原本因仕途順遂，溫室裡培養出的蘭花，現在已經習慣於狂風驟雨的打擊。二月底遇到馬迷高喊「總統好」時，他還有點靦腆；騎鐵馬從南到北十天，他像換了顆腦袋，實質成為一個「政治動物」。他放棄了孤芳自賞，選擇走群眾路線；不再墨守成規，只用自己嚴謹的尺度，去衡量所有問題。

但他仍與其他政客顯有不同，不會言不由衷，也不肯譁眾取寵。雖然比從前成熟，他仍是民眾認識的馬英九，讓人民沒有理由不信任他。

他找蕭萬長搭配，可說是神來之筆。依照記者會上透露，四個多月來，他邀蕭深談次數何止「三顧茅廬」，但動作保密到家，不僅追風捕影的電視記者渾然不覺，各大報慣以「黨政高層」為託詞，撰寫內幕報導的資深政治記者，也沒有一位敏銳的新聞鼻曾嗅到任何氣息。由此證明，人數不多的「馬英九工作室」已練成一支精兵，全非人多口雜的中央黨部可比，主帥之功不可沒，這是「新馬英九」的第二個特點。

第三，他對統獨問題的基本理念：我們都是台灣人，台灣每個人的意見都應受尊重，在廿二日出版的《原鄉精神──台灣的典範故事》一書中表露無遺。馬自己執筆，五年來陸續發表的十六個故事，確實勾劃出了他一貫的信念。昨天國民黨舉行「全國代表大會」，馬蕭配以全體台灣人民為訴求對象，沒有南北藍綠之分的競選主軸，已經清楚無比，任何人都難找到攻擊之處。

最後，一週來國內外情勢的發展，恰巧給了馬英九闡述他各方面政策的良機。受了他的影響，立法院國民黨黨團放行了總預算案，使綠營失去選舉時打馬的最佳藉口。在對美外交上，他不懼怕在軍購預算上唱反調。在重返聯合國論戰中，他採取台灣主體立場，卻與阿扁有所不同。在最重要的兩岸關係上，他提出先決條件，要求大陸把瞄準台灣的近千顆飛彈撤往後方，這種種應該都能贏得中間乃至淺綠選民的掌聲。這就是全新的馬英九。

五五、世界難民日 千萬人流離失所

（原刊九十六年六月廿五日《中國時報》國際專欄）

六月廿日是「世界難民日」(World Refugee Day)，曾任葡萄牙總理的聯合國難民事務高級專員(UN High Commissioner for Refugees，簡稱 UNHCR) 古蒂埃雷斯 (Antonio Gutierrez) 特地到蘇丹南部與烏干達接壤處，陪同一百六十一名難民從烏干達邊界徒步回到蘇丹境內，用戲劇手法表現全世界難民問題的嚴重，希望喚起各國政府與人民的注意。

聯合國祕書長潘基文也發表他就職後的首次世界難民日文告，呼籲世人了解為什麼這些家庭，包括老弱婦孺，必須離鄉背井的慘狀，給予同情並伸出援手。UNHCR 聘請的「親善大使」(goodwill ambassadors)，包括台灣人熟識的安潔莉娜裘莉 (Angelina Jolie)，更在全球各地參加紀念儀式與表演活動，為救助難民籌款。

UNHCR 已有五十七年歷史，是聯合國最早的附屬機構之一。因為組織龐大，常被譯為「難民高專公署」。聯合國在一九五一年通過「難民公約」，一九六一年又簽訂了議定書，共獲一四六個國家批准。UNHCR 有職員六千六百八十九人，在全球一百一十六個國家裡設有二百六十二個辦事處，但年度預算僅十四億五千萬美元，不得不倚賴各國與它合作的六百四十七個民間慈善救助團體負擔部分費用。照它自己的宣傳，這些年來，受過它協助的總人數有四千萬人。

何謂難民？什麼人又不算難民呢？許多人從未想過這問題。我也剛發現：前年巴基斯坦大地震與印度洋海嘯受難的南亞與東南亞各國居民，在UNHCR統計數字內並未計入，一則因為全球各國都立即慷慨解囊，踴躍捐輸；援款與物資都直接送交當地政府，高專公署只提供人力與技術支援；更重要的原因則是這些人都未離開本國，不符合狹窄的「難民」定義。

驟視之下，第二個理由似乎很可笑。它的根據是當年聯合國大會通過設立高專公署的決議文，其中界定所謂「難民」一詞，指被迫離開本國，而因種族、宗教、國籍、政治意見、或曾參加某個特定團體而被該國政府拒絕重入境，以致有家難歸的人而言。

廿一世紀的今日，這個理由實在難以服人。幸虧有一九六九年非洲團結組織（Organization of African Unity，簡稱OAU）通過的「非洲難民公約」，和一九八四年南美國家通過的「卡達漢那公約」(Cartagena Convention)，對過時的思考有所補充。更重要的是今日戰爭性質大為改變，國與國間很少開戰；所有難民幾乎都因一國內部動亂，逼得人民逃離戰火而生；因為仍在本國，難民的定義必須重予界定。

世人大多不知，巴勒斯坦難民也不在UNHCR工作範圍之內。巴勒斯坦全國就是個超級大難民營，人們在難民營裡出生、長大、結婚、生子、以至老死，對以色列的仇恨永難消滅。聯合國在美國支持下，特地另設有「救援巴勒斯坦難民與輔助就業公署」（UN Relief and Works Agency for Palestine Refugees in the Near East，簡稱UNRWA），專司其事，UNHCR樂得不管。

有這麼多例外情形，高專公署近年已重新把除符合最初聯合國決議文定義的「難民」之外，仍需由該署協助照料的人，分為五大類：

1. 以任何理由，請求政治庇護者 (asylum seekers)；
2. 已經返回本國，但仍需要 UNHCR 協助的難民；
3. 鄰近地區發生難民潮，無從應付，亟需支援的社區鄉鎮；
4. 無國籍人士 (stateless persons)，亦即無任何證照的所謂「人球」；
5. 一國內部因非志願原因而流離失所的人民 (internally displaced persons，簡稱 IDP)。

這五類人構成 UNHCR 所稱的「關懷」群 ("of concern" to UNHCR)，因為今日人們流亡有數不清的原故：或因沒有公平正義，或遭排斥歧視，或因環保失衡，或因資源短缺，或肇因於政府貪腐。五類中尤以 IDP 生活最艱困，也最急需援助，估計曾達二千三百七十萬人。傳統定義的「難民」今日僅佔接受高專公署援助總人數的四成，其餘六成都歸類在「關懷群」下了。

依照 UNHCR 歷年統計，原本到二〇〇五年為止，全球難民總數有下降現象，從廿年前的九百五十萬減到八百四十萬人。但去年中，受伊拉克、阿富汗與蘇丹內戰的影響，亟需援助的關懷群人數又恢復上揚，到去年底的九百九十八萬餘人。

非細研高專公署網站上的資料，不能了解難民與關懷群總數的流動性之大。先進國家為妝點門面，只有美國最大方，共接納五萬三千餘人；其次是澳洲與加拿大，各超過一萬人，所餘歐美各國只幾百人而已。說老實話，能申請遷移到美、澳或加國的難民，都受過高等教育、家世本就優裕。

一般IDP在農村生長，不通外語，哪裡敢想像逃離本土，移民國外？

高專公署估計今日仍有八百四十萬傳統定義的難民，七十七萬申請政治庇護者，二百卅八萬無國籍人士，一百六十萬剛返回原鄉仍需援助的人，與六百六十一萬IDP，都在嗷嗷待哺。就我個人而言，值得尊敬的還是UNHCR將近六千七百位工作人員，寧願放棄坐在紐約或日內瓦冷氣辦公室裡，辦等因奉此的優裕生活，深入不毛之地，在最貧困最落後的地方，為幫助這些「關懷群」奉獻一己。因為有他們，這世界才會變得更有價值。

五六、薩科奇乘勝追擊　要改變法人思想

（原刊九十六年六月十八日《中國時報》國際專欄）

法國任何大小選舉，都在星期天投票。昨天是法國兩院制國會的眾議院（正式名稱為「國民議會」，法文 Assemblée nationale，以下括弧內均係法文）改選第二輪投票日，最終結果要再等兩、三天才出爐。但新當選總統的薩科奇所屬的人民運動聯盟（Union pour un Mouvement Populaire，簡稱UMP）將席捲三分之二或更多席次，已經公認為不可避免了。

國民議會應有五百七十七位議員，任期五年，但一年後總統隨時得予解散。議員選舉採單一選區兩輪投票制，每一選區人口數應在十萬人左右，實際則難免有出入。法國並無戶籍制度，在某選區競選議員，無須把戶口遷入，只要在該區選民名冊裡登記就可以了。

兩輪制的意思是：第一輪須有超過四分之一的登記選民投票，獲半數以上票數者為確定當選。如無人超過這個門檻，在頭輪曾獲八分之一以上選票的候選人均列入第二輪投票，得票最多者即當選。所有候選人都有一名候補人，議員當選後因故出缺，不論入閣、辭職、死亡或其他原因，即由候補人遞補，省掉單獨辦理重選的麻煩。各黨也可開除議員黨籍，以候補人補缺，所以黨紀森嚴，不會發生跑票或類似情形。

法國內政部統計：UMP 在第一輪的得票率實只三九・五四%；執左派牛耳的社會黨（Parti Socialiste，簡稱 PS）也有二四・七三%。卻因法律規定全國都是單一選區，沒有所謂不分區名單，使 UMP 掌握了眾議院絕對多數，只能說薩科奇的運氣太好。如從他面對的險峻情勢與力圖改革的雄心去看，法國人民似乎透過這次眾院選舉，有意支持他大刀闊斧的作為。

薩科奇是匈牙利移民的第二代，他誓言要改革法國人過分倚賴各種社會福利措施，追求享受而不喜工作的壞習氣。他任命的總理費雍 (François Fillon) 已經放出試探氣球，表示政府下月將提出把增值型營業稅提高到二四・六%。台灣只徵五%，還包含在售價之內，由業者自行吸收。在歐洲，它卻是在商店標價外另行加徵，交易時併計總數。法國人買任何物品，從前的十九%已經嫌高，今後每一歐元要多付二角四分六厘，對大眾購買力的影響不言可喻。薩科奇的用意，就是要大家束緊褲帶，了解唯有勤勞工作，國家才能復興的道理。

不僅如此，薩科奇更準備修改工會法，賦予雇主較多權力，得以開除躲在工會羽翼下，混一天算一天的「工油子」。席哈克總統時代的德維爾潘總理 (Dominique de Villepin) 在任內被工會予取予求，吃盡苦頭。依照第五共和憲法，國民議會有倒閣之權，總統則有解散議會之權，以保持平衡。一九九七年席哈克解散過國民議會一次，結果適得其反，重選出的國民議會反而是左翼政黨佔多數，此後席哈克聲望每況愈下，與此不無關係。

法國工會經常鬧罷工，聞名世界，二〇〇五年因新移民青年失業率過高，導致全國暴動，記憶猶新。十月，總工會為反對公營企業民營化，發動全國大罷工，號稱有百萬人參加，其實不滿半數，仍被媒體稱為「黑色星期二」。去年三、四月，又連續幾次大罷工。德維爾潘總理越軟弱，工會就越得寸進尺。現在薩科奇藉掌握國民議會，修法大權在手，卻聰明地放話，要和總工會坐下來共商國是，希望工運領袖們能吃敬酒而不吃罰酒，是他的高明之處。

薩科奇喜歡到敵營拉角，用象徵性動作答覆對他的攻訐。就職時派共產黨出身、以「醫師無國界」聞名的顧絡奈 (Bernard Kouchner) 為外交部長，使社會黨不知所措。其實顧絡奈和他的太太住的是香榭大道豪宅，享用奢華，被譏為「喝香檳的共產黨」，眾所周知。但他是能做事的人，就任後立即飛往非洲蘇丹共和國斡旋達富爾問題，對薩科奇的政績自然有加分作用。

反對黨批評薩科奇會嚴格限制新移民來法，他並不否認，卻派妲悌 (Rachida Dati) 為司法部長，成為法國歷史上首位北非殖民地出身的女性閣員。他的新移民政策將限制海外人口移入，葫蘆裡到底賣什麼藥，外界猜測紛紜，他卻不慌不忙，要等時機成熟時，再拿出來討論。

《華盛頓郵報》記者 Molly Moore 有篇發自里昂的特稿，說法國大革命時期的口號「自由、平等、博愛」(Liberté, Egalité, Fraternité)，現在快變成「自由、平等、多元化 (Diversité)」了。法國向以沒有種族歧視自傲，其實並非如此。這位女記者大概太年輕，說法國從未有過黑人部長，只因她不知道象牙海岸故總統 Felix Houphouet-Boigny 曾在法國做過一任部長。但那是特例，近年來，歷任內閣清一色都是道地白人，直到薩科奇當選，才打破不成文的禁忌。

法國政客大多言行不一，雖有一條法律規定政黨提名候選人之半數須為女性，否則政府可扣減選舉補助款；各黨因有政治獻金，置之不理。五年前的國民議會選舉，女性或少數族群候選人寥寥無幾。今年七千六百餘名國民議會候選人中，受薩科奇勝利影響，竟有四一%是女性，打破了歷史紀錄。其中多少位能當選，有待內政部公布計票結果，才能知道。

薩科奇所屬的UMP候選人中，今年仍僅十五位是女性或少數族群，顯示他對黨機器尚未能完全掌控。PS也只有廿位。相反地，法國共產黨有七十位女性或少數族群參選，綠黨也有五十位。這位新總統的改革之路，還有很長一段要走。

五七、馬與印度跳探戈　扁要多學學

（原刊九十六年六月十五日《聯合報》民意論壇）

馬英九印度之行，再次證明我常講的「民進黨不懂外交」這句話。

綠營一定不服氣，他們會指出去年二月十一日，府院黨全力支持的「台灣印度協會」大張旗鼓地成立了。游錫堃出任理事長，何美玥為祕書長，出席的重量級人物包括陳唐山、張旭成、陳博志、鄭文燦和陳瑞隆等。第二天資策會就派出印度訪問團，並將在印度設立「境外發展中心」，加強兩國資訊業合作。

沒錯，民進黨為緩和國內廠商前仆後繼遷往大陸的浪潮，確實有意與印度加強經貿合作。問題不是府院黨沒努力，而是不懂外交基本原則，必須是雙向交往，而非單方面只基於內部政治考慮，一廂情願地把國內政爭硬帶到別國去。

印度十二年前就在台設立了「印度台北協會」。印方態度雖然謹慎，新德里派來負責的官員若非外交部退休常務次長，至少也是做過總司長的資深外交官，在台北外交圈裡早已不是祕密了。

歐美各國在台所設機構，名稱儘管五花八門，其主持人都是由本國外交部派來的。他們的主要職責就是觀察台灣政情，隨時呈報本國政府參考。為工作方便，這些駐台人員互通聲氣，交換情報，是很正常的事；我國政府想什麼或在做什麼，他們可說瞭如指掌，想騙也騙不過去。外國代表對台灣政治情勢的估計，更不會受台灣官方的影響。

馬英九訪問印度，我駐印單位事先是否知情，都很難說。設在新德里的「台北經濟文化中心」原代表高振群已調部辦事，剛剛返國；繼任者原駐紐約辦事處大使銜主任夏立言則在台北等待宣誓就職。可見全案是「印度台北協會」今年元月才到任的史泰朗 (T. P. Seetharam) 代表，觀察台灣政情後，向印度政府提出的建議。

印度十二年前就相中了台灣，純粹出於世局一盤棋的考慮。首先，因為它的對頭巴基斯坦是大陸的死黨，印度找台灣是很自然的事。其次，一九六二至六三年的中印邊界衝突，新德里至今難忘。去年印度轉向美國靠攏，對台灣也略增幾分好感。最重要的是，中印邊界尚有一小段未曾劃分，上週在德國列席G8高峰會時，印度總理辛格曾向胡錦濤提議兩國設立專案小組勘劃，未獲回應。這些細節對中印關係自然都有影響。

馬英九抵印首日，就拜會了資訊通訊部與工商部兩位部長。前天他在印度國際事務協會演講，倡議「互不否認」，印度報紙以頭版報導。該會會長、印度副總統兼上議院議長謝卡瓦特雖然避嫌未出席，印度亞洲新聞社早就透露說，中國已經告訴印度政府只要馬英九的座車上不掛旗幟，「沒有問題」。

外交是細膩的藝術，「兩個人才跳得成探戈」，民進黨還要多學習才行。

五八、G8「富人俱樂部」 他國只是配角

（原刊九十六年六月十一日《中國時報》國際專欄）

在德國波羅的海之濱的小鎮海利根達姆 (Heiligendamm) 剛落幕的G8年度高峰會，其實出席者有九位，與正式名稱「八國集團」(Group of Eight) 不符。君如不信，試看電視上八國領袖「配偶」的團體照，除地主德國總理梅克爾的丈夫沙威爾 (Joachim Sauer) 教授外，怎麼數也有八位女性在場。事實是這個集團卅年前創始時，憧憬歐洲統一的前景，就將歐洲聯盟執行委員會 (European Commission) 主席列為成員之一，才有八國而九位領袖的現象。

至於除正式成員外，加邀中國、墨西哥、印度、巴西與南非，則是前年英國擔任G8輪值主席時想出的點子。被邀國家自然高興躋身其間，但八國集團真正討論時，包括胡錦濤在內的這五位都被屏諸門外。以本屆為例，G8從六月六日晚宴開始，到最後一天亦即八日才把這批「特邀領袖」請進來，讓媒體攝影 (photo opportunity)。新華社發布的照片中，胡錦濤站在前排最左的位置，與女主人間隔了三個人，梅克爾左手第一位反而是南非總統姆貝基。

胡錦濤八日晨才從柏林飛到鄰近海利根達姆的羅斯托克機場，十時半起這五國領袖陸續抵達會場所在的凱賓斯基大飯店，接受梅克爾歡迎。到十一時 8+5 的會議才開始，一會兒就結束，繼即午

宴。新華社發布了胡在會中演講全文，卻因無緣參與早先的密室商討，他還在提「京都議定書」，不知G8已經和美國折衷和解，把二〇一二年的限期推延到二〇五〇年去了。所以吃完午飯，胡立即飛往瑞典的斯德哥爾摩，進行國是訪問。

今年G8輪值主席德國，除這五個「開發中」大國外，還加邀了非洲的埃及、阿爾及利亞、塞內加爾、衣索比亞、與迦納等國元首，以及非洲聯盟執委會主席與聯合國祕書長。他們更是被擠到八日早晨九至十時，和其餘「老大哥」們開會如儀一小時，攝影留念後就被請走，連8+5會談也沒分。這樣子只為妝點門面，未免過分點。它顯示G8妄想取代聯合國安全理事會的心理，試想其中義大利與加拿大，真的比中國、巴西或印度更舉足輕重嗎？

任何元首級的高峰會議，都是在演戲。即使六月六日在德國波茨坦舉行的八國外長會議，名為替他們的老闆做準備工作，也是表演給外人看的。我很佩服德國人做起事來鉅細靡遺的精神，讀者如果上柏林外交部的網站瞧瞧，G8會後的文件竟達兩百餘頁之多，包括：梅克爾總理的「會議主席總結論述」、8+5國的「聯合宣言」、「有關貿易宣言」、「核能安全小組報告」、「支持聯合國反恐工作報告」、關於防阻核武擴散的「海利根達姆聲明」、「全球夥伴」(Global Partnership) 報告、「反恐最後聲明」、「八國元首關於蘇丹達富爾問題聲明」、有關「非洲發展與責任聲明」(所謂責任，意指good governance)、「八國元首代表與非洲夥伴聯合進度報告」以及「全球經濟成長與責任報告」等等。

我想八國元首或雲集採訪的四千名各國記者，都不曾費時間去讀這些長篇累牘的官方文件。那麼，G8今年的峰會究竟有什麼具體結果呢？德國政府花費了數千萬歐元，在海利根達姆鎮周圍建起兩公尺半高的金屬圍牆，動員一萬八千名軍警保衛這些領袖。別忘記他們既然幹到國家元首或政府領袖了，不論年齡都曾經歷過多少風浪，難得共聚一堂，香檳酒喝得再多，頭腦一定保持清醒，交頭接耳之際，自有心領神會之處，那才是G8真正的收穫。

今年G8會議至少有三大成就：第一，是美俄在會前互相放話，劍拔弩張的氣氛，由於俄羅斯總統普丁的讓步，暫時化解了。普丁六月八日從莫斯科出發赴會前，忽然發表演說，表示俄國不反對美國與歐盟把防衛飛彈網延伸到土耳其與伊拉克去，甚至提出可在裏海邊、原屬蘇聯的亞塞拜然共和國安設俄製預警雷達，作為共同防禦伊朗偷襲之用。他和布希在高峰會期間必定曾有單獨密商，詳情如何，外界就不得而知了。

第二，是會前歐洲各國對美國遲遲不肯在全球暖化問題上讓步，早已感覺不耐。梅克爾總理作為會議主席，把這問題和她個人成敗連接在一起，堅持必須遵循聯合國有關決議與京都議定書定下的二〇一二年限期。六月八日在會中，布希總統終於承諾「慎重考慮」歐洲國家提出在二〇五〇年前將二氧化碳等「溫室氣體排放量」減半的提議。這也正是聚集在羅斯托克的上萬名各國抗議者最關心的問題。美、德雙方各有讓步，大家都鬆了一口氣。

第三，抗議群眾同樣關心的是，大幅增加對非洲貧窮國家的援助問題。高峰會通過將提供六十億美元，協助「全球」貧窮國家根絕愛滋病、肺病與瘧疾；其中半數將由美國政府出資。消息宣布後，毀譽參半。台灣年輕人熟悉的U2合唱團主唱波諾(Bono)說，兩年前G8已承諾捐助非洲巨款，只聞樓梯響，沒見人下來，今年又是場騙局。但也有許多慈善機構額手稱慶，表示歡迎。

總結而言，今年G8峰會收穫最大的還是布希總統。他六月四日從華府出發，先訪問捷克；九日8+5午餐會後，立即乘「空軍一號」專機飛往波蘭訪問，然後到羅馬會晤天主教教宗本篤十六世(Benedict XVI)；昨天續訪阿爾巴尼亞，今天到保加利亞稍停，明天就回到白宮了。

相形之下，儘管新華社如何大吹大擂說中國大陸在會中備受各國重視，布希與胡錦濤在8+5峰會期間，除一次共餐外，並未單獨會晤。其中暗藏什麼玄機，要看觀察家怎樣解說了。

五九、哥國債多不愁？ 根本不想還

（原刊九十六年六月九日《聯合報》民意論壇）

哥斯大黎加主動和我國斷交，痛心疾首之餘，我們應該平心靜氣地來檢討這件事。如就哥國看準台灣弱點，養成它執政者對我予取予求的心理而言，歷任政府都不能卸責。但如從兩岸關係著眼，只要回顧僅僅六星期前，當時的蘇貞昌院長興高采烈地搶先宣布台灣與聖露西亞「復交」新聞，就可了解大陸為何選在此時給台灣一點顏色看看。

民進黨政府的作風向來是外行領導內行，處理任何涉外問題，極少考慮周遭與國際情勢，只想藉以打贏國內選戰。四月底，蘇前院長為爭取黨內總統候選人提名，與謝長廷拚得你死我活，嚴逼各部會端出施政成績的牛肉來。遇上唯命是從的黃志芳，把面積只六一六平方公里，人口比永和市還少的聖露西亞拿來交帳。其實阿扁執政以來，建交的國家如吉里巴斯、諾魯，都屬於同一類型。難怪黃部長上月出席中華民國與中美各國外長聯席會議時，受盡冷淡。

綠營政客對中共「和平崛起」的現象，只知嗤之以鼻，不懂潛心研究。他們從未想過：以大陸今日的經濟實力、國際地位與發展前景，如真要孤立台灣，不消半年，與我仍維持關係的邦交國，很可能掉到只剩十幾個。

哥斯大黎加是白人國家，教育普及，政治民主；沒有軍隊，只有警察；人均國民所得依外匯兌換率計算，有五千一百美元，如按購買力平價計算，高達一萬二千美元，遠超過中美其餘各國。台灣過去認為駐哥大使是個美缺，英語講得通，往來皆白人，生活舒適，駐聖約瑟大使館美輪美奐，被當作酬庸退休部長的職位，人人皆知。而派去的大使們駐節既久，與當地政要結為好友，替他們向國內多要點援助，也是人情之常。

哥國白人既是西班牙人後裔，難逃母國上層階級只知享福、不務正業的傳統。我在瓜地馬拉時，曾聽一位墨西哥經濟學教授演講說，哥國所欠外債總額如除以人口數，人均負債是墨西哥人的五倍，瓜地馬拉人的三十幾倍，覺得不可思議。事後輾轉邀他午餐，請教他一個國家怎能欠下如許多的外債，他回答得很乾脆：「因為他們壓根兒沒有償還的意思。」

現在哥國以競選安理會非常任理事國為詞，與我斷交，咎不在我。作為退休外交人員之一，我不忍責備辛苦奮鬥到最後一刻的駐哥大使館同仁，只期望民進黨政府善自檢討，別再把台灣微薄的外交資本，作為國內選戰的工具。

六十、中、美下一衝突點　蘇丹的達富爾區

（原刊九十六年六月四日《中國時報》國際專欄）

北京正逐漸發現，大國崛起的道路不如想像中那麼平坦易行。和世上其他國家互相尊重的代價之一，就是要接受人道、和平、自由、民主等普世價值。上週二《華府郵報》刊出獨家報導，說白宮經過數月長考後，決定對蘇丹採取一連串行動：包括禁止美國銀行與蘇丹國營石油公司及其負責人往來，敦促聯合國安理會通過比以前更嚴厲的譴責蘇丹決議案，以及仿首次海灣戰爭後制裁伊拉克的先例，因蘇丹軍方曾轟炸叛民，禁止軍機飛越達富爾(Darfur)地區上空。

果然，五月廿九日上午八時，布希總統在白宮對全國談話，證實《華府郵報》所說無誤。他再度使用「種族屠殺」(genocide)一詞形容達富爾情勢，指責蘇丹巴希爾總統(Omar Hassan Ahmed al-Bashir)心口不一。美國將敦促聯合國安理會再次通過決議案，擴大聯合國駐蘇丹部隊（United Nations Mission in Sudan，簡稱UNMIS），並與非洲聯盟駐蘇部隊（African Union Mission in Sudan，簡稱AMIS）合作。美國亦繼續支持潘基文祕書長循外交途徑的各種努力。

中共的初步反應，是由五月廿三日剛從蘇丹歸來，負責有關蘇丹談判事務的外交部「達富爾問題特別代表」劉貴今，同日下午在北京召開中外媒體「吹風會」，表示一國在另國開採石油是「很正

常的商業活動」，因此「中國反對把正常的能源領域合作『政治化』，並加以炒作」。

劉貴今指出：「中國石油天然氣集團總公司」雖然曾投資蘇丹國營的「大尼羅河公司」(Nile Company)，但其他國家石油公司所佔的股份更多，不能只找中國的麻煩。他認為「一味的施壓和制裁無助於解決問題」，呼籲國際社會「發揮政治智慧和想像力」，透過「和平方式，以政治手段」尋求解決。雙方擺出陣勢，山雨欲來風滿樓，好戲即將登場。

很多人不知道蘇丹是非洲最大的國家，面積二百五十萬平方公里，是台灣的七十倍，卻只有四千零二十萬人。非洲國家大多是十九世紀末列強瓜分殖民地的產物。蘇丹因位居埃及之南，尼羅河的兩條起源：白色尼羅河 (White Nile) 與藍色尼羅河 (Blue Nile) 在蘇丹境內會合，向北流入埃及，孕育了古埃及文化，所以埃及才是蘇丹早期的統治者。

英國對蘇丹用兵，始自十九世紀中葉。李鴻章為抵拒洪秀全圍困上海，起用英籍「常勝將軍」戈登 (Charles Gordon，上海在租界時期有戈登路)，後來率英軍攻佔蘇丹首都喀土木，名垂青史。英國因投資蘇彝士運河，必須在幕後控制埃及，一八九八年英埃聯軍征服蘇丹後，埃及只在名義上佔點便宜，蘇丹實際由英國殖民部 (Colonial Office) 的文官管理，直至一九五六年才獨立。

造成今日蘇丹種種問題的主因在種族與宗教：北部都是講阿拉伯語的伊斯蘭信徒，南部則是信奉多神教的黑人土著，也有少數被傳教士受洗的基督徒。二〇〇五年的蘇丹過渡時期憲法 (Interim National Constitution) 規定，總統身兼總理，並為三軍總司令。此外設置兩位副總統，「第一副總統」必須由南部人擔任，以資平衡。

從獨立到現在，蘇丹從沒有過一天太平日子。第一次內戰延續了十七年，北部人處心積慮要擴大中央政府權力，改變南部黑人的信仰與生活（Arabization），因而引起反感，政變頻仍，軍閥混戰，民不聊生。最後形成兩股對立勢力，南部叫「蘇丹人民解放運動」（Sudan People's Liberation Movement，簡稱 SPLM），其武裝部隊就稱為"SPLA"。北部的巴希爾政府則更向左靠攏，支持伊拉克的海珊，容許「基地」分子藏身境內，甚至與企圖暗殺埃及總統穆巴拉克（Hosni Mubarak）未成的兇手有關連，導致聯合國於一九九六年初次對蘇丹實施制裁。

這些年來，安理會曾經通過一籮筐有關蘇丹的決議案；美國一度派鄧福斯參議員（Sen. John Danforth）為使調停；非洲聯盟在派出七千人的 ASIM 維和部隊進駐同時，不斷居中奔走協調，簽署了無數協議，都毫無效果。依照美國統計，自二〇〇三年迄今，達富爾地區有兩千多個村莊被夷為平地，四十五萬人死亡，另有二百五十萬人流離失所，無家可歸。難怪歐美國家一致怪罪蘇丹現政府，各國人道團體大聲鼓譟，要向國際刑事法院（International Criminal Court，簡稱 ICC）控訴巴希爾總統的政府犯了種族屠殺罪。

美國有好幾個人權機構正在串連，預備以大陸不顧全球輿論，仍支持蘇丹政府為理由，杯葛明年在北京舉行的奧運會。如成事實，北京非有回應不可。試想奧運期間，滿城都是黃髮碧眼的外國人，警察如何分辨誰是奧運觀眾，誰又是到時舉牌的抗議分子？北京從上到下，無人曾有過類似的經驗。這是事前必須防範的問題，一旦發生了，事後即使把市委書記、市長和副市長統統撤職，也沒有用。

如果外交部長仍是李肇星，他會用強硬手段對付。但現任的楊潔篪以了解美國著稱；他剛從漢堡出席第八屆亞歐外長會議歸來，與二十八國外長共聚一堂，出盡風頭。明年大陸為配合奧運，將以地主國身分，主辦第七屆「亞歐首腦會議」。身段柔軟的楊潔篪會怎樣應付這場山雨欲來的風暴，美國正等著瞧。

六一、馬副手是誰？ 全民大猜謎

（原刊九十六年六月四日《聯合報》民意論壇）

王金平院長返國後，又拖了三天，前天終於吐露真情，表態不做「馬尾」，寧願留在立法院當龍頭。他的話雖仍有點酸溜溜的味道，記得前年他與馬競爭國民黨主席時遭受的誹謗來看，情有可原。馬王配終於破局，我想，兩人「合而不配」成為定局，豈止當事人，大家都鬆了口氣。

王本來就勸馬在工商、學術、婦女各界去尋找競選搭檔。國民黨中央和馬競選總部雖未鬆口，這兩天終須透露一些口風。

馬陣營提出的「本省籍、南部人、性別不拘」只是最低消極條件。要替國民黨總統候選人借箸代籌，必須先釐清這正副兩位候選人合作參選，能產生什麼加分作用？歸納起來不外：一、本省籍，以平衡馬英九在香港出生的「原罪」；二、在濁水溪以南的綠營票倉裡，具有相當號召力；三、形象清新廉潔，從無弊案纏身；四、馬的粉絲群雖有大量女學生，如果國民黨副總統候選人是女性，拿她與現任呂副總統在天平上秤一下，只要高下立判，仍可有吸票作用。

先談可與馬英九搭檔競選的女性。這幾天被各報點名的不在少數，李紀珠、劉憶如都是現任立委，經濟專家，可補馬在財經方面的不足。但她們雖有博士學位，在課堂裡或電視上娓娓而談，能引人入勝，可是在一般選民面前，卻很難挑起熱情。此外如曾與陳履安搭配過的王清峰，在必須喊得聲嘶力竭的選舉場合，也同樣缺少爆發性的魅力。這樣算下來，只剩張博雅了。以許家班在嘉義縣市盤根錯節的關係，找張博雅作競選夥伴，國民黨等於跨過濁水溪，建立起橋頭堡。「性別不拘」如不僅是說說而已，以國民黨的人才濟濟，男性副總統候選人至少有半打；還不包括其他可能的「黨友」。

江丙坤這張牌，要留作明年勝選後，政黨再度輪替時，提名行政院長的不二人選，此時不宜隨便用掉。其餘人選中，吳敦義既不能去搶王金平的議長職位，有可能變成馬的競選夥伴。尤其他做過高雄市長，讓他去窮追猛打謝任內的高雄捷運案，而馬英九留在道德制高點，不必做他本就不擅長的揭發隱私工作，對未來選戰，肯定有百利而無一弊。

其實社會上豈止電視名嘴，連計程車司機與家庭主婦，人人都在猜測馬英九會找誰搭配。報章更充斥各種條件說。未來兩三週，馬的副手人選會成為一場全民大猜謎活動。

六二、黎巴嫩又陷內戰邊緣　人民何辜

（原刊九十六年五月廿八日《中國時報》國際專欄）

三星期前，我在專欄裡（見本書第六八篇）描述位處歐亞之間的土耳其，因伊斯蘭教徒為世俗化或宗教化路線分歧，兩派相持不下的困境。上週黎巴嫩內戰又起，問題較土耳其更複雜幾十倍。

黎巴嫩比台灣小得多，面積僅一萬零四百平方公里。由於政治因素，已經有七十五年不敢辦理普查，最近的估計人口數是三百八十七萬。但不要小看了它，黎巴嫩曾是中東的模範國家，教育普及，觀光事業發達。兩次大戰之間，國際聯盟將黎國交由法國代管，直至一九四三年方才獨立。因此人人都會說英法兩種語文，非常西化，毫無身處阿拉伯國家的感覺。人口一百五十萬的首都貝魯特，更有「小巴黎」之稱。

黎國人善於經商，常被拿來與散布全球的華人相比。中東、非洲或歐美，到處都有黎巴嫩籍的大貿易商，他們尤精於放高利貸和套匯。只看二〇〇五年黎國的進出口統計，出口僅十八億八千萬美元，進口卻達九十三億四千萬美元。高達七十四億六千萬元的入超，全部靠「僑匯」彌補，去年人均所得估計仍有五千美元。過去黎巴嫩並無任何外援，今年因對付「伊斯蘭法塔」(Fatah al-Islam)游擊隊，美國初次通過二億八千萬元軍援，指定供軍方與保安部隊使用，但尚未撥付。

一九五六年至六〇年代初期，我每次到歐洲出差，必須在貝魯特轉機，因為那兒是整個中東的交通運輸中心。貝魯特留給我非常美好的印象，漫步市區，高樓大廈鱗次櫛比，與歐美大城無殊。夜生活更是迷人，前後兩位駐黎巴嫩的王季徵和繆培基大使，帶我去過有名的 Casino de Liban，豪奢程度不下於摩納哥侯國聞名世界的夜總會兼賭場。

出城不遠，位於貝卡河谷的 Ballbeck 有羅馬帝國時代宏偉的宮殿遺址，保存得比羅馬的 Forum 還要完整。自被聯合國教科文組織 (UNESCO) 定為世界文化遺產後，每年吸引二百萬遊客，當時的黎巴嫩真是前途似錦，難以想像今天經歷一九七五～一九八一年第一次內戰，以色列多次入侵和四十幾年宗教衝突造成的蕭條破敗。

為什麼黎巴嫩的問題較土耳其複雜幾十倍呢？兩國同為阿拉伯民族。九九％的土耳其人信奉伊斯蘭教，黎巴嫩雖然九五％人口是阿拉伯人，其餘四％是亞美尼亞人，但宗教信仰自由。黎國人口中信奉伊斯蘭教的只有六成，還分成許多派別，除眾所周知的什葉與遜尼兩派外，更有 Druze、Isma'ili 與 Alawite 派；要分析這些不同宗派的起源，就太浪費篇幅了。

佔黎國三九％的基督教，派別更加複雜，僅天主教就有四種各不相讓的支系，包括 Maronite、Meokite、Syrian Catholic 與 Roman Catholic。東羅馬帝國遺下的東正教 (Orthodox Church) 也分成希臘、敘利亞與亞美尼亞三派。此外的小支派也互不相讓。黎巴嫩古稱腓尼基 (Phoenicia)，至今仍有許多人寧願被稱為腓尼基人，而不喜歡阿拉伯或黎巴嫩之名。

黎巴嫩的困境，起自一九六七年以色列與阿拉伯各國開戰後，大批巴勒斯坦難民湧入黎國。一九七〇年以色列打敗約旦，逃到黎巴嫩的難民夢想在黎境成立「巴勒斯坦臨時政府」，阿拉法特終於成功。一九七五年，黎巴嫩爆發第一次內戰，伊斯蘭狂熱分子結合巴勒斯坦難民，與基督教徒為主的黎巴嫩國防軍打了六年，雙方都有外國暗中支持。

估計僅內戰第一年裡，就有七、八十萬人逃亡國外。從那時起到一九九〇年代，全國有七％人口死於戰火，另有二萬人「失蹤」。黎國多年來不敢調查人口確數，原因在此。眼看國家快亡了，黎巴嫩總統不得已商請敘利亞派兵援助，造成「前門拒狼，後門進虎」的局面。

其實是阿拉伯聯盟通過邀請各國派遣部隊入黎，協助維持治安。但敘利亞強人阿塞德（Hafez al-Assad）的軍隊一開進黎國，便露出兇惡面目，明目張膽地幫助伊斯蘭教信徒，壓制基督教派。敘利亞在黎巴嫩豢養了一批政客作為喉舌，不順從者便予殺害。二〇〇五年二月，黎國前總理哈黎里(Rafiq al-Hariri) 遇刺身亡，敘利亞佔領軍因幕後驅使，遭受舉世譴責。

美國支持以色列，透過聯合國安全理事會，同年四月迫使敘利亞駐軍從黎巴嫩撤出。兩月後黎國選舉，哈黎里之子薩阿德 (Sa'ad al-Hariri) 在總席次一百廿八席的單院制國會裡贏得七十二席。黎境巴勒斯坦難民營裡的激進分子後來感受威脅，便倚仗阿拉伯聯盟調停內戰時，黎國政府軍不得進入難民營搜索的臨時協議，而有敘利亞和伊朗在暗中以金錢與武器支援，這四十幾萬巴勒斯坦難民，在黎巴嫩形成「國中有國」的怪現象，利用特殊環境向以色列挑釁，是問題的根本所在。

為維持宗教平衡，黎巴嫩自開國以來就有個不成文約定：總統應由基督教 Maronite 派擔任，總理應為伊斯蘭教遜尼派，而國會議長則必須是什葉派信徒。敘利亞撤軍後，這三巨頭（總統拉胡德

(Emile Lahoud)、總理席尼奧拉 (Fouad Siniora)、國會議長貝里 (Nabih Berri) 同心協力，要重振政府權威，恢復經濟繁榮。但是政府軍訓練與裝備都不如難民營裡各色各樣的敢死隊，力不從心奈何。

短期的原因，則是巴勒斯坦激進分子寧肯犧牲自我，不斷從難民營裡向以色列發射短距離火箭。去年七月，真主黨 (Hezbollah) 民兵越界入侵以境，殺死三名並擄走兩名以色列士兵，正好給以軍攻入黎巴嫩，直搗貝魯特，救援俘虜的口實。這是一筆算不清的糊塗帳，倒霉的是黎巴嫩無辜的老百姓，不知哪年哪月，才能恢復從前的繁榮與自由生活。

六三、王院長，請學英美國會警察權

（原刊九十六年五月廿六日《聯合報》民意論壇）

今年三月十三日，我曾投書民意論壇，呼籲為〈展現擔當　王金平應動用警察權〉（見本書第八三篇）。或因人微言輕，未獲反應。欣見五月廿四日《聯合報》社論也在質疑「不能表決的立法院還是立法院嗎？」一語道破全國人民心中的大問號。本文想以民主先進的英、美兩國為例，看它們的國會議長有無警察權，以及由誰來執行議會內警察權的問題。

英國下議院從十二世紀國王理查一世（King Richard I）時代起，就設置警衛長（Sergeant-at-Arms）一職，承議長之命維護議事秩序。至今每逢開議之日，先由警衛長手捧「權杖」（Mace）引導議長進場，已成慣例。所謂權杖，原本是把武器，後來逐漸變為象徵性的裝飾物，但意義並未改變。上議院可能因議員都是有爵位的貴族，所以無此一職。但我查英國歷史，曾有 Abingdon 選區一位 Huck 下議員，遭警衛長奉議長之命逮捕囚禁的紀錄。

美國承襲英國傳統，從一七八九年四月首屆聯邦議會開始，就設有警衛長一職。經過兩百多年，今天參眾兩院仍設有警衛長，每天開會時，都由他手捧權杖，引導議長入座。開會時間不論長短，警衛長一定坐在議長身後一張椅子上，座位被高高的主席台擋住，議員們看不到他，但他隨時可聽從主席指示執行職務。

警衛長最重要的任務就是「維護秩序」。自從民進黨強硬拒絕修正中選會組織法，不惜犧牲總預算案至今，綠營立委那種包圍主席台，將王院長困在休息室裡，甚至用強力膠封住門鎖，不讓他回主席台主持議事，乃至吵鬧推擠，丟皮鞋擲杯碗的暴力行為，當然攸關議事秩序。議長有必要命令警衛採取行動，恢復秩序。

維基百科全書有關參議院警衛長的權力那篇說，他有權「逮捕任何破壞議事的人，包括總統在內」。這種事雖從未發生過，但象徵意義重大，因為它顯示出：第一，國會地位崇高無上，行政部門包括總統在內都不得超越；第二，國會確實有警察權，在參眾兩院的議事規則裡雖無明文，卻在警衛長的設置與權限中表露無遺。

王金平院長一再堅持：立法院議事規則裡並無警察權一詞，所以他不能命令警衛進場維持秩序。但立法委員行為法第七條明文規定「立法委員應秉持理性問政，共同維護議場及會議室秩序，不得有下列行為」，列舉行為的第六款就是「佔據主席台或阻撓議事之進行」。後段又明定「違反前項各款情事之一者，主席得交紀律委員會議處」。

只要院長將綠營帶頭阻止議長行使職權的民進黨委員交付紀律委員會議處，就不怕紀律委員會不立即召開會議處理。因為第二十七條後段規定得清清楚楚：「紀律委員會召集委員或委員不依前項規定開會處理懲戒案件者，應停止其出席院會四次；本項之處分，報告院會後即生效。」

我和許多朋友一樣，不願懷疑王院長明明擁有警察權，卻拒絕使用的動機；反正六月廿四日前就會水落石出。但由前舉的英美兩國制度，與我國現行立法委員行為法的規定，希望政治經驗豐富、眾望所歸的王金平院長能考慮國人對立法院議事空轉的厭惡感，做件大家會鼓掌叫好的事。

六四、法國新總統「拚命三郎」與席哈克唱反調

（原刊九十六年五月廿一日《中國時報》國際專欄）

法國新選出的薩科奇總統，五月十六日剛從前任席哈克手裡接掌政權，就趕命一樣做了許多迫不及待的事。如果拿《水滸傳》人物來比擬，「黑旋風」或「拚命三郎」庶幾近之。

《華盛頓郵報》報導說，他提早幾分鐘到香榭大道盡頭，既是總統府又兼作元首官邸，有三百六十四個房間的愛麗榭宮，與席哈克閉門談了卅九分鐘，就算交接完畢；而到門口送走從車窗裡向外揮手的席哈克後，他不等塞納河對岸，拿破崙與其他法國英雄埋骨的 Les Invalides 大廈前廣場上排列的四門禮砲打完對他致敬的廿一響，就開始對著麥克風宣讀他的就職演說，把此人性急的個性形容得淋漓盡致。

雖有人說法國是雙首長制，其實總統的權力遠大於總理。席哈克執政最後一天的起身砲，就是在十五日接受內閣總理德維爾潘的辭呈，讓後任可改組內閣。薩科奇應該在今天才宣布新總理人選，但是性急如火的他，十七日便發表同屬人民運動聯盟 (Union for a Popular Movement)、曾任國民教育部長與社會部長的費雍 (François Fillon) 為總理。過去承諾的把內閣人數精減成一半，只剩十五位閣員，而且新任閣員中要有七位女性，他也都做到了。

最使人傻眼的是，薩科奇大膽地任命反對他的社會黨員，年輕時曾任共產主義學生聯盟 (Union of

Communist Students）書記，長大後以創辦「無國界醫師」組織聞名世界的顧緒奈為外交部長。總統選戰最激烈時，顧緒奈曾經罵薩科奇「不知廉恥」地討好極右派選民。如今薩科奇不念舊惡，反而在內閣中給他一個能見度最高的職位，他也欣然接受，顯示出這位新總統的氣度、眼光與急求事功。為什麼呢？因為顧緒奈思想雖然左傾，卻和他一樣，動機雖天差地遠，卻同樣支持美國對伊拉克出兵。

國內媒體把席哈克下台、薩科奇繼任，稱為「就職典禮」，其實並不正確。法國並無一般人認知的就職儀式（inauguration），也從不邀請國內外貴賓參加，共襄盛舉。新舊總統在府內的所謂「交接」，根本無一人在旁，更沒有像東方國家要有移交清冊之類的手續。薩科奇只是從席哈克手中，拿到萬一國家危難時，下令動用核子武器的密碼本，就完成了新舊政權的交替。這也正是在政壇打滾四十幾年，現已七十二歲的席哈克，和匈牙利移民之子，年僅五十二歲的薩科奇兩人時代與思想完全不同的最佳象徵。做了十二年總統的席哈克，一心想學當年的戴高樂，重振法國作為世界強權的聲威。但事與願違，法國早已淪為二等國家了。即使在歐洲，無論就經濟發展或整體國力而言，它都落在英國或德國之後。試想世上只有美、中、俄三國才有發動核子戰爭的能力，今日有誰會發神經，忽然對法國發動核子攻擊呢？

薩科奇先陪席哈克到大門外，恭送如儀。然後在妻兒與媒體面前，對全國發表就職演說。樂隊演奏國歌《馬賽曲》時，他總算肅立了幾分鐘。隨後立即驅車到巴黎凱旋門下，在無名英雄墓前獻花，又到紀念一九四四年被德國佔領軍槍斃的卅五名地下分子墓前致敬。你以為然後他該回總統府，去接受親友祝賀了吧？沒有。薩科奇反而直奔機場，由前駐美大使、新任國家安全顧問，以穩健著稱的勒維特陪同，搭乘專機飛去柏林，會晤德國總理梅克爾，其意在向國內外顯示，他不會繼承席哈克自命不凡，迷戀法國舊日光輝，而與現實世界脫節的外交政策。

席哈克討厭薩科奇，早已不是祕密。去年九月，掌理內政部的薩科奇訪問華府，在一場演說裡坦陳無法同意他的老闆在二〇〇三年聯合國安全理事會辯論伊拉克問題時的「傲慢」態度。如果在台灣，第二天他就會捲鋪蓋走人。但因為有不少法國人認同薩科奇的意見，席哈克沒有撤換他，只在廣播談話中說：「我們和美國之間，應該是平等交往，而非主從的關係。」

薩科奇很聰明，就職演說中未提法美關係。他的施政重點很清楚：法國人過分耽於安樂，必須延長工時，徹底改掉倚賴社會福利生活的惰性，急起直追。「我們已經浪費了太多時間，」他說：「今日世界時刻都在變遷，人人都在比賽誰能跟上時代；任何藉口拖延，只會造成致命的傷害。」而薩科奇與梅克爾晤談時，已經針對前年法國與荷蘭兩國公投否決歐洲憲法草案一事，提出如何重提歐憲的構想，就是扔棄沒人看得懂的法律文字，代以簡單明瞭的白話文說明。

五月十六日，電視還在轉播薩科奇就職演說之時，卸任總統席哈克夫婦已經抵達他在香榭大道上，由遇刺身亡的黎巴嫩前故總理哈黎里家屬借給他住的華廈，暫作寓公。問題是他被控在擔任巴黎市長十八年裡，涉嫌貪汙有好幾個案子，仍在檢察官調查中。

法國法律規定，總統的免責權在卸任一個月後即告終止。今年六月十六日後，他勢必要面對個案，證明他自己清白。如果被判有罪，只能入獄服刑。六千三百萬法國海內外人民，正迫不及待地等候水落石出的這一天。

六五、硬闖世衛　扁打選舉算盤

（原刊九十六年五月十六日《聯合報》民意論壇）

十年前，台灣以「台澎金馬」名義申請加入「世衛大會」(WHA) 成為觀察員，投票結果是一二八比十九。此後幾年，更一再碰壁，連表決都排不進去。

三年前，台灣申請案總算排入議程，雖有美國和日本贊成，仍以一三三比廿五落敗。今年阿扁忽然硬起來了，要以台灣名義加入世衛組織 (WHO) 成為會員而非僅 WHA 觀察員，搞得連美、日都投反對票，邦交國也有四分之一跑票，創下歷年在聯合國本身或其附屬機構敲門最低票的紀錄。

想想民進黨政府浪費數千萬元納稅人血汗錢，派遣醫師與護士們到日內瓦去從事明知無效的遊說工作，好比把無知的羔羊送入虎口，於心何忍！外交部也動員了派駐各地機構配合造勢。我可以想像台灣派駐全球各地的單位，這幾天都曾主辦同樣的活動，所耗經費更難計算出總數。

老百姓的眼睛是雪亮的，陳總統該比別人更清楚，此刻以台灣名義申請加入任何國際機構，有其實際困難。扁政府這樣作法，真正的目的是出口轉內銷，只為拉緊迷信台獨的深綠信徒，同時給中間選民猛灌麻醉藥，既可轉移執政七年來，治國無成的窘況，又能確保總統與立委選舉時，選民仍然會含淚把票投給綠色候選人。這是民進黨的算盤，與「台灣走出去」無關。

問題焦點在於：票數一路從一二八比十九跌到一四八比十七，對台灣的國際地位與聲望，是好還是壞呢？還有，我國還要不要維持最起碼的自尊心呢？

聯合國與其附屬機構，不是高唱公平正義，就能贏得過半數票的場所。冷酷的現實是：誰掌握的票數多，誰就是贏家。面對現實，我們硬拿頭去撞牆，只會碰得鼻青臉腫，被人取笑。

六六、從英女王訪美談起

（原刊九十六年五月十四日《中國時報》國際專欄）

王室的號召力果然不同凡響，上星期英國女王伊麗莎白二世（Queen Elizabeth II）偕夫婿菲利普親王（Prince Philip）到華府訪問，接受美國總統布希夫婦晚宴款待，所佔台灣電視與報紙新聞的份量，遠超過薩科奇當選法國總統的消息。但使我吃驚的，是國內年輕的編輯與記者們，對最基本的國際禮儀，怎麼如此缺乏常識。

從大英帝國（British Empire）到大英國協（British Commonwealth），最後因接納原非英國屬地如莫三鼻克（Mozambique），而取消「英國」一字，只剩「國協」（The Commonwealth），在這個組織的五十三個會員國裡，一大半已不再擁戴英國君主，自己選它的總統。所以英國國王，不論是男是女，真正的權力極為有限。伊麗莎白每年國會開議時，在西敏士國會大廈的例行演說，實際是由總理大臣執筆，她只是照唸而已。

英國王室雖只是裝飾品兼主要觀光景點，覲見時的禮儀卻絲毫馬虎不得。凡是女王的臣屬，男士須深深鞠躬，女性則須屈半膝（curtsey）。如非她的臣屬，男女都只要鞠躬就可以了。英國的規矩是女性在室內可以戴寬邊大帽，CNN 有位女主播因此在白宮外面報導新聞時，也戴了一頂飾有花邊的大帽子，很多人都看到過這個鏡頭。

國際禮儀雖不如外交禮儀要求那麼嚴格，實際仍出同源。首要原則就是，對女性或高階者應予尊重。相遇時，男性或低階者應先鞠躬，等候對方回應。如果高階者是男性，要等他先伸出手來，你才可以和他握手。如果他只頷首答禮，低階者就不必伸手出去，自討無趣了。

高階者如為女性，她的回應可分為四種。其一是她只頷首示意；那時你千萬不可學阿扁那樣，把布希總統夫人因驚嚇而縮在胸前的右手，硬拉過來握住不放，等候譯員來表示你對她的崇敬。其二，她雖伸出手來，卻手背向上，意思是你可以親吻她的手；此時男士須俯身，到離女手一寸左右即停止，做出親手的模樣，但嘴唇不可真正接觸到她手背，免得吐沫弄髒了纖纖玉手。其三，她伸出來的手是垂直的，表示她願意紆尊降貴，你才可以去握她的手。

第四種回應，是女方把臉湊過來，表示你可以親吻她的臉頰。台灣人初次遇到這種場面，常會不知所措。有經驗者則不慌不忙，先用右頰去貼女士的右頰，輕輕做出親吻的聲音。要注意那時你的嘴必須向左出聲，否則你的口水可能破壞了她花費幾小時的化妝。吻頰至少該左右各吻一次，通常是右、左、右共吻三次，據說會帶來好運(three times for good luck)。不要以為這種禮節只限於男女之間；在中東阿拉伯語國家，男人和男人為表示友好，見面也互相擁抱，先貼右臉，再貼左臉，但不作親吻狀，也不出聲音而已。

布希總統夫婦招待英國女王與夫婿的白宮晚宴，最受台灣電視台青睞，重複播放多次。不可思議的是所有電視台編輯與主播完全弄不清楚「白領結」(white tie)的含義。正如連勝文結婚時，喜帖註明請來賓穿「黑領結」(black tie)，當時許多電視台譯作「大禮服」，錯得離譜。

服裝是禮儀中的重要環節，國人在這方面的常識往往不足。「白領結」一詞所代表的是男士晚間穿的大禮服，用黑呢料裁製，上衣前胸只到腰部為止，因此亦稱 cutaway，後背中分，垂到膝後，所以稱燕尾服 (swallow-tail)。大禮服裡面最好穿兩角翹起的硬襯衫 (stiff front shirt with wing collar)，配法國式回褶袖口 (French cuff)，以袖扣 (cuff links) 連接。襯衫外須穿漿硬的白背心 (white waistcoat)。腳上穿黑絲襪與漆皮鞋 (patent leather shoes)。這全套從頭到腳的服裝，要一一列舉實在夠麻煩，才以「白領結」為代表詞，並非只指領結的顏色而已。

星期四晚，我在國家音樂廳聆聽張正傑、諸大明演奏布拉姆斯的兩首大提琴與鋼琴奏鳴曲，兩位教授所穿的全套「白領結」大禮服，可謂中規中矩，自然與他們久居國外，從著名音樂學院畢業後，又曾在世界各地表演有關。相對而言，台灣最少人了解的是「早禮服」(morning coat)，因為除婚禮外沒有人穿，而所有婚禮廣場出租的早禮服，沒有一件符合標準。

所謂早禮服，是在白天遇有國家大典時的穿著。以灰色呢料縫製。外套前後一致都垂到膝部，後面不開衩，與燕尾服有別。灰色背心，白襯衫，灰色領帶，黑灰兩色直條呢褲 (striped pants)。日本首相覲見天皇或參拜神社時，他穿的一定是早禮服，可作參考。而國內拍攝結婚照時的禮服，無一符合制式標準，大多仿照外國藝人穿的服裝，不三不四，貽笑大方。

至於「黑領結」(black tie) 則是小禮服的簡稱。黑呢料，前裁有似普通西服，只上衣領改用黑緞，式樣稍圓，無領角；褲腳兩側各有一條黑緞到底。腰纏黑綢橫褶式的寬帶 (cummerbund)。配小禮服的襯衫可以很花俏，前胸可有很多褶子 (pleated front)，領角也可以翹起，法國式袖口與袖扣，黑絲襪與漆皮鞋也不可或缺。國外凡正式晚宴或歌劇院首演，習慣上都要穿小禮服。

男士穿黑領結或白領結禮服時，同行女士應穿長及地晚服以資配合。但男士穿早禮服時，女士反而只能穿長及膝部的日間服裝，配寬邊帽。我們夫婦在南非呈遞國書與每年國會開幕之日，都要這樣穿著。現在邦交國愈來愈少，有這種經驗的外交官也不剩幾位了。

六七、回鍋張揆 貫徹扁意罷了

（原刊九十六年五月十三日《聯合報》民意論壇）

陳水扁總統向來虛情假意，在昨天主動宣布蘇貞昌請辭獲准後，親自驅車到行政院長官舍慰問，還要恭祝蘇母和夫人「母親節快樂」，表露無遺。

四大天王競爭最激烈時，阿扁為打謝而堅決挺蘇。只可惜事與願違，謝長廷還是贏了。從那一刻起，為避免真成為跛鴨，他必須使用僅餘的總統權力，更換行政院長，向全國宣示只要在位一天，他仍然握有最後生殺大權。

但是找誰來當這短命閣揆呢？找來找去，只好請張俊雄回鍋。反正全黨上下只以即將面臨的選舉為念，行政院長能否振衰起敝，阿扁以下沒人關心。

張俊雄為人溫和有禮，不會和阿扁爭奪權力。他至少還幹過閣揆，比別人有經驗，等下屆總統揭曉後，國人很快就會忘記新任的張院長有些什麼政績可言。

儘管如此，阿扁還不能完全放心，所以派邱義仁去當副院長，不僅就近監視張俊雄，主要還是忠實執行「府方」的意志。有邱義仁作為他在行政院裡的代理人，陳總統晚上才能睡得安穩。

會不會變成跛鴨總統，其實並非陳水扁加邱義仁，就能完全掌握的。台灣政局變化之速與幅面之廣，遍觀世界各國歷史，無出其右者。老百姓只能把執政黨內部的勾心鬥角，合縱連橫，當作歹戲連棚的連續劇看，才不致對國家前途完全失望。

六八、土耳其政治危機　美歐介入仍然無解

（原刊九十六年五月七日《中國時報》國際專欄）

過去一週，國際間最難解決的危機，不是布希總統否決掉國會附帶自伊拉克撤軍時程的撥款法案，也不是法國總統改選第二輪投票薩科奇與華亞勒 (Ségolène Royal) 的纏鬥。放眼世界，最無解的衝突竟然發生在橫跨歐亞兩洲，卻「妾身不分明」的土耳其，而且發生在兩個同文同種的族群之間，倒與台灣今日藍綠對峙的情景有幾分相似。

什麼政治危機呢？四月廿七日，土耳其國會差一點選出現任外交部長嘉爾 (Abdullah Gul) 為掌握實權的下屆內閣總統。因而在廿九日，七十萬人走上第一大城伊斯坦堡街頭，反對現任總理厄爾多安支持的嘉爾，認為這兩人所屬的國家發展黨 (Development Party，簡稱 AK)，崇信伊斯蘭教義，要把土耳其帶到激進伊斯蘭教思想主流裡去。

土耳其的三軍裝備精良，訓練有素，自視為土國憲法的捍衛者；過去曾經四次發動政變，推翻主張回歸伊斯蘭教義的政府。上週末，軍方正式發表聲明，嚴重警告厄爾多安總理不可輕舉妄動。嘉爾仍聲稱他會繼續競選總統職務。但五月一日，土國最高法院以九票對兩票的壓倒多數，藉詞那天選舉時國會未足法定人數，取消了嘉爾的候選資格，一切歸零了。

軍方發表聲明後，美國和歐洲聯盟不得不作出反應。五月二日，厄爾多安總理宣布將在七月選舉新國會，以解決洶湧政潮。同一天，美國國務卿萊斯和歐盟主管擴大加盟事務委員瑞恩 (Olli Rehn) 分別發表談話，警告軍方要尊重民主體制與選舉結果，不可有違憲舉動。

前文為何用「妾身不分明」一詞呢？土耳其是泱泱大國，它的前身鄂圖曼帝國稱霸歐亞達六百年，從今天的東南歐、北非各國、到整個西亞，都曾隸屬它的版圖。只因在首次世界大戰時選錯邊，參加德、俄、奧去對抗英、法、美同盟，戰敗後所屬領土紛紛獨立。所餘面積仍有七十八萬餘平方公里，是台灣廿二倍，但其中九七％在亞洲。歐洲部分，亦即博斯普魯斯海峽，戰時可阻止俄國黑海艦隊進入地中海的伊斯坦堡與鄰近地區，不到三％，因此很多歐洲人把它看作亞洲的一部分，不認為它是歐洲國家。

土耳其七千二百萬人口中，九九％信奉伊斯蘭教。除南部緊鄰伊拉克的庫德族 (Kurds) 一直想聯合世居伊拉克的族人，建立庫德獨立國 (Kurdistan) 外，對國家的向心力本無問題。尤其一九二三年，凱末爾 (Mustafa Kemal) 革命成功，被尊稱為 Ataturk，即「國父」之意。為求國家急速現代化，他定下「政治世俗化」(a secular state) 的基本國策，嚴格執行政教分離。相對於其他伊斯蘭教國家的政教不分，教長握有很大權威，伊朗尤甚，差別極為顯著。

土耳其北鄰俄國，以反共為基本國策，從開始就是「北大西洋公約組織」的會員國，提供軍事基地，美國偷拍前蘇聯的匿蹤飛機，都從土國起飛。它南與敘利亞、伊朗和伊拉克接壤，在兩次波斯灣戰爭中，支持聯軍不遺餘力。但土耳其申請加入歐盟，卻因歐洲人心底裡認為土國基本上是亞洲國家，對伊斯蘭教尤有疑懼，拖延十幾年仍在候補之列。現在舊南斯拉夫聯邦各國都加入歐盟了，唯獨土耳其仍在門外徘徊，滋味實在不好受。

整個中東地區，土耳其無疑是最先進的國家。凱末爾廢止了阿拉伯文，改採羅馬字母拼音後，八年義務教育普及，全國幾無文盲。近廿年來經濟快速發展，前年國內生產毛額已達三千六百一十五億美元，年增率恆在七～八％之間，人均所得迫近六千美元，四鄰的伊斯蘭教國家都很豔羨。

但經濟發展也帶來了內部矛盾：服務業與工業產值超過傳統農業的結果，全國一半以上人口都遷移到都市去謀生。當年東羅馬帝國首都君士坦丁堡（Constantinople），今稱伊斯坦堡，有八百八十萬人，首都安卡拉也有四百萬人，此外還有好幾個一兩百萬人的城市。鄉下移居城市的人比較保守，婦女習用黑紗遮臉，男人對真主「阿拉」的信仰也更虔誠，從而產生新與舊、革新與保守兩股勢力的歧異與摩擦。

廿幾年來，移居城市的「鄉下人」，倚仗選票贏得了政權。國家發展黨（AK）目前在國會五百五十席中擁有三百六十三席；而力保世俗化的共和人民黨（CHP）則只有一百七十五席，所餘五席屬於無黨無派。土國選舉制度非常繁複，法律漏洞也多，CHP 指責 AK 其實只得到全國三四％的選票，卻佔據國會六六％的席次，明顯不公，並非全無道理。

CHP 強大的民意基礎，來自土耳其現代化的成就，所以能發動七十萬人的大規模遊行。凱末爾打破伊斯蘭教傳統，給了婦女工作權、參政權和不戴面紗的權利。她們今天的要求都是生活小事，婦女怕 AK 執政後，學校、工作環境、乃至生活細節都要按照《可蘭經》的教義，劃分男女授受不親的界限，她們會受不了。

對受過高等教育，習慣於廿一世紀生活的男人而言，他們認為AK主宰的政府正緩慢但有計畫地向政教合一制 (a religious state) 移動，終將違反世界潮流，影響國家發展。這場現代化與復古的鬥爭，在台灣人眼裡或許有點可笑，但卻是極其嚴肅的課題；因為保守一方完全符合民主制度每票等值的價值觀，怎樣判斷誰是誰非，沒有人能夠作答。

六九、僵硬李肇星去職 聖火來台轉機？

（原刊九十六年四月卅日《聯合報》民意論壇）

奧運聖火來台，眼前大概無望了。

為免被綠營人士「抹紅」，讓我先批評大陸奧運籌備委員會硬把行之幾十年的 Chinese Taipei（中華台北），自說自話地翻譯成「中國台北」之不當。「中華」是形容詞而「中國」是地名，不容混淆。此次安排聖火路線，雖然納入台灣，卻故意從越南進入，而後到香港、澳門，俾易造成錯誤印象。這種小鼻子、小眼睛的手段，騙不了人，只傷害了奧運的客觀與公正性。

我國自從以「中華台北」名義重返奧運會至今，已經忍辱負重了幾十年。這樣的安排，使我國在國際體壇仍保持適當的能見度，也給台灣運動員一顯身手的機會，套句李前總統的話，「雖不滿意，可以接受」。

這些年來，我國出席奧運隊伍在開幕遊行時，雖不能高舉國旗，總還有自己獨特的旗幟；得獎時，雖不能演奏國歌，至少能奏國旗歌。些微讓步的結果，是台灣仍可在世人注視下，顯示獨立的國格。國民黨時期如此，民進黨執政後二〇〇四年雅典奧運會也如此。忽然怪罪中共打壓，說與選舉無關，恐怕也無人相信。

這次事件，實際牽涉到兩個問題，都與民主社會體制有關。第一是：中華民國奧林匹克運動委員會是民間組織呢，還是政府直轄機構？如果是美國，美國奧委會向以純屬民間組織為傲。它的經費全部是從民間勸募來的，與政府無關，沒有人可以干涉它的任何決定。白宮如想推翻它已作的承諾，一定會鬧得天翻地覆。

第二，行政機關已經核准的事情，總統可不可以，或應不應該事後隨意推翻？美國歷任總統中，跋扈如尼克森者，下令開除偵查水門案的特別檢察官考克斯，司法部長和副部長都拒絕執行，同遭撤換，才使那場「星期六大屠殺」聞名中外，留下美國史上令人難忘的紀錄。

昨天報上另條消息，讓我想起一個看似無關、其實令人困惑的問題。那就是在胡溫體制以「和平崛起」為終極目標的基本國策指導下，北京為何對美、日、歐、非各國身段都如此柔軟，唯有對台灣卻咄咄逼人呢？「江八點」不是已被「胡四條」取代了嗎？連戰率領工商界領袖在北京開兩岸論壇，不是仍然備受禮遇嗎？是不是只可意會，不可言傳的對台統戰原則，碰上外交系統領導人的腦筋轉不過來，仍保持舊觀念舊思維，不知靈活運用呢？

看到近日下台的中共前外長李肇星，卸任前受聘為中國傳媒大學榮譽教授，去職後也表示可能選擇教書，引起我許多聯想。看看近三十年來從鄧小平時代迄今的幾位外交部長，多數在上任一段時間後以國務委員兼任外長；好的更高升副總理，否則也在卸任後擔任國務委員。這個位置既沒空，李只好去教書，還擠不進中央黨校，「詩人部長」恐有時不我予之感。

我們且靜觀其變，看奧運聖火來台有沒有轉機。

七十、奈及利亞選總統 台灣無人在意

（原刊九十六年四月卅日《中國時報》國際專欄）

上星期，台灣媒體注意力集中在法國總統第一輪選舉，與「埋葬」俄羅斯前總統葉爾辛這兩件事，對非洲的奈及利亞聯邦共和國選舉總統，幾乎未見報導。國人對這個非洲第一大國印象欠佳，或因認為來台的奈國人都是騙子，因而忽略了這條新聞。

奈及利亞為何重要呢？因為它有豐富的地下資源，近三、四十年來，已經成為全非洲最大的油氣輸出國。去年奈國日產原油二百卅七萬桶，以目前油價每桶六十六美元計算，每天有一億五千六百萬美元的外匯進帳；此外副產品的天然氣，每天也達一億立方英尺，還未計入。

各國石油業者在奈及利亞都有油田生產。國際石油業所謂「七姊妹」（購併結果其實只剩五家：即美國的Exxon/Mobil、Chevron/Texaco、英國BP、荷蘭Shell、與法國Total）。但現在奈及利亞國營石油公司（Nigerian National Petroleum Company）依法擁有各公司所產油氣的六〇％。換言之，誰掌握政權，誰就可控制取之不竭的龐大財富。

奈國在各方面都大得驚人，總面積九十二萬三千平方公里，是台灣的廿六倍；人口達一億四千萬，高居非洲五十四國之首。更令人詫異的，是奈國種族和語言紛歧。奈國有二百五十個不同族群，一百多種方言，無論誰做總統，都難把這麼紛亂複雜的國家團結起來。

追究原因，罪魁禍首還是歐洲列強早年殖民非洲時，不管三七二十一，拿筆在地圖上隨便劃條線，瓜分領土的結果。中國大陸外交部將奈及利亞 (Nigeria) 譯作「尼日利亞」，可能因為奈國南部的居民和鄰接的尼日共和國 (Niger) 同文同種。但後者被法國統治百餘年，以法語為國語，發音作尼日比較接近。而前者被英國從保護國變成殖民地一百年來，全靠英語維持各族群的統一，則以台灣的譯音較為正確。

除北部地中海沿岸外，幾乎非洲所有國家都有方言不同，人種迥異，宗教信仰懸殊的內部問題，這筆糊塗帳永遠算不清楚。因而一九六〇年代，各國紛紛獨立後，非洲團結組織 (OAU) 成立，規定必須尊重他國領土主權的完整，以免天下大亂。一九六七至七〇年間，奈及利亞的比亞佛拉省 (Biafra) 鬧獨立，鄰國都拒絕承認，因而失敗。OAU 變成非洲聯盟 (AU) 後，這條協議依舊不變。雖維持了和平，也種下了四十幾年來，非洲各國問題重重的根源。

奈及利亞政制學習美國，一九九九年的新憲法，將全國分為卅六州，七百七十四個地區；廢除英治時代的京城拉哥斯 (Lagos)，改以阿布賈 (Abuja) 為首都特區。

奈國族群雖然眾多，大體上北部多伊斯蘭教徒，南部則以基督教或非洲的多神崇拜為主。在百餘種方言中，以 Hausa-Fulani、Igbo、Yaruba、Ijaw 等佔多數。在經濟方面，除石油外，只有農產品與少數輕工業產品。近年成長率雖達六・九％，但與八％的通貨膨脹率相較，人民生活並未大幅改善。國內生產毛額雖達九百九十億美元，人均數只有六百九十四元。全國平均壽命才四十三・七歲，顯示健康環境極差，愛滋病盛行。

奈國獨立後的歷史，可用「軍閥混戰，政變頻仍」八個字形容。一九七六年，原任總統穆塔拉遇刺身亡，他的參謀長奧巴山約(Olusegun Obasanjo)繼位。此人謙虛明理，遵守諾言，一九七九年選出新總統後，和平移交政權，不但在奈及利亞是創舉，黑非洲其餘各國也聞所未聞。因此美國國務院介紹世界各國的資料對奧氏特予稱許。

但此後幾位總統，相繼又被軍事政變推翻，國無寧日。一九九五年有人誣告奧巴山約搞政變，他和許多軍官都被捕下獄，獲釋後逃到南非。我那時正派駐南非，有段時間奧巴山約是使館座上常客，因而認識此人，他為人正派，從未向我開口求援。

奧巴山約回奈及利亞後，一九九九年當選總統，二〇〇三年又以壓倒多數連任一次。而依奈國憲法，他不能再連任了。四月廿一日，奈國舉行全國大選，除總統外，還要選出一百零九名參議員與三百六十名眾議員，都在五月廿九日就職。總統候選人除得票最高外，還須在卅六州中至少廿四個州獲得四分之一以上的選票，方能當選。獨立的全國選舉委員會只管印票、發送選票與計票，選舉糾紛則循司法途徑解決。

如此廣土眾民的國家，全國有一半是文盲，既無戶籍制度，鄉間甚至沒有門牌地址，辦理選舉之困難可想而知。競逐總統職務的有廿五個黨派：受奧氏青睞的執政黨人民民主黨(People's Democratic Party)候選人雅阿杜呵(Umaru Yar'Adua)，據說贏得二千四百六十三萬八千餘票，超過頭號對手全奈人民黨(All Nigeria People's Party)的布哈里(Muhammadu Buhari)得票數四倍多。雖說布哈里原為代表軍方的獨裁者，相差太懸殊了，各方指責不絕於耳。

這次奈國大選，全球都派員來實地考察。代表華府「國際民主研究所」親自來觀察的美國前國務卿阿布萊特(Madeleine Albright)，與代表歐洲聯盟的觀察團團長范登柏格(Max van den Berg)，都含蓄地說選舉過程未符國際標準，但寄望奈國獨立的司法機構能發揮功能。奧巴山約自己也承認「這不能算是一次完美的選舉」，他把種種不法行為都推到反對黨身上。

依照奈國傳統，總統一職該由南部的基督徒與北部伊斯蘭教徒輪流擔任。奧巴山約是南部基督教友，這次輪由北方伊斯蘭教的雅阿杜呵當總統，倒也符合南北各做一任的原則。

七一、拋棄意識形態　從歷史探索世界脈動

（九十六年四月為青林國際出版公司出版中國大陸中央電視台《大國崛起》繁體字版所撰，載於第一至第五冊卷首作為導讀）

歷時三年，動員數以百計的紀錄片專業人才，敦請學者專家提供原始資料，派遣多組人員分赴九個國家實地拍攝，又經各國駐華大使館轉請本國政府協助，北京中央電視台在二〇〇六年深秋播出的十二集《大國崛起》電視紀錄片，一開始就在全球華人地區造成轟動。

有朋友從上海來，帶了DVD片送給我，迫不及待地從頭到底看完後，給我最深刻的印象，莫如片中影像與旁白絲毫不涉意識形態，完全沒有說教，純以史事為根據，客觀地探討這九個國家何以能在特定時空裡，成為世界霸權的表面與潛在的原因。

影集播映的同時，中央電視台集體編撰、也以《大國崛起》為題、八大本厚厚的系列叢書，由北京中國民主法制出版社印行。如此高級的各色紙張與精美的印刷裝訂，在任何國家都很少見。不到半年，台北青林國際出版公司取得叢書的繁體字版權利，以同樣高標準印行這套大部頭叢書，也應該獲得海內外思考歷史起伏、關懷民族前途者的注意。

一九七九至一九九〇年間，我有幸先奉派駐奧匈帝國舊都維也納，後調中美洲古都瓜地馬拉，因而對歐洲中古史，尤其領域從西班牙與奧地利，一直延伸到荷蘭的哈布斯堡王朝，及其後裔伊薩

貝爾女王發生極大興趣，讀了不少西班牙文和英文的書籍。書中並未介紹哈布斯堡王朝，但西班牙確實是它的一支。若無這些機緣遇合，我也不敢承擔為本叢書寫序的責任。

這不是一部容易讀的書。任何人想把近五百年縱橫世界最重要的事件，要言不煩地納入八冊書裡，是極其艱難的任務。好在每一本都有獨立的內容，雖與另七本呼應，卻不具連貫性。正如影片的十二集，雖宜連續觀看，卻又各自獨立。叢書編者在每冊之首都冠以台長趙化民與副台長羅明兩位擲地有聲、發人深省的序文，顯現自成一書的用心，想法與我不謀而合。

影集與叢書能夠問世，起自二〇〇三年十一月廿四日胡錦濤在中央政治局第九次集體學習講話中所說，要用「深遠的歷史眼光，寬廣的世界眼光」去看其他國家歷史發展提供的經驗教訓。叢書編輯確實遵照他指出的方向，發揮已達極致。

使我佩服的另一點，是他們既未把一四〇五年起鄭和下西洋的艨艟艦隊，拿來與一四九二年才出航由哥倫布率領的三條小船相比；更對一七九二年英國公使馬戛爾尼求見乾隆皇帝的故事，直斥為「聾子與瞎子的對話」，完全擺脫了大國沙文主義思想，難能可貴。

我是歷史迷，尤喜讀中西交通史，但我完全同意中央電視台編製團隊將大國崛起的開始，定位於一五〇〇年左右，然後大約每百年作一切割。當時中國文明雖領先各國，卻自視為世界中心，對境外一切茫無所知，與歐洲人的夜郎自大如出一轍，所以不該提，也不值得提。

從十六世紀起，影集和叢書選出每百年最重要的脈動：十六世紀為要尋找免使食物敗壞的香料；在英國，則是伊麗莎白一世的黃金時代。十七世紀殖民新大陸，讓葡萄牙和西班牙成為世界霸權；達伽瑪發現印度洋後，歐洲人才對地球有了概念。十八世紀法國路易十四以一句「朕即國家」，把專制君權擴充到最高點。十九世紀法國大革命與拿破崙稱帝，反而埋下民主自由的種籽，同時也記錄了日本、俄羅斯與德國的崛起。二十世紀則因兩次世界大戰，最後導致美國稱霸。上下五百年，縱橫全世界，卻條理如此分明，很不容易做到，應歸功於總編導任學安與編輯委員會諸君。

我讀歷史有幾項心得，願藉此機會與讀者共享。其一就是任何帝國的崛起，頂層菁英分子固然不可或缺，但也不能沒有底層的廉價勞工。說得清楚些，建立一個大帝國，僅賴軍事征服是不夠的，同時必須有政治安撫與經濟開發，方能持久。葡萄牙與西班牙帝國之成為過眼煙雲，正因為它們只知從殖民地搜刮金銀，運回母國後，浪費在無盡無休的宗教戰爭上，連本國人民都未能分享其利。

之後的各國都學聰明了：重商主義的荷蘭，雖開創了國際貿易與銀行信用的觀念，但「荷屬東印度公司」仍在今日的印尼有用之不竭的勞工。英、法帝國主義懂得把殖民地當作原料供應地、成品銷售市場、兼低價勞工的來源，適逢工業革命初期，所以經歷二百多年不衰。美國至今每年仍吸引世界各國數以萬計的移民，裡面有愛因斯坦般的菁英科技人才，卻也有大批拉丁裔人的賤價勞力，因而才能不斷擴張更新，至今仍無停頓跡象。

不可否認地，中國二十幾年來急速開放改革的結果，貧富差距加大，農民湧入都市，各大城裡的「流動人口」，老實說就是廉價勞力的來源。凡自由社會均有階級存在，古今中外都一樣。台灣也有幾十萬合法與非法外勞，不必隱諱。只是在今日大陸政治環境下，不宜刻畫階級意識，可以諒解。

雖可避而不談，卻不能不坦承它是國家崛起的一項必要因素。

其二，中國固有的歷史觀，從來就自當政者觀點出發，用意在教導君王如何治理天下。《資治通鑒》的書名已明白昭示，用意與義大利馬基雅維利(Niccolo Machiavelli)的《王子》(*The Prince*)一書(或譯為《君王論》)並無二致。二十五史裡多的是賢相名將的列傳，僅《史記》與前後《漢書》對諸子百家有所描述，嗣後就絕跡了。

到了近代，我查過三百三十二卷的《明史》與五百三十六卷的《清史稿》目錄，雖然連「貳臣」與流寇都有列傳，卻找不到容閎、嚴復、魏易、辜鴻銘等在「西學東漸」時的啟蒙人物，可見儒家獨尊如何侷限了中國人思想的自由發展。

相形之下，《大國崛起》強調五百年來引導這九個國家在各方面發展的人物或事件，發人深思。以英國為例，從牛頓開始，瓦特、亞當·斯密、威靈頓公爵、「大憲章」和維多麗亞女王有什麼共通點?實在不多，但他們卻塑造了英國兩百年的霸權。

法國有迪卡爾、路易十四與十六兩位專制君主、盧梭、孟德斯鳩、拿破崙和戴高樂。是這些互不關連的事物，一起創造了大國的歷史，與中國只有改朝換代，不可同日而語。

從台灣觀點出發，我們該怎樣看待《大國崛起》影集與叢書帶來的震撼呢?像鴕鳥般把頭埋在沙堆裡，假裝看不見嗎?還是識時務者為俊傑，早日歸順，以便分一杯羹?

叢書讀者和影集觀眾如認真消化了這部劃時代作品的內容，就知道崛起不是一朝一夕可致。它需要全國各個階級共同長時期努力合作，至少五十年或一百年後，方見端倪。

台灣今日需要保持頭腦冷靜，營造和平相處的氣氛，敞開心胸與大陸修好，用兄弟般的關懷，幫助一個自由民主社會早日誕生。但也不能放棄保衛自己的實力，唯自尊始能換取對手的尊重。

看得更深一些，九個大國在崛起過程中，都曾面對強敵環伺的局面；應付得宜，方能繼續崛起；應付不當，則阻礙橫生。大陸在胡溫體制下，早藉「反分裂法」劃下清楚的紅線。越此一步，即使美日聯手也救不了台灣。

當政者如謹守分際，正可與對岸作和平發展的競賽。大陸也深知唯有走和平發展道路，才能避免虎視眈眈的外來干涉，兩全其美，均享其利。

《大國崛起》叢書八冊的總字數，恐怕將近百萬；這樣大部頭的著作，不可能沒有問題。最難解決的困難，是書中所有外國人名、地名、書名乃至專用名詞，都只有中文音譯，未附原文。大陸使用的譯名，與台灣讀者習見譯法也常有出入。繁體字版並無更改片語隻字之權，也沒有足夠的人力物力，擅加改動。

影集與叢書所用譯名都根據英文發音，與西班牙文、拉丁文、法文、荷蘭兩種語文、乃至德文的原名，不但發音不同，拼法也常有差距。英文的譯音最不可靠，錯誤遍布八冊叢書內，舉不勝舉。唯有寄望中央電視台在叢書再版時，將每冊所有譯名在書後增加中外文對照的索引。凡英文以外的語文，都恢復原來文字，使讀者將來遇見時，知道所指何人何地，或何事何物。

文字方面的錯誤也在所難免，限於篇幅，容許我只舉一事為例。在檢討小小「島夷」英國，為何能統治廣土眾民的印度半島時，指出作為所向披靡海陸軍後盾的，還有文官制度與「外交服務」。

我猜想原文應為 foreign service。此字與大英帝國的文官制度相提並論，意指英國駐在印度外交領事系統的所有官員。但瑕不掩瑜，類此微疵對叢書的價值無損。

這是一部好書，我願意鄭重向海內外華人讀者推薦。

七二、你不知道的南非和屠圖大主教

（原刊九十六年四月廿三日《中國時報》國際專欄）

英格蘭教會前南非大主教屠圖 (Archbishop Desmond Mpilo Tutu) 應民主基金會邀請來訪，與二二八受難家屬晤談並發表演講，媒體已廣泛報導。這位一九八四年諾貝爾和平獎得主，終生為自由民主奮鬥不懈，早已贏得舉世尊敬，無須辭費。但國人對他的國家和他得享盛名的背景，了解似嫌不足，兩年前我為左岸文化出版社刊行他所著《沒有寬恕就沒有未來》(*No Future Without Reconciliation*) 中譯本寫序，曾予詳細說明，但讀過那本書的人究竟不多，正好藉本欄解釋最重要的幾點事實。

英格蘭教會 (Anglican Church) 是英王亨利八世因教皇不肯取消他的婚姻，讓他另娶新后，從天主教分裂出來的一個支派。傳到美國後，改名為 Episcopal Church；再傳來中國，依此字希臘文原意，稱為聖公會；但舊英屬地區仍多沿襲原名。我請教過周聯華牧師，他說正確譯法應為基督教「安立甘宗」，更無人能懂。唯有沿用舊名，才能解釋屠圖如何躍登大主教的寶座。

國人總以為南非的種族仇恨，只限於黑白之間。不知一八九九年的「布爾戰爭」(The Boer War) 所造成荷裔斐人 (Afrikaners) 與英裔人間的裂痕，更大更深。被英軍囚禁在集中營裡的斐裔婦孺有四萬人死亡。此後在英裔人統治的五十年中，佔白人七成的斐裔人始終是二等公民；他們直到一九四八年才靠選票奪得政權。但全國經濟，包括銀行、礦產、運輸、甚至媒體，始終由英裔人緊緊掌握。如今雖然黑人當政，仍然無法改變。

斐裔白人掌握政府權力時期，英裔人自然心有未甘。屠圖因緣際會，先從教員改讀神學，一九六〇年成為英格蘭教會的牧師。那年非洲吹起獨立風，他被任為專收黑人青年的海耶堡大學（Fort Hare University）專任牧師（Chaplain），南部非洲各國今日領導人當時多半在該校就讀，成天討論如何推翻殖民地政府，他自然深受影響。兩年後，屠圖赴英留學，就讀倫敦大學的皇家學院（King's College）四年，獲得學士與神學碩士學位後，才回到南非。

孫中山從夏威夷返國後曾公車上書給李鴻章；屠圖如出一轍，也曾上書給斐裔時任總理的伏斯特（Balthazar Johannes Vorster），痛陳南非政治局勢像是「隨時可能爆炸的火藥桶」，伏斯特沒理他。屠圖只好到鄰國賴索托大學去教書。

一九七二年屠圖又回到英國，在國際性的世界教會聯合會（World Council of Churches，簡稱WCC）的附屬機構神學教育基金（Theological Education Fund）任副執行長。WCC以自由主義聞名，看中屠圖的種族背景，三年後派他回南非，先任約堡聖瑪麗大教堂（St. Mary's Cathedral）歷史上首次由黑人擔任的執事長（Dean），旋升任賴索托國主教，再當選南非教會聯合會（South African Council of Churches）祕書長。

WCC培植屠圖的用意很清楚，就是要他向斐裔保守政權嗆聲。同屬自由主義的諾貝爾委員會頒給他諾貝爾和平獎，使他如虎添翼。英格蘭教會隨即跟進，選他為南非大主教。這是非同小可的榮譽，因為依照英國傳統，大主教地位相當於省長，排行次序卻在省長之前。南非第一大城開普敦市，近郊最高級的住宅區就叫「主教廷」(Bishop's Court)，幾百年來只有達官貴人、富商巨賈才住得起，當然必須是白人。屠圖住進這官邸後，斐裔白人政府膽子再大，也不敢趕他走，只好讓WCC和諾貝爾委員會在旁邊竊笑。

南非政權輪替前，黑白政黨團體不斷開會談判，屠圖謹守神職人員本分，從未直接參與政治性協商，難能可貴。

曼德拉就職時，他率領觀禮各國貴賓與南非人民為國家祈福。也因為他並無政治野心，曼德拉成立「真相與和解委員會」(Truth and Reconciliation Commission，簡稱TRC)，力邀他出任主席。委員會花費三年時間在全國各地舉辦公聽會，讓種族隔離時代受苦受難的黑人、雜色人與其他人民暢所欲言，記錄存卷。南非政權輪替後，各族群能和平相處，TRC的功勞不可磨滅。這也就是《沒有寬恕就沒有未來》一書的起源。

國內媒體不了解南非情況，總認為容許牧師娶妻生子的英格蘭教會，可以代表南非所有基督徒，其實不然。廣義的基督教與天主教徒雖佔南非四千三百萬人口的四八・七%，實以各種本土教派(African indigenous churches)為主，支派五花八門；而英格蘭教會僅佔其中五・六%，亦即全人口的二・七%，微不足道。使屠圖被世人推崇的，是他的道德力量，而非教會的聲勢。

屠圖所以受到全球尊敬，是因為他思想前進，直言無忌，嫉惡如仇，言人之不敢言。他反對任何方式的獨裁，最近也批評過南非總統姆貝基。他罵近鄰辛巴威的穆加比總統是「漫畫式的大獨裁者」，傳誦一時。他贊同女性也可擔任神職，認為同性戀不值得大驚小怪。在國際事務上，他批評聯合國毫無效果，更指責布希藉謊言入侵伊拉克。

台北媒體把屠圖的稱謂都弄錯了。英格蘭教會現任南非大主教 (Archbishop) 是 Njongonkulu Ndungane。屠圖的頭銜則是南部非洲各國英格蘭教會的「總主教」(Primate)。寫信給他時應該稱呼 the Most Reverend and Right Honorable，恐怕沒幾個人知道。

七三、剝奪不在籍投票權　政府違憲

（原刊九十六年四月十九日《聯合報》民意論壇）

立法委員蘇起日昨為「政府駐外人員行使投票權」的問題，召開公聽會。退休外交官如程建人、蔣孝嚴、邱進益，立法院跨黨派委員如民進黨蕭美琴、台聯劉寬平，與趙金鏞、詹明星、林水吉等駐外同仁都熱烈發言支持。我以為如要修法，範圍應再擴大些，仿世界先進國家，以奠立不在籍投票的法律基礎。

我國憲法第十七條：「人民有選舉、罷免、創制及複決之權。」第廿三條更規定：「以上各條列舉之自由權利……不得以法律限制之。」法律都不能限制，政令更不必談。主管機關如不修改種種無理的限制，就是違憲。

歐美國家大多准許不在原籍的人民，在期前領得選票後，郵寄遞送本籍的投票所，合併計票。英國與德國只要有人申請，無須說明理由，一概照准。對外國人入籍限制最嚴的瑞士，不論聯邦或地方選舉，不在本籍的國民都享有郵寄投票權。荷蘭人甚至可出具委託書，授權親屬或友人代為投票，每人除自己一票外，可代投兩張票。

美國有幾十萬軍人駐在境外，國防部特設有單位專門辦理他們不在籍投票的工作。因為績效卓著，國會索性通過法案，把旅居海外人民的不在籍投票事宜，也交給它處理，該單位因而改稱聯邦協助投票計畫署，旅居海外美僑打國際電話給它都不費分文，甚獲讚譽。

進入網路時代，美、英、瑞士甚至波羅的海的愛沙尼亞都已准許用網路投票。愛沙尼亞國民身分證和台灣健保卡一樣，嵌有晶片，無論在世界何處，都可將身分證插入電腦，通聯驗證無誤後，在總統、國會議員或市長選舉時投票。

台灣各機關派駐國外的人數包括眷屬，不過千餘，專為他們的投票權利修法，不如擴大視野，積極面對整個不在籍投票問題。我估計在國內設有戶籍、號稱二千三百萬人中，常居大陸者恐不止一百萬人，另外至少還有一百萬散居世界各地，美國約佔三分之二稍弱。關心憲法保障人民權益的立法委員，不論黨派立場如何，都應該予以支持。

不在籍投票權與各黨的選舉惡鬥無關，因為藍綠陣營各有群眾。只看選舉時，雙方都發動海外僑民回來投票，就可知誰也難佔太大便宜。要推動立法，許多人躊躇的原因，是如何防堵作弊造假。昨日報載，黨產公投連署出現死人資料，其實是中選會太官僚化，仍停留在五十年前只用紙筆、公文旅行的時代，無須因噎廢食。台灣不是早已完成戶籍連線了嗎？中選會卻不知使用電腦，反而函送各縣市查對連署資料，再等它們函覆，真不知今日何日？

請所有國人為保障憲法規定旅居國外同胞應有的民主權利，一起努力促使立法院通過「不在籍國民投票法」。

七四、「融冰之旅」作秀　溫家寶未讓半步

（原刊九十六年四月十六日《中國時報》國際專欄）

中共玩「大國外交」的把戲，越來越純熟圓融，運用外交禮節，斟酌公報文字，也愈來愈講究。上週溫家寶訪問日本三天，貿然觀之似乎有許多不合常情的地方，其實都寓有深意。台北平面媒體雖有分析報導，電視卻只強調晨跑、打太極拳之類的花邊新聞，令人遺憾。

溫家寶十一日從南韓轉往日本，十三日返回北京。依常理而言，正式訪問總要等到最後一天，訪賓道別時才發表共同聲明，感謝主人的接待。這次卻選在第一天先簽署「中日聯合新聞公報」，有點本末倒置，主要為避免開臨別記者會，不讓外國記者提出尖銳問題。

中日雙方基於國內民情考慮，其實都有點「冷處理」的味道。顧及中國大陸人民仍有反日情緒，十二日溫家寶晉見明仁天皇，新華社只發了張照片，伴以兩行短短的文字。從照片上可見，日皇身邊有中文翻譯隨侍，而溫家寶根本沒帶日文翻譯，也違反外交常規，證明兩人除客套以外，沒說一句有意義的話。我敢打賭，中國大陸沒有一家報紙會登出這張照片。

日本外務省更小心翼翼，官方網站發布的消息，總比大陸外交部遲緩。新聞公報內容盡拿些不相干的外國訪賓塞責，就是不願提溫家寶。只有外相麻生太郎十日在記者會上，被追問為何不准外

國記者隨行採訪，待遇不公？問答全文不得不照實記錄，才透露出日方的真實態度。

中共在「對等外交」上向來斤斤計較，北京認為胡錦濤是國家主席，與日本天皇地位相當。派國務院總理回訪同一等級的日本首相，應屬合理，完全不顧天皇已是虛位制。去年十月安倍晉三主動要求到大陸訪問，日方稱為「破冰之旅」；因此這次溫家寶答訪，大陸定名為「融冰之旅」。名稱很好聽，但問題是：小泉純一郎在任內，力圖向日本人民灌輸軍國主義思想，恢復「大和民族魂」，因而使中日關係凍結的厚冰，究竟融化了沒有？

更深一層看，在中共的算盤裡，小泉參拜靖國神社，以及所謂日本應該「正視歷史」，承認侵華錯誤，都是北京用來討價還價的籌碼。中日間有何難以解決的歧見呢？不外乎：一、台灣問題；二、美日聯手阻擋「中國崛起」的隱憂；三、兩國海域界劃，與因而引起的東海海底油氣田的歸屬問題；四、國際關係上的歧見，尤其有關改造聯合國的問題。

前提四項，特意不包括投資貿易在內。大陸在改革開放初期，對日本的技術與機器設備倚賴頗深。現在中國外匯存底早已超過日本，從歐美來的直接投資都來不及消化。因而已有卅年歷史的對華「日圓貸款」，明年將正式結束。今後兩國需要會商的是『合作向第三國提供援助問題』（本文使用雙引號時，表示引用「中日聯合新聞公報」原文，以下均同）。

第一和第二兩項互相關連，難以分割。溫家寶在國會演說，希望「日本認識台灣問題的高度敏感性」。他與安倍正式會談時，必定也曾雖有禮貌，但意義明確地詢問日本所謂「周邊有事」的範圍如何界定。但日本不可能從有意含混的立場撤退。在「聯合公報」裡，只用一句話帶過棘手的台灣問題：『日方表示堅持在「中日聯合聲明」中表明的立場』，其餘一概免談。

至於日美同盟，既然根據安倍訪華公報，中日雙方同意努力構建「基於共同戰略利益的互惠關係」，隱含的解釋就是，美日「同盟關係」與中日新的「戰略互惠關係」並無抵觸，應可共存不悖。聯合新聞公報裡用了許多話強調雙方要『加強協調合作，共同應對地區及全球性課題』，以及『共同在開放、透明、包容等三原則基礎上，促進東亞區域合作』，都是官式用語，意在打造兩國力圖修好的形象，信不信悉聽尊便。

第三項東海問題，中日同意『在不損害雙方關於海洋法諸問題立場的前提下，根據互惠原則進行共同開發』。兩國將『舉行更高級的磋商，在今年秋天就共同開發具體方案向領導人報告』，是溫家寶這次訪問比較具體的成就。

第四項「地區與國際事務合作」標題下，日本在「朝核六方會談」裡念念不忘的北韓綁架日本人的爭執，大陸終於表示『中方對日本國民有關人道主義關切，表示理解和同情。』但在「聯合國改革」標題下，只用『中方願意看到日本在國際事務中發揮更大的建設性作用』一句話帶過。

拿它和胡錦濤三週前與普丁在莫斯科簽署的「中俄聯合聲明」對照，那篇詳述中國外交政策的重要文件坦言「中俄認為，試圖強行擴大聯合國安全理事會只會適得其反，擴大應以最廣泛協商一致為基礎。」換句話說，中俄兩國既不願放棄否決權，也不會讓日本輕易成為安理會常任理事國。這應該是安倍最大的失望了。

歸根究柢，溫家寶三天日本之行，在公關方面的成就遠大於實質意義。他共參與了八場活動；

與日本各黨各派領袖，如自民黨幹事長中川秀直、公明黨太田昭宏、民主黨小澤一郎、社民黨福島瑞穗和共產黨志位和夫等都見了面；出席七個親中團體聯合歡迎會；並與經團連工商巨子午餐。但正如他在眾議院演講中引用的日本諺語「儘管風在呼叫，山卻不會移動」，隔絕中日間的那座山，並未移動分毫。

七五、雖未唆使　民進黨難逃挑撥之責

（原刊九十六年四月十一日《聯合報》民意論壇）

五年前，草山行館修繕完成對外開放；文化局長廖咸浩聘我與其他幾位教授為無給職的行館「督導管理委員」，每三四個月開一次會。

行館去年參觀人數超過五萬人次，兩岸三通如成事實，配合上山纜車啟用，參觀人數將以幾何倍數增加。七年前負責修繕的李重耀建築師保存所有原始繪圖，花三千萬元就可修復。

這所日式平房面積不大，內部幾全作展覽之用。原來的客廳改成咖啡館，招商承包以補貼經費之不足。因為嚴禁煙火，餐廳不得使用爐灶，只准用微波爐加熱冷凍食品。

行館旁邊坡地上有四間獨立小屋，原供侍從武官與祕書等居住，據說當時任侍衛長的郝柏村與中文祕書秦孝儀等都住過。管委會陸續將之改建為藝術家工作室。

去年底合約期滿，督導管理委員會開會時，文化局官員恰因要公，臨時由我代為主持會議，一致通過與佛光大學續簽兩年管理合約。現在被一把火燒得精光，館內收藏雖說都是複製品，損失仍難以估計。我私人借供行館放映與展覽用有關蔣公夫婦的錄影帶、DVD片，與一函六巨冊影印的蔣公用硃筆手改吳經熊大使中譯的《聖經》，也都化為灰燼了。

個人身外之物，原不足惜。陳總統、呂副總統、甚至游主席，早在注射預防針，用「草山行館不應與蔣故總統劃上等號」的說法，試圖撇清關係。昨天消防局公布調查結果，認定是人為縱火。不論背後有沒有人指使，只要縱火人是深綠信徒，就是問題根本所在。即使抓到嫌犯，也沒有多少人會懷疑此人曾直接受執政黨某人唆使；但是民進黨仍無法逃避挑動族群仇恨，點燃暴民情緒的道德責任。

民進黨為立委與總統選舉，大打「去蔣化」牌。要把中正紀念堂改名、拆牆；更力推將鄭南榕自焚日定為「言論自由日」，取代清明節，令我想起希特勒一九三七年趁德國國會遭縱火焚毀疑案，操弄民意，為納粹主義的國家社會黨奪得政權。兩案實質雖然迥異，其瘋狂程度實在伯仲之間。

泛藍陣營雖然反對這種粗暴野蠻行為，對於中正紀念堂改名，倒覺得有討論餘地。我主張：可仿效美國自甘迺迪以次，歷屆總統包括因水門案下台的尼克森在內，都有紀念圖書館之例，改稱為「蔣中正紀念圖書館」，收藏政府檔案與各國出版有關這段歷史的出版物。最重要的是取回「寄存」在史丹福大學胡佛研究所蔣氏父子幾十年日記原件，供專家研究參考。

我相信：從馬英九到蔣方智怡都會贊成我的提議。明年五月後，不論民進黨在朝或在野，藍綠在互信前提下訂好丹書鐵券的保證，才能商談。那將是後扁時期修復社會和諧第一步。

七六、老美看中國崛起　結論天差地遠

（原刊九十六年四月九日《中國時報》國際專欄）

長久以來，我就想寫一篇美國人如何看待「中國崛起」的文章。今日美國以研究中國為業的學者教授、政府官員乃至軍事專家，何止兩三千人？他們的結論可歸納為兩派：一派純自狹隘的「美國第一」立場出發，認為中國大陸民族主義高漲，綜合國力急速擴張的結果，台灣或日本早已不在眼裡，北京遲早會挑戰歐美先進國家，爭奪世界第一的霸權。

另一派則說：別太緊張，中國內部有許多無法解決的問題，不可能長期維持一〇％的高成長率；中國共產黨控制十三億人口生活與思想的權力日益被侵蝕，最終必然會爆發震驚世界的巨大變化。

僅僅廿年前，美蘇兩強賴「核子恐怖」平分秋色之時，沒有人想到蘇聯會迅速解體，使美國一夕間變成舉世唯一的超強；或歐洲聯盟能變成世界最大的市場，以統一貨幣跨出整合的第一步；或蘇聯在東歐的附庸國家在民主化後，會加入北大西洋公約組織；甚至原本貧困的中國大陸，今日外匯存底會高居全球之首，從而變成美國最大的債權而非債務國。

世事雖然難以逆料，只要不戴有色眼鏡，平心靜氣去觀察，前述兩種極端看法都不大可能變成事實。中國大陸第四代領導人既無二萬五千里長征的包袱，甚至不曾參與國共內戰，而且都受過完整大學教育，近年更遍訪世界各國，視野遼闊，早非吳下阿蒙可比。在「胡溫體制」下，他們務實求治，靈活運用黨組織與政府權力，你可以批評他們不夠民主自由，卻無法否認是這班人使「崛起」成為事實，而面對著他們的，還有更具挑戰性的難題。

中國大陸政治情勢會繼續穩定演變嗎？這是最難回答的疑問，而無人有現成答案。按照往例，胡錦濤只能做兩屆國家主席，五年後即二〇一二年必須退休；到時誰是接班人，今年下半年的第十七屆黨代表大會或可一窺端倪。但外間對中共中央政治局內部的權力結構如何，有無派系鬥爭毫無所知；誰是誰，或誰支持誰，都弄不清楚，只在那裡瞎猜。

類似「天安門事件」會不會重演？幾無可能。胡溫等人深切了解六四民主運動對共產黨的傷害，不可能再犯同樣錯誤。中共各級黨部雖已逐漸放寬言論尺度，如准許《冰點》復刊，卻更換總編輯，姿態柔軟了，控制卻不曾鬆懈。去年究竟發生過多少萬件聚眾抗議事件，在中宣部鐵拳下，各級媒體諱莫如深，無人知道真相。總之，中國大陸隨經濟改革開放而來的自由傾向，與共產黨維持統治地位的兩股力量相互拉扯、抵消，短期內仍將維持平衡。

經濟泡沫化是中國大陸面臨的最大困難嗎？美國學者喜歡拿大陸公營銀行瀕臨破產，股市大起大落，金融市場體系不健全，與上海房價慘跌，作為中國經濟過熱，難逃泡沫化命運的證據。沒錯，北京的「宏觀調控」犯了許多錯誤。但正因為沒有好的金融市場，中國人高達四七%、居世界第一位的儲蓄率，省吃儉用積聚下來的錢，除公民營銀行外無處可以存放，所以大陸的銀行沒有倒閉風險。中國工商銀行釋股案，外商搶得打破頭，一夕間超越美國銀行 (Bank of America)，變成世界第二最大銀行，僅次於花旗銀行(Citibank)，便是明證。

大陸今天的問題並非資金缺乏，而是外匯資金太多，不知怎樣有效使用。尤其就上海的特殊環境而言，打擊炒作房屋與股票市場，已成考驗市委書記與市長工作績效的標尺。陳良宇硬把房地產市場壓低幾乎一半，可算大功一件；但股市大跌後迅即回升，甚至打破紀錄，該記大過，因而被習近平取代。其中當然還有其他因素，但「新技術官僚」的升遷有賴於宏觀調控地方經濟的成敗，則是不爭的事實。

中國大陸本身資源不足，才是最大困難。中國人口增加率尚未停止，預計二〇三〇年到達十五億人後，才能漸趨穩定。相對而言，大陸可耕地面積只有世界各國平均數的四成。水資源更可憐，僅為世界平均數的二成五。在地下資源方面，中國的儲藏量按人均數與世界平均量相比，石油僅及八・三%；天然氣四・一%；銅礦二五・五%；鋁礬土也只有九・七%。以上各項，最嚴重的問題是水資源，華北沙漠日益擴大南移，去大陸旅遊的人都見識過沙塵暴的威力。政府縱有三頭六臂，短期內也難以克服。

礦產資源尚可到國外搶購，環境汙染卻必須自求解決。當年尼克森去大陸時替他當翻譯的何漢理(Harry Harding)，上星期在戰略與國際研究中心(CSIS)太平洋網站發表一篇文章，題目就叫〈中國：再想想看吧！〉("China: Think Again!")，直言環境汙染是大陸今日最大的困難，發人深省。他的論點沒有錯，全球汙染最嚴重的十大城市，有八個在中國，其中山東省的淄博市，很多人從未聽說過。大陸年產一億四千萬噸垃圾，降酸雨的面積達全國三〇%的土地，實在駭人聽聞。二氧化碳與其他溫室氣體除直接影響十三億國民的健康外，還會間接波及農業生產，不可輕視。

中國崛起雖是不可避免的趨勢，美國無須緊張。台灣更無須徨徨不可終日。未來的路還長，恐共或媚共都不是當前急務。

七七、民調落後　蘇貞昌該辭閣揆了

（原刊九十六年四月七日《聯合報》民意論壇）

最近接二連三的頭條新聞，從王金平不參加國民黨內初選、馬英九特別費案開庭、民進黨天王競爭愈演愈烈、NCC槓上行政院，乃至蘇貞昌棄鄭文燦以自保，使人目不暇接。

這許多看似互不相連，卻備受關注的事件，其實有一項共通點，就是它們基本上都牽涉到是與非、法治與人治、民主與權威統治的分界。

王金平日前拋出：國民黨應該正視「少數族群的政治菁英，是否適合統治多數族群」的問題，震撼力足可比原子彈。問題在台灣民主早已走上不歸路，豈但藍營選民絲毫不服陳水扁與民進黨的「統治」，才不斷在媒體與公共場合嗆聲；只要去問南部深綠色的台獨狂熱分子，他們也痛恨國親新黨不肯作民進黨「統治」下的順民。即使向來尊敬王院長政治智慧的人，也覺得他這番話「言重」了。

謝長廷民調領先蘇貞昌，把呂游二人遠遠拋在後面，才是最能影響今後個把月的政治新聞。蘇貞昌戀棧閣揆職務，說不出口的原因，就是不肯放棄龐大行政資源。為落實法治與公平原則，他應該宣布辭職，與其他三位站在同樣的起跑點，競爭執政黨的候選人提名。

NCC 的問題較為複雜。從基本而言，民主不能剝奪人民加入政黨的權利；何況，由某政黨提名的人，只要具有專業與素養，不必定為該黨黨員。我國 NCC 委員，由各黨推薦的並非該黨黨員，事實俱在。民進黨把他們都打成「藍色」，完全出於政治動機。

民進黨基於政治動機，視 NCC 如仇讎，已經違反了大法官第六一三號的決議。該決議案明白規定，在二〇〇八年十二月卅一日前，所有 NCC 的決定，依法全都有效。民進黨與蘇貞昌院長藉 NCC 違憲為詞的種種掣附行為，完全違反法治精神，強推綠色的威權統治。

TVBS 新聞台處理周政保嗆聲影帶事件，已經自承錯誤，無須再浪費筆墨。不論 NCC 的處理辦法太重或太輕，依照大法官會議解釋，其法律效力無庸置疑。

我原以為新聞局長鄭文燦是報界出身，懂新聞自由的道理。等富士宴掀開鍋蓋後，才驚訝民進黨與李前總統互相猜忌之深，以及政府完全無視行政中立的基本原則，為特定投標者公然護航的違法亂紀。鄭局長雖然辭職了，蘇揆「斷尾求生」之計，仍難平息排山倒海而來的批評。在野黨與其鼓譟叫罵，不如循法律明定的途徑，去制裁執政黨。

如何明辨是與非、法治與人治，以及民主與權威的分際，要靠每位國民自身的認知與覺醒，他人無法著力，這就是當前對全體國人的考驗。

七八、胡錦濤訪俄：平等夥伴　兩國關係新頁

（原刊九十六年四月二日《中國時報》國際專欄）

三月廿六日至廿八日，胡錦濤率領吳儀、李肇星、薄熙來等班底到俄國進行國事訪問（大陸已經停用「國是」，將 state visit 改稱「國事訪問」了）。表面看來，去年大陸各地舉辦了三百多場「俄國年」活動後，俄方將今年定為「中國年」，照樣要在全國舉辦兩百多場活動。胡這次訪俄，只是回報普丁去年訪中，禮尚往來而已，沒什麼了不起。

但如回顧北京和莫斯科之間的恩怨情仇，就可見它象徵了兩國關係史上全新一頁。大陸建國之初，毛澤東對蘇聯老大哥是一面倒，聽史達林指使介入韓戰，損失慘重也無怨無悔。大陸人爭相學習俄文，李鵬甚至江澤民都是留俄派。等赫魯雪夫上台，為爭國際共產主義領導權而交惡，雖只剩阿爾巴尼亞一個朋友，也要和「蘇修主義」在全球各地鬥爭到底。九〇年代前蘇聯解體後，為提防「蘇東波」東漸，說兩國同床異夢還是客氣話。直到「珍寶島事件」使雙方兵戎相見，莫斯科和北京主政者才警覺事態嚴重，為各自國家利益，有修好的必要。

友誼不能一晚就修復，實際在本世紀開始後才一點一滴地構建起來。二〇〇一年七月，中俄簽訂「睦鄰友好合作條約」。大陸為抵制美國圍堵後門，創設「上海合作組織」，懂得必須邀請俄國加

入。二○○四年十月，為避免再有類似珍寶島的事件，簽訂「中俄國界東段的補充協定」。去年十一月，為加強經貿合作，又簽署「關於鼓勵和相互保護投資協定」。

拿今天的中俄關係與過去相比較，可說是六十八年來，雙方以完全平等的地位與心情，坦然相處的第一次。弔詭的是兩國領袖雖然務實看待對方，民間卻缺乏理性眼光，兩國人民都醉心全盤西化，只羨慕美國與歐洲；對「近鄰」嘴上雖不說，實則心底都有點瞧不起。

大陸崛起，整體經濟跳躍式的發展，給俄國人的戰略威脅，遠大於十三億人口商機的誘惑。普丁推行民主，俄國逐漸自由化的後果之一，是集中營(gulag)心理消失，西伯利亞人口不增反減，使有識之士擔憂冰封地底千萬年的礦產資源，會不會重新落入承繼滿清的中國人手裡。

就對華貿易而言，自命先進的俄國如今反成了「原料輸出國」。相對地，大陸對俄卻變為「成品輸出國」。兩國四千公里長的邊境都市，每天都有成千俄國婦女在跑單幫，大包小包地把中國生產的廉價消費品，帶回俄境轉賣圖利；有自尊心的俄國人，很難嚥下這口氣。

過去俄國靠出售飛機潛艦等比大陸稍為先進的武器，平衡對華貿易；但同時又不敢賣太有用的核子潛艦或空中加油機，免得搬磚頭壓了自己的腳。俄國同樣賣武器給印度，就沒有這種顧慮。只要歐洲解除對大陸武器禁運，俄國對華貿易的逆差，勢將面臨無錢償付的困境。

有人把中俄修好比喻作「沒有愛情的婚姻」。胡錦濤為期三天的訪問，目的在為這場「政治婚姻」製造些浪漫情調。出發之前，他破天荒在人民大會堂接受俄國六家平面與電子媒體採訪，但所舉投資與貿易數字十足顯示貌合神離的實況。截至去年底，俄國對大陸投資總額僅六億美元，不到台灣的百分之一；全年雙邊貿易總額三三四億美元，也不如台灣的一半。

上星期一，胡乘專機抵達莫斯科，先與普丁簽署意義重大的「中俄聯合聲明」。晚八時在克里姆林宮 (The Kremlin) 大禮堂，主持「中國年」開幕儀式。舞台幕以中國熊貓和象徵俄國的大棕熊，在天壇祈年殿與莫斯科的聖伐西里教堂 (St. Vassily's Church) 前擁抱，作為背景。北京派來的表演團雖賣力演出，有雜技和二胡獨奏，也有交響樂的《黃河》協奏曲與名聲樂家演唱。對音樂修養深厚的俄國上層社會而言，恐怕只能叫座而不叫好。

胡錦濤在莫斯科只停留了兩天，期間提前抵達的吳儀率領的大陸採購團和俄國公民營企業簽署了四十三億美元的契約。胡則由李肇星陪同，會見了俄羅斯聯邦總理弗拉德科夫 (Mikhail Fradkov) 和聯邦杜馬 (Duma，即國民議會) 主席格雷茲洛夫 (Boris Gryzlov)。第三天亦即三月廿八日，胡一行到了俄羅斯聯邦一分子的「韃靼共和國」(Tartar Republic) 首都喀山 (Kazan)，會晤韃靼「總統」沙伊米耶夫 (Mintiner Shairmiev) 和首相米那里卡洛夫 (Rustam Minarikharov)，參觀了直升機製造廠和喀山大學。

十二年前我也到過喀山，卻不知道喀山大學創立於一八〇四年，是俄國最古老的學府之一，列寧 (Vladimir Ilyich Lenin) 和托爾斯泰 (Leo Tolstoy) 都曾就讀該校。俄方安排胡率領的訪問團去據說是蒙古人後裔的韃靼，同時顯示古老和嶄新的面貌，顯然寓意甚深。

訪問團未多逗留，當晚飛回北京，廿九日胡在人民大會堂接見烏克蘭國會 (Rada) 議長莫羅茲 (Oleksand Moroz)。雖說早已安排，也露出與俄國「既合作，又鬥爭」的蛛絲馬跡。只不過這次「戰略夥伴」的合作，符合兩國實質利益，與從前僅有意識形態的交往全然不同了。

綜觀胡錦濤此行，最值得注意的應該是洋洋灑灑的「中俄聯合聲明」，將兩國彼此關係與大陸對世界各地的外交方針，毫無保留地形諸文字。我從未見事事保密的大陸，有如此完整的政策敘述，可證中共官方如何重視胡錦濤訪俄之行。

七九、誰當主席不重要　問題在喚起人心

（原刊九十六年四月二日《聯合報》民意論壇）

台灣不分朝野，討論許多議題都錯失焦點。擾擾攘攘的結果，雖有跟著起鬨的群眾搖旗吶喊，實則白白浪費許多社會資源，卻因未抓住重點，無法喚起人民真心支持，不能達到原定訴求目的。執政黨濫用政治壓力，公報私仇，硬逼李濤下台，或高喊「正名」、「去蔣」，都是選舉花招，脫離主題；同樣地，「三二一」護蔣遊行上熱下冷，乃至施明德結束「自囚」，籌備二次倒扁，並未強調人民真正關心的核心問題，都難成氣候。

為什麼呢？李登輝早就說過：「民之所欲，常在我心。」只可惜他自己不能身體力行而已。台灣老百姓要什麼？答案更簡單：他們要一個不貪汙腐敗的總統，要一個公平正義的社會，要經濟復甦，要追上南韓、港、澳。儘管包括「二一〇〇全民開講」在內的各台政論節目，每天都提到這些希望，朝野仍似乎聽而未聞，視而不見。

國民黨補選主席，吳伯雄與洪秀柱「君子」之爭，是件一新耳目，開創公開競爭的首例。四年前我就寫過文章，認為各黨都該放棄從上而下的「列寧式政黨」體制，讓黨部逐漸轉型為選舉機器，與世界其餘民主國家接軌。試問除大陸、北韓與古巴外，還有哪個國家有台灣朝野各黨同樣「以黨

領政」的嗎？吳、洪二位不論誰出任國民黨主席，沒人會有什麼意見。因為他或她接手的是個積弊已深的中央黨部。等地方黨部主委改由該區黨員直選後，其發號施令的權威會比以前更加削弱，不可能重振二十年前或僅僅十年前的威風。王院長不屑競選黨主席，正因為他了解黨部的政治實力漸趨衰微之故。

實施內閣制的英國，下議院各黨領袖都由黨員大會或黨意機構選出，執政黨的內閣或在野黨的影子內閣是唯一的領導機構，別無什麼「中央黨部」。在美國，共和黨與民主黨雖各有常設的全國委員會，但只在大選前一年半載才動員起來，以辦理全國代表大會與勸募捐款為其主要任務，和台灣各黨的中央黨部相差甚遠。

民主黨全國委員會主席是三年前曾競逐該黨總統候選人提名失敗，曾任州長的狄恩（Gov. Howard Dean），少數人還記得他的姓名。但共和黨全國委員會主席一職，前天剛從 Ken Mehlman 換成 Mel Martinez，兩人都名不見經傳。我只知道後者是拉丁美洲移民後裔，佛羅里達州的參議員。除了佛州居民外，相信百分之九十九的美國人不知道他是誰。

回頭看星期六的遊行，平心而論，兩位蔣總統的威嚴，有其時代背景與歷史原因。馬英九說得對，蔣公光復、保衛及建設台灣的歷史，無人可以否認。他用「瑕不掩瑜，功大於過」八字形容，雖然太文謅謅了，古文根基欠佳的市井小民不易聽懂，對年輕一代仍頗有說服力。王金平在馬之前向群眾演說，火力全開，從人民財富縮水切入，也頗能抓住重點。印證前文，國民黨全體黨員第二次投票直選主席，國人應該以平常心看待，媒體更無須多作無聊的揣測。

八十、席哈克引退　法國選總統　世界都在看

（原刊九十六年三月廿六日《中國時報》國際專欄）

蘇貞昌院長已經投入民進黨總統候選人的競賽，卻不肯辭去現職，令另外三位天王心中不滿。看看法國即將舉行的總統大選之例，或可作為借鏡。

雖有不少台灣學生在法國進修，國人中稍微了解法國者，為數不多。繼承戴高樂聲望的席哈克總統擔任巴黎市長十八年之久；又曾兩度出任內閣總理（一九七四至七六年和一九八六至八八年）。一九五五年密特朗總統退休，席哈克以戴高樂派UMP黨候選人當選繼之，連任兩屆共十二年。期間以二〇〇三年三月，在聯合國安理會公開反對布希總統對伊拉克出兵而聲名大噪，成為歐洲各國反對布希政策的左派分子眼中的英雄。

但法國的根本問題在於經濟競爭力萎縮，無法與英、德相比。二〇〇四年還有二．三%的經濟成長率，二〇〇五年只剩一．二%，去年的數字還未計算出來。個人年平均所得也從三萬二千三百四十美元縮減到二萬九千零八十七元。空有世界第五大經濟體的虛名，失業率卻高達一〇%。

前年十一月巴黎與外省黑人和阿拉伯人後裔的大暴動，焚燒搶劫，震驚世界，所反映的正是政府管得太多又太深，而人民享受慣了社會主義從搖籃到墳墓的各種補貼與照顧，習於安樂，不思生

產。兩兆一千二百餘億歐元的國內生產毛額，政府開支佔了五四%，阻礙自由經濟的發展。難怪各種民意調查都顯示，席哈克如再次競選總統職務，一定輸得非常難看。

他放棄競選連任後，自然群雄並起，各顯神通。法國沒有中選會，登記總統候選人的主管機構是憲法法院 (Conseil Constitutionnel)。登記者需提出連署名單，老百姓不夠資格當連署人。只有總共約四萬二千餘位海內外領土的民選官員，以縣市首長佔大多數，可以連署。獲得五百人連署，就可登記競選總統，制度頗為奇特。

一九五八年十月制定的法國「第五共和憲法」，規定當選人必須贏得參加投票公民過半數的支持。目前十二名候選人中，有四位勢均力敵，看來四月廿二日第一輪投票後，五月六日必須就領先兩位再舉行第二輪投票，下屆總統才能脫穎而出。首輪離今不到一月，二輪離首輪才兩星期，競選時間之迫促，在任何其他國家恐怕都難以想像。

這四位總統候選人，依所屬政黨在政治光譜所佔地位，從左到右排列，是：

1. 社會黨 (PS) 候選人華亞勒女士 (Ségolène Royal)。去年十一月十七日該黨初選，她獲得六〇．六%選票。不但國內外注目，台北報紙也捧場，呂秀蓮更引為榜樣。

2. 法國民主聯盟 (UDF) 十二月二日選出的貝洪 (François Bayron)，是四人中最弱的一位。該黨走中間路線，不易討好。競選口號強調法國雖已放棄歷史悠久的法郎 (Franc)，改用歐元，但對外政策仍將以國家利益為主要考慮，平淡無奇，很難引起大眾共鳴。

3. 人民運動聯盟 (UMP) 籍、現任內政部長的薩科奇。依照該黨黨章，五十二歲的薩科奇一月十四日已說要參選。但作為黨魁的席哈克不死心，拖到三月廿一日才表示支持他。薩科奇立即遞出辭呈，今天交卸，離首輪投票不滿一月，蘇院長應知效法。

4.極右派國家陣線黨(FN)領袖，年已七十九歲的勒班(Jean-Marie le Pen)，也到三月四日才正式投入選戰。前年底全法動亂後，他的民調大幅提升，是這次大選的黑馬，不可輕視。

其餘八名候選人中，共產黨佔了一半，三人代表不同的「托派」(Trotskyites)組織，一人才是正統法共。此外，反對全球化者一人，綠黨一人，以擁護天主教為反對伊斯蘭教理由者一人，和自稱捍衛法國傳統者一人，顯示民主制度下無奇不有的特色。

六千三百萬法國人如何看待從今天起一個半月裡緊接而來的兩輪總統選舉，個人利益與好惡自然仍是衡量重點。其中牽涉的因素複雜萬分，簡單分析，有以下幾項：

1.左翼政黨太不團結，上次大選社會黨的約斯班(Lionel Jospin)得票甚至不如極右派的勒班，被擠出第二輪投票。這次華亞勒女士雖然接受市場經濟理論，不再高唱社會主義，所有民調都顯示她的支持度比薩科奇仍低三到五個百分點。

2.全國性高失業率與少數族群的低就業率，問題嚴重，加以席哈克總統和他的親信屢傳貪腐案件，引起民間普遍批評。席哈克遲至兩週前(三月十一日)才宣布退休，又等了十天才勉強支持薩科奇競選，如此不情不願，選民看在眼裡，更增反感。

3.法國在殖民時代的海外屬地人民，依法擁有法國國籍，並可居留本土。多年積累下來的族群問題，導致治安不寧。一年半前各地暴動的記憶猶新，人民都怪政府缺乏治國能力。

4.歐洲聯盟新憲草案是法國人首先否決的，歐洲整合至今停滯不前，人民不信任設在比利時首都布魯塞爾的歐盟龐大官僚體系。政客卻拿不出一套說詞或前瞻計畫，人民不滿，也遷怒到政府身上。

5.婦女票能否把華亞勒捧上台?環保在人民心目中的重要性如何?誰也沒把握，唯有等待五月初第二輪開票的結果。

八一、吳釗燮，駐美可不比救火

（原刊九十六年三月廿日《聯合報》民意論壇）

陳水扁當了七年總統，對駐外人員龍頭的駐華府代表一職，終於換掉了舊政權培養的外交人才，起用三年前甫加入民進黨的吳釗燮，難怪深綠人士額手稱慶，媒體也異常重視，認為吳的任命將開創台美關係的新紀元。

但台北的總統府與華盛頓白宮之間，從「廢統」到「四要一沒有」積累下來的種種誤會，能否因為駐美代表換人，就消弭於無形？我與吳代表僅曾同去日本開過一次會，相知不深，只能從專業觀點，儘量客觀地評估這個過程。

台美間雖無邦交，更換派駐使節仍須循外交途徑尋求同意。報載陳總統於二月十五日約見吳釗燮，徵詢他出任駐美代表的意願。其後外交部應即展開徵詢美方同意的手續，如果國務院在三月十七日晚間以電話通知楊甦棣，前後所費時間，粗算也有一個月左右，可見雙方政府都循規蹈矩地走完徵詢同意的全程。換言之，所有牽涉到對台關係的美政府機構，從國務院到國防部與貿易代表公署，乃至CIA、FBI等，都有表示意見的機會，一個也沒遺漏。至於報載我在美雇用的公關公司以及獨派社團頻頻「告御狀」，扁政府裡或許有人喜歡聽，在華府根本不在美政府考慮範圍之內。

綠營看美方同意吳釗燮去華府，認為這是美國政府支持民進黨與大陸切割的真憑實據，值得商榷。

外交不能脫離現實，台灣現在掌握所有大權的人只有陳水扁。從美國國家利益出發，過去七年裡透過程建人或李大維和台灣打交道，雖管道順暢，多少有點隔靴搔癢的味道。民進黨既然把吳釗燮看成「自己人」，美國當然歡迎，沒有拒絕的理由；但白宮和國務院也不可能改變對阿扁一整套制定新憲，用「切香腸」刀法，挑戰完全獨立邊緣，以致影響美國全球關係的政策。

陳總統元宵夜出席FAPA廿五週年晚宴，提出「四要一沒有」的主張，國務院發言人麥考馬克次日立即在例行記者會上宣讀針對性的聲明。台北報紙因為其中最嚴重的字眼只有過去已經用過的「無助」(unhelpful) 一字，視為老生常談。

事實上，麥考馬克在那天記者會裡共回答了十個有關台灣的問題，很多話他固然曾說過，但仔細推敲，職業外交官定會感受到不同氣氛。以下用引號引述的是我儘量客觀翻譯出來的回答，請讀者自己判斷其中有無新意：

——「布希總統已曾屢次表達，他反對無論台北或北京單方面企圖改變現狀的行為，因為它直接威脅到地區和平安定，美國的國家利益，和台灣自身的福祉。」

——「陳總統曾屢次重申他在二〇〇〇年就職演說中提出的不宣布獨立、不更改國號、不在修憲時涉及主權問題、也不推動牽涉獨立或合併的公投。陳總統在二〇〇四年就職時，並且承諾在修憲時不碰觸主權議題，修憲議題將只限於良好治理與台灣的經濟競爭力。」

——「陳總統能否貫徹他的『四不』承諾，是他的領導能力、可信程度、與政治家風度，以及他能否保護台灣的利益、保障台灣與他國間的關係、並維護台海和平與安全的測驗。」

——「因為這些承諾起自美國政策的要求，和美國迭次的政策聲明，我們期望（台北）將繼續予以遵守。」

略懂外交的人，看以上這些由遠東與太平洋事務局字斟句酌地準備，麥考馬克只是照本宣科的用語，應該感覺到事情不是那麼簡單。吳代表下月初即將履新，他會很快發覺一年三百六十五天和國務院打交道，與他幾次奉命前往華府救火，解釋阿扁為何又出奇招的差使，不可同日而語。

八二、「日、澳安保聲明」離同盟關係還差很遠

（原刊九十六年三月十九日《中國時報》國際專欄）

澳洲總理霍華德帶外交部長唐納（Alexander Downer）到日本訪問，三月十三日與安倍晉三簽署了兩國「安全合作的共同聲明」(Joint Declaration on Security Cooperation)。敏感的媒體因而大肆宣揚，認定美國是幕後推手，期望能從日本、琉球、菲律賓、東南亞，直到澳洲與紐西蘭，組成一條島嶼鍊，目的在防堵中國。

中國大陸上星期忙於兩場政治大拜拜——全國人大與政協會議的閉幕典禮，只有很溫和的反應，當日下午由外交部發言人秦剛在例行記者會上答覆了兩個問題。道理很簡單，首先，依外交慣例而言，「聲明」只表示雙方共同的意願，位階比「行政協定」(agreement)要低，通常這類協定只需內閣批准，不必提交議會。拿比它更低的共同聲明與日美間正式經兩國國會通過的「安保條約」(Treaty of Mutual Cooperation and Security Between the United States and Japan)相較，相差有十萬八千里之遙。

其次，溫家寶四月將應邀訪日，料定安倍必將解釋說，這項聲明並非針對中國，大陸正可拿它作為向日本討價還價的資本。再則，日澳間如真締結防衛性的同盟條約或協定，必須考慮與麥帥「和平憲法」之間的抵觸，不是自民黨要做就能做得到的。還有，副總理曾培炎三月十九至卅一日將應

邀訪問南太平洋四國，澳洲儘有向他婉轉解釋的機會，也不必急於表態。

細讀這份三頁長的日澳聯合聲明，三成多的篇幅用於前言(Preamble)，繞著圈子轉大彎，說來說去無非避免觸怒中國大陸。前言強調日澳間有共同戰略利益，從而產生「戰略夥伴關係」，但把合作範圍限制在：一、反恐與防阻大規模殺傷性武器的擴散；二、人道性災害救助，與防止禽流感等跨國傳染；和三、語意含糊的「區域和平及安定」事宜。這第三點分明在為向胡錦濤辯解時，預留地步。

聲明主文分為三大段。在「強化合作」的大題目下，澳洲承諾支持日本對北韓的交涉立場，包括安倍念念不忘要北韓交待幾十年前在日本境內強迫擄去的日本人問題；支持日本成為聯合國安全理事會常任理事國；並各自在本國法令範圍下，加強和深化「安全與國防部門的合作」，但究竟指什麼種類的合作，又故意不加說明。

「合作領域」下列舉九項，但不以之為限：一、司法機構合作打擊跨國犯罪；二、國界安全事宜；三、反恐；四、裁軍與反對大規模殺傷性武器擴散；五、維和行動；六、交換戰略局勢的評估與有關情報；七、海上與空中安全；八、人道救助；與九、緊急應變計畫，如禽流感威脅之類。其中第二、七與九項的措詞含糊不清，雖然便於擴大解釋，也可作推諉的藉口。而為了達成這幾方面的合作，雙方將交換人員，舉行聯合演習與訓練，並致力於「建立區域能力」(regional capacity building)。但什麼叫做區域能力，是否指聯合軍事能力而言，仍然沒有界說。

聯合聲明如何付諸實施，應該是聲明的關鍵。在這點上，聲明用詞更加小心翼翼，以避免被中國大陸抓到小辮子。它只說：兩國外交部長與國防部長每年將分別舉行「戰略對話」(strategic dialogue)，發展出一套「行動計畫」(action plan)，並合併舉行「部長級對話」(顯然以美日間的「二加二會議」為範本)，但略而不談細節，免得節外生枝。

中國大陸的「冷處理」值得玩味，秦剛三月十三日在記者會答覆的問題，有兩則與此有關。被問到中國政府的反應時，他輕描淡寫地說：「我們希望有關國家在加強安全合作時，能照顧到本地區其他國家的關切和利益，多做有助於增進本地區國家之間相互信任，以及促進本地區和平與穩定的事。」態度冷靜得出奇。

記者們自然不滿意，追問在「日美安保條約」後又有「日澳安保聲明」，「是否會促使中國進一步加大對軍事現代化的投入」？秦剛的答覆就妙了，他說，「我希望他們所說是真心的」，接著又說，「我們實現國防現代化，把軍備保持在合理水平，不是為了侵略別人，也不是為了對外擴張，完全是為了維護自身的安全、領土完整和發展利益。」而秦剛的結論是：「中國不去威脅別人，也不去侵略別人，我們沒有什麼可怕的，所以我們很坦然。」

日本執政聯盟兩大黨的幹事長——自民黨的中川秀直和公明黨的北側一雄，這幾天恰巧率團訪問北京，胡錦濤三月十六日在人民大會堂接見該團，雙方高來高去，話中有話。胡說：「要從戰略高度認識和把握中日關係，增進政治互信，妥善處理敏感問題。」中川則答以：「謀求建立和諧社會和經濟強國的中國，對日本不是威脅。日本對中國也不構成威脅。」他應邀到中央黨校演講時，把過去中日關係比作一條眼睛瞎了的龍，而去年十月安倍首相承諾不去參拜靖國神社後，立即訪問中國大陸是「畫龍點睛」，今後兩國關係將進入一個全新階段。

儘管外國觀察家把「日澳安全合作共同聲明」看作美日兩國「鷹派」的傑作，我的看法是東亞的國際現實不容許這種一廂情願的想法；台灣更沒有高興得跳起來的理由。

八三、展現擔當　王金平應動用警察權

（原刊九十六年三月十三日《聯合報》民意論壇）

本週三和週四兩天，對民進黨的整體形象與未來選舉勝負，都會有重大影響。

星期四加開的院會，就是為討論中央選舉委員會組織法。所有跡象都顯示，民進黨委員們仍將窮兇極惡地包圍主席台，不惜打群架，乃至把王金平鎖在院長休息室裡，使立法院又空轉一日。

星期三的民進黨中常會，則將考驗民進黨自誇的民主傳統，為路線爭執時可以吵得天翻地覆，但有結論後援「台灣前途決議文」之例，對外仍會團結一致。問題是四大天王已到撕破臉的階段，下月不論協商或民調產生一位候選人後，其餘的人能否接受，就難說了。

但是在立法院重演全武行，只會坐實「流氓政黨」的指控，臉皮再厚，也只好顧左右而言他，想賴都有困難。因此週四加開的院會，在台灣憲政史上具有特別意義。其關鍵就在主持會議的王金平院長，是繼續容忍執政黨籍委員們粗暴到貽笑世界的行為呢？還是盡到國會議長的職責，動用警察權，讓中選會組織法付諸表決？

王院長如何決定，與國民黨內愈演愈烈的「王馬之爭」無關，因為王也要競選總統；中選會繼續抓在民進黨手裡，對他或馬英九同樣不利。

雖然他說：立法院議事規則裡，對警察權並無明文規定。但環顧世界各國，沒有一個國家曾容忍國會議員，對地位崇高的議長，藐視並且侮辱到如此程度的。台灣早已成為全球笑柄，只有採取斷然行動，制止民進黨立委的不法行為，才能端正視聽。

王院長既已亮出底牌，認為國民黨的總統候選人非他莫屬，那麼當前他最需要做的事，就是讓藍營選民覺得他為人有決斷、有擔當、以泛藍整體利益為重，而非只是八面玲瓏、和稀泥、打躬作揖的「濫好人」。

在台灣，候選人所至之處，向例「凍蒜」之聲不絕於耳。到處聽人高呼「王總統」，即使是聖人，也難免生飄飄然之感。此時他必須保持清醒，別讓假象沖昏了腦袋，唯有冷靜評估情勢，才有獲勝希望。打開天窗說亮話，就國民黨初選程序而言，除非馬英九一審迅即被判重刑，因而出局，否則王金平依舊處於劣勢。他要做點能感動藍軍士氣的事，才能縮短與遙遙領先者之間的距離。

從目前態勢看，儘管不知什麼人不斷在媒體放話，製造些「黨內大老」敦勸連戰再度出山傳聞；只要連勝文所言不虛，成為事實的機率幾等於零。以王院長政壇閱歷之豐富，當然不會奢望連先生來替他扭轉乾坤。

又有耳語說，洪秀柱跳出來和吳伯雄競爭國民黨主席，是為暗助王院長。以洪委員坦白直爽個性，這種話沒有幾個人會相信。反之，她和吳伯雄都願意挑起國民黨這個爛攤子，對這家百年老店應是求之不得的好事。連戰任內完成最重大的改革，即主席由全體黨員直選，因此也會持續下去，為黨內民主建立不容改變的傳統。

替王金平著想，週四他可以讓鍾榮吉主持院會，躲避分明該由他負起的責任。但為了表明心志，顯示政治家的擔當與魄力，只有動用警察權，使民進黨立委無法重施故技，才能使藍營立委與廣大民眾，對他另眼相看。

八四、非洲獨立潮五十週年 迦納大肆慶祝

（原刊九十六年三月十二日《中國時報》國際專欄）

台灣沒有人注意到，非洲最早獨立、原稱黃金海岸的迦納共和國，上星期正大張旗鼓地慶祝獨立五十週年，非洲各國冠蓋雲集，熱鬧萬分。三月八日，剛卸任的前聯合國祕書長、原籍迦納的安南（Kofi A. Annan）在首都阿克拉（Accra）演說時，在場有廿餘位非洲各國總統，包括南非的姆貝基、奈及利亞的奧巴山約（Olusegun Obasanjo）、和辛巴威的穆加比。

非官方的貴賓更包羅萬象：美國黑人領袖傑克遜牧師（Jesse Jackson）、流行歌王史提夫・汪達（Steve Wonder）、乃至巴西籍足球王比利（Pele）都來了。難怪迦納總統庫佛爾（John Kufuor）笑逐顏開，在那個五十年前堪稱富有，今日卻民窮財盡的國度裡，花兩千萬美元搞這場政治大拜拜，仍然值回票價。

第二次世界大戰後，黑非洲仍是歐洲的殖民地，但民主自由之風已經深入民心，加上史達林指揮下共產國際的煽動，許多地方都掀起了武裝獨立運動。肯亞一九五二年發生Mau Mau之亂，英國費九年時間才敉平。葡萄牙屬地安哥拉和莫三比克繼之而起。另一葡屬的幾內亞比索也爆發了獨立戰爭。

大英帝國見風轉舵，一九五七年首先同意迦納獨立，伊麗莎白女王派堂兄肯特公爵（Duke of Kent）為代表，到阿克拉移交治權。那年三月六日午夜，在阿克拉降下英國國旗，升起紅、黃、綠三色的嶄新國旗。剛獨立時，迦納仍為大英國協的一員，奉英女王為元首。因鼓吹獨立曾被囚一年，卻因所領導的議會人民黨（Convention People's Party）在臨時議會卅八席中贏得卅四席，黨魁恩克魯瑪（Kwame Nkrumah）順理成章地就任首相。一九六〇年制定新憲法，他變成了第一任總統。

也就是那年十一月，我奉命初次訪問非洲，從西北角的塞內加爾開始，順非洲西岸而下，一共走了十個國家。其中最重要也最困難的就是迦納。說它重要因為當時恩克魯瑪的聲望如日中天，公認為非洲最傑出的革命領袖；說它困難則因他和毛澤東打得火熱。那次非洲行，在與台灣仍有邦交的國家，除我國大使館外，美國中央情報局也通知各地人員暗中協助；唯獨在迦納，連老美也吃不開，事先就警告過我。

我就讀哥大新聞研究所時，全班六十人中只有兩名外國學生，一個是我，另一個名叫阿喬羅羅（Eric Adjorlolo），湊巧來自迦納，後來才知道他居然是當地舊王朝的貴族。一別五年，他已是迦納廣播公司的部門主管，幫我辦落地簽證，帶我拜訪新聞部長，並且介紹了許多政要與我認識。但見不到總統，到頭來仍是功虧一簣。

恩克魯瑪和非洲第一代領袖一樣，好大喜功，雖然滿口革命，實則貪汙腐敗，他用的部會首長也都是一丘之貉。一九六四年他修改憲法，自任終身總統。我還記得他曾從英國訂做一張大床，據說鍍滿黃金，美國報紙大登特登。迦納本就盛產黃金，所以原稱「黃金海岸」。那次我在國家博物館裡，還看見過阿尚梯 (Ashante) 土王坐的純金凳子。即使那張床是用純金打造，只顯示恩克魯瑪自認他的豐功偉業，已經超越了兩三世紀前的國王而已。

迦納獨立前後，黃金與可可粉在國際市場的價格不斷上漲。一九五二到一九六〇年間，迦納每年經濟成長率恆在九%至十二%之間。獨立時從英國人接收的國庫充裕，使鄰近各國羨慕不已，但這些錢都被他揮霍掉。一九六六年，恩克魯瑪應胡志明之邀，訪問北越；迦納國內發生軍事政變，從此未能返國，晚景淒涼，一九七二年死在保加利亞。此後迦納又有政變，每下愈況。

如問恩克魯瑪還有什麼貢獻，就是他力倡非洲團結。他原來的構想是非洲各國都參加包含整個大陸的新聯邦，稱為「非洲合眾國」。但此事談何容易？退而求其次，一九六三年，已經獨立的卅二國在衣索比亞首都成立「非洲團結組織」，現有五十三國。成效不彰的原因，是各懷異志，誰也不肯讓誰。一九七五年因安哥拉內戰，分裂表面化。到二〇〇二年，索性改組成「非洲聯盟」。

改名只是換湯不換藥，AU 仍然無力解決今日索馬利亞的內戰、蘇丹的種族屠殺或辛巴威的獨裁專制等問題。沒錯，非洲許多困難可以追溯到十九世紀歐洲殖民國家不顧種族分界線，隨便亂畫地圖；只知搾取資源，不肯投資當地；造致今日一半以上人口生活在貧窮線以下，愛滋病流行，統治階級與一般平民猶如兩個國度的現象。但都怪白人，問題就解決了嗎？

非洲獨立浪潮的第一代領袖，如依激進到緩和的程度排列，還有：坦尚尼亞的 Julius Nyerere、肯亞的 Jomo Kenyatta、阿爾及利亞的 Ahmed Ben Bella、剛果的 Fulbert Youlou 神父、塞內加爾詩人總統 Leopold Senghor、與象牙海岸在法國做過部長的 Felix Houphuet-Boigny。

回顧半世紀的非洲史，只能得出一個結論，就是單靠煽動人民革命熱情，卻不知埋頭工作，從普及教育和發展經濟著手，國家永難翻身。這也是國際法新添的「良好治績」(good governance) 觀念的基本精神。迦納大肆慶祝，顯示仍沒體會這個硬道理。

八五、改名要在台灣辦 出國後就別想了

（九十六年三月十一日東森電視台《星期講義》播放，同日在《民眾日報》刊出）

台灣是經濟罪犯的天堂，因為找人頭洗錢容易，更改姓名也容易。但到了國外，這兩件事都困難重重。

中國人重情面，或講究朋友義氣，或者為趨炎附勢，所以趙建銘父子能輕易找到一二十個人頭，幫他們在國內外洗錢。改名字雖有「姓名條例」與「姓名條例施行細則」規範，但條例第六、七兩條規定，共有九種情形下得申請更改姓名，經戶政事務所轉呈主管機關，也就是縣市政府，就可以核准。

但是到國外後，問題就變得非常複雜。有個姓郭的朋友，卅幾年前申領護照時，承辦人員不小心把 Kuo 寫成 Kuao。粗心大意的他未曾注意，拿了就走。生意人四海為家，走過不少地方，護照上蓋滿各國簽證。那時我派駐瓜地馬拉，他來參加瓜國國際商展，偶然談起姓名被拼錯了，滿場大笑之餘，我說大使館有權換發護照，可立即讓他恢復 Kuo 拼法正確的本姓。

哪想他連連搖手，謝絕了我的好意。問他為何？他解釋說，多年來他的美國入境簽證、在東西岸共三家美國銀行的定存與活存戶頭、美國永久居留權的綠卡、和他有生意往來的多家外國公司、

乃至所租銀行保險箱的鑰匙，用的名字都是 Kuao。換本中華民國護照容易，要向美國這麼多公私機關行號辦理更名手續，麻煩就大了。

世代旅居海外的老僑，姓名拼法更是千奇百怪。早年華人出外謀生，哪裡理會什麼護照或簽證？都是擠在輪船統艙裡，到港口後排隊登記，隨便殖民地的移民官怎麼寫，就怎麼好。有個華裔小姐曾參選 Miss Guatemala，得到第二名，華僑總會設宴慶祝，我應邀參加，看見她姓 Akung，原想或者姓孔或龔，只是前面多了個 a 而已。問後才知道，她的祖父民國初年來瓜，下船時移民官問他的姓名，老人家聽不懂，旁邊一位華人過來幫忙，先叫聲「阿公……」，移民官寫了下來，就此定案，這家人此後只好以「阿公」為姓，已經三代了。這故事千真萬確，決非捏造。

回顧近代史，許多名人姓名的習用拼法都與本名不符。馬來亞橡膠大王、獨資捐建廈門大學的陳嘉庚叫 Tan Ka Kee，以虎標萬金油起家的胡文虎叫 Aw Boon How，只是與威妥瑪式 (Wade-Giles system) 不同而已。孫中山變成 Sun Yat-sen，蔣中正成了 Chiang Kai-shek，則是廣州軍政府時代，香港英國記者照廣東話發音，所根據的是他們的字而非本名。日久積非成是，如果照他們的本名拼音，保證外國人會產生誤會。

春節前後，「正名」成了熱門話題。許多名嘴說，阿扁總統何不把他兒子正名為「陳致台」？我敢和任何人打賭，這件看來容易的事，絕對辦不到。為什麼呢？君不見陳致中上次飛美，先到芝加哥，被媒體緊迫盯人，雇車在城裡兜了幾圈，甩不掉記者後，只好放棄原計畫，再飛紐約。

看了我姓郭那位朋友的故事後，你就會領悟「第一公子」到芝加哥的目的，肯定是去銀行辦理要事。若非開保險箱存放珠寶，就是辦理七位以上數字的存款或提款手續。這種事能曝光嗎？當然不能。再回想兩月前邱毅委員爆的料，說陳致中有兩本護照，真假至今莫辨。我個人寧願相信他只有一本中華民國護照，而且只使用 Chen Chih-chung 一種拼法。

由此出發，陳致中所持中華民國護照、他以學生身分領到的美國五年期多次入境簽證、在幾所美國大學研究所的入學許可、律師事務所的實習許可函，更重要的是他在各地美國銀行的定存與活存戶頭、存放重要文件與物件的保險箱，無一不是 Chen Chih-chung。他肯改或會改成「陳致台」嗎？答案不言可喻。

八六、不在乎馬配誰　只要民主制衡

（原刊九十六年三月六日《聯合報》民意論壇）

在陳水扁大拋「正名、獨立、新憲」為綠營拚選舉的時候，國民黨內卻似暗潮洶湧，內鬥方殷。我與大多數朋友一樣，對今日國民黨空前未有的危機，憂心忡忡。

但正如馬克・吐溫（Mark Twain）讀到他自己訃聞時的名言：「說我已死的新聞，略為早了一些。」此刻就替國民黨發出訃告，恐怕也過早了些。

無可諱言地，在馬英九短短一年九個月黨主席任內，許多人對他有無果斷精神、政治敏感度、與做領袖的才具，有不同程度的感受。其實不止黨員，更多泛藍群眾都有恨鐵不成鋼的抱怨。特別費案爆發後，馬先則過於大意，後來又過分焦慮，以致與侯寬仁檢察官應訊時，說詞前後不一。捐出巨款不但沒有效果，反生負面作用。這些失誤，我想他自己必有深刻了解與檢討，無庸他人辭費。

二月十三日特別費案遭起訴，馬英九憤而宣布參選總統。我想這主意雖在他胸中孕育已久，仍是當機立斷的決定。它透露的訊息是，從那刻起，馬已經告別「法律人」，變成徹頭徹尾的「政治人」了。此後包括春節三個多星期內，作為已正式投入總統大選的候選人，「馬不停蹄」地南北奔波，有無效果雖是另一回事，至少顯示他正努力改變被人視為「乖乖牌」或「好人無用」的形象，值得鼓勵。

國民黨內部其實不止「挺馬」與「挺王」兩派，弄得不好恐怕還有「迎李」派存在。榮譽主席連戰出國前，「連馬王三人會」達成的六點共識，雖然卑無高論，其中黨務系統嚴守中立，與雙方幕僚不得對外放話兩項，多少有點澄清氣氛的作用。可惜馬管不住有些幹部，以致功虧一簣。今後如何約束自認為是他「核心幕僚」的驕橫之氣，是他必須面對的問題。

從陰曆過年到現在，阿扁與民進黨天王幾乎壟斷媒體螢幕與版面，也使泛藍支持者覺得很窩囊。但大家不可忘記，國民黨的支持並非來自號稱一百餘萬領有黨證的黨員。像陳、謝、游、呂那樣曾經混跡在國民黨裡的投機分子，恐怕仍不在少數。各種公開或不公開的民意調查，都可證明泛藍選民的構成分子極為複雜，中堅人物主要是關懷國事的智識分子、沒有半點政治細胞的家庭主婦、和不能再忍受貪汙腐敗的陳水扁一家的省籍同胞。

他們不在乎馬英九和誰搭配競選，更不理會民進黨那些立委睜眼說瞎話。挺馬群眾最大特點就是他們有獨立判斷是非的能力。台灣民主到了今天，盲目追隨領袖的日子早已一去不復返了。泛藍群眾所要求的是馬跟著他們走回民主制衡的道路，他們也不管什麼內閣制或總統制，只要有一個清廉守法的政府，能帶領台灣回到民生均富的理想就夠了。

八七、布希對伊朗政策　又有一百八十度轉彎

（原刊九十六年三月五日《中國時報》國際專欄）

內外交迫之下，布希總統正在逐步修正美國對中東的全盤戰略。而民主黨自由派人士稱，布希正從出兵阿富汗與伊拉克的強硬立場全面敗退、潰不成軍。其實並不盡然，作為世界唯一超級強權，美國面對伊斯蘭極端教義派的挑戰，絕無退縮或認輸的可能。

白宮採取的路線，是逐漸修正過去的錯誤，按部就班地付諸實施。去年，老布希當總統時的國務卿貝克 (James A. Baker, III) 與民主黨籍前眾議院外委會主席漢米爾頓 (Lee H. Hamilton) 獲指派組成「中立而公正」的專案委員會，全盤檢討美國對伊拉克政策，提出報告與建議，是第一步。年底前接受國防部長倫斯斐的辭呈，代以貝克委員會成員之一的蓋茨 (Dr. Robert M. Gates)，則是第二步。

元月初，布希宣布在伊拉克增兵二萬一千人，但同時將伊境內維護治安的主要責任移交給伊拉克總理馬里奇領導的合法民選政府。今後伊境維護治安的重責大任交給伊拉克將領，美軍只配合伊軍行動，清除不論屬於什葉派或遜尼派不聽政府命令的民兵。所傳達的訊息既有進也有退，是第三步。

民主黨立即動員反對增兵，白宮沉著應付。二月七日，參議院就民主黨所提不具約束力的反對增兵決議草案表決。雖有六名共和黨參議員倒戈，仍以四十七對四十九票些微之差未能通過。另一方面，為等待伊拉克國會通過開放外人投資石油工業的立法案，萊斯國務卿直到一月十日還擺出高

姿態，誓言美國不會與伊朗直接商談中東和平問題。但三月六日，萊斯突然藉出席參議院撥款委員會作證之便透露說，美接受伊拉克政府的邀請，將派大使級代表出席三月十日與十一日在巴格達召開討論區域和平的國際會議。這才是精心設計的第四步。

這次會議雖由伊拉克政府主動提出，應邀者應該都是中東地區國家，如沙烏地阿拉伯、約旦、埃及、黎巴嫩、土耳其、阿富汗等。但美國最討厭的伊朗與敘利亞也在區內，地主國伊拉克既然邀請了這兩國，美國也只好「客隨主便」，和他們同坐共商任何議題。

《華盛頓郵報》透露，美國與伊拉克磋商的結果，馬里奇總理已加邀聯合國安全理事會五個常任理事國派員出席，把它變成一個討論如何幫助伊拉克恢復和平的大型會議。這是中國古已有之的「金蟬脫殼」法，把迄今為止由華府獨斷獨行的伊拉克問題，變成安理會的頭疼。美國仍可在幕後遊說活動，卻可聲稱在遵行貝克委員會的建議，堵住民主黨人七嘴八舌的議論。

有意思的是，布希政府在與北韓「六方朝核會談」達成初步協議後，發現了辦外交「打鐵趁熱」的好處。報載北韓外務省副相金桂冠已抵華府，將與國務院對等官員舉行依照「朝核六方會談」聲明設置的「朝美關係正常化」小組會議，雙方如商談順利，所獲結論將提報預定三月十九日在北京舉行的「第六輪會談」。結局雖然無法預知，但兩個敵國間的關係，變化如此之大與步驟如此之快，在外交史上可稱奇蹟。

本星期六在巴格達召開的大使級「中東和平會議」如果有成，依照美國設計，伊拉克政府緊接著在四月就要召開外長級會議。那時萊斯以國務卿身分，將與伊朗外交部長莫塔基 (Manouchehr Mottaki)

同為伊拉克外長柴巴里(Hoshyar Zebari)的佳賓，平起平坐，共同商討所有與中東和平有關的問題。《華盛頓郵報》說，美國要伊拉克政府到時再加邀「八國集團」（G8，俗稱「富國俱樂部」）其餘成員參加，亦即除英、法、俄之外，德國、日本、義大利與加拿大都會被邀。華府的用意很清楚：出席國家愈多，美國的肩膀就愈輕鬆；相對而言，加在伊朗和敘利亞身上的道德壓力與國際期望就愈大。

自從一九七九年伊朗革命推翻了孔雀王朝，暴徒佔領美國駐伊朗大使館後，兩國斷交迄已廿八年。雙方不斷惡言相向，歷任美國總統中尤以小布希最討厭伊朗，稱它為「邪惡軸心」的一員。去年十二月廿六日，在美國強大壓力下，聯合國安理會史無前例地在耶誕節次日開會，全票通過第一七三七號決議，引用聯合國憲章第七章條文，威脅伊朗若不立即停止祕密提煉可供製造核子武器的材料，將面臨制裁。雖是空言恫嚇，多少有點作用。

伊朗真正的困難，是不論「最高領袖」哈米尼教長或總統阿瑪狄尼杰只會發表慷慨激昂的演說，不懂治國。空有豐富石油資源，卻因管理不善與受各國禁運影響，設備陳舊，產量日減；而過去倚靠國外售油收入的國庫，為應付政教合一的龐大開支，已日益捉襟見肘。

現在伊拉克主動邀請區域各國共商中東和平，說不定有達成某種協議的可能。美國雖然「應邀」參加，我幾乎可以斷言，本週六大使級會議時，代表美國的駐伊拉克大使哈里札德（Dr. Zalmy Khalizad）態度會比較溫和，而其目的只在誘使伊朗出席下月的外長級會議。到那時，萊斯國務卿肯定會恢復她的強硬姿態，一手拿著胡蘿蔔，另一手拿根大棍子，因為美國與伊朗間雖尚未到面對面談判的時刻，「先聲奪人」永遠是外交技巧的祕密武器。

八八、六方會談打破僵局 北韓獲得空前援助

（原刊九十六年二月廿六日《中國時報》國際專欄）

春節期間，台灣媒體好似只有馬英九與四大天王的新聞，但這些在國外並未受重視。真正有關東亞的頭條消息，仍數北京「朝核六方會談」獲重大突破，平壤政權同意在對等與「平行行動」前提下，「暫時」放棄提煉鈾、鈽等核武原料，換取美國、中共、南韓與俄羅斯提供百萬噸燃油，總值超過二億五千萬美元的援助，以度過寒冬。

不論從任何角度去看，北韓最高領導人金正日都是這場豪賭的大贏家，他放棄得最少，獲益卻最多，既贏了面子，更贏了裡子。

什麼面子呢？韓戰自一九五三年板門店停火協議迄今，美國從未承認過「朝鮮人民民主共和國」(Democratic People's Republic of Korea，簡稱 DPRK)，布希總統且把北韓列入「流氓國家」(rogue states) 之列；所有美國公司受「對敵貿易法」(Trading with the Enemy Act) 的限制，不得與北韓有任何往來。

這次二月十三日發表的「六方共同聲明」第三點載明：『朝方與美方將開始雙邊談判，旨在解決懸而未決的雙邊問題，並向全面外交關係邁進。』（本文使用雙引號時表示引用北京外交部正式發

表的「六方會談公報」中文版原文，以下均同）平壤大獲全勝。

什麼裡子呢？從二〇〇三年八月開始的北京「朝核六方會談」，自始就是北韓與美國在討價還價，其他四國只在旁看熱鬧。雖然六方會談在二〇〇五年九月發表過好似達成協議的原則性聲明，但隨後在金正日暴怒下被撕成廢紙。

其中祕辛，去年十月十日的本欄〈金正日「核爆」豪賭　牽動亞洲大局〉一文（收錄於《2006驚濤駭浪的一年》），引用《華盛頓郵報》獨家報導，指出恰巧在同時，美國財政部將澳門匯業銀行（Banco Delta Asia）列入為恐怖分子洗錢嫌疑名單，不知道金正日家屬貪汙來的錢都藏在這家銀行。現在美國在一個月內「將啟動不再將朝列為支恐國家的程序」，使這家小銀行不致倒閉，金正日家人的存款得保，才是獲得北韓點頭的真正誘因。

六方會談終能達成共識，中國居中斡旋之功不可沒。曾任亞洲司長、駐南韓與駐日本大使的武大偉，以地主國外交部副部長身分從頭到底主持會談，與美國主管東亞與太平洋事務的助理國務卿希爾合作無間。六國中，有三國代表都是副部長級，北韓首席代表是外務省副相金桂冠，俄羅斯聯邦則是副外長洛修科夫。日本與南韓反而只有司長級與會，日本代表是外務省亞洲大洋洲局局長佐佐江賢一郎，南韓代表千英宇的頭銜則是外交通商部所屬「朝鮮半島和平交涉本部長」。

這輪會談從二月八日在戒備森嚴的釣魚台國賓館開始，其餘四國代表團對朝美兩方基本立場有一百八十度轉變，早就心知肚明，因而每晚開會都要過午夜才休息，無人出聲抱怨。拖了三年的「第五輪」談判，經過短短六天「認真和富有成效的討論」就大功告成了。

北韓的讓步在：『重申以和平方式早日實現朝鮮半島無核化是各方的共同目標和意志』。在實行方面，則承諾『關閉並封存寧邊核設施，包括後處理設備』，同意邀請聯合國國際原子能總署 (IAEA) 人員重返北韓，『並進行IAEA和朝方同意的一切必要監督和驗證』；還答應『與各方討論共同聲明所述其全部計畫清單，包括從乏燃料棒 (spent fuel rod) 提取出的鈽，根據共同聲明這些核計畫應予放棄』。

這些承諾須在兩個月內，亦即四月十三日前做到。依照「行動對行動」原則，各國將同時啟運『首批緊急能源援助相當於五萬噸重油』給北韓，以救燃眉之急。至於總額一百萬噸的燃油，幾乎夠北韓一年所需，什麼時候兌現，就看北韓下一步的表現。

這次的「共同聲明」裡，六方同意在三月十三日前成立五個工作組，分別推動：一、朝鮮半島無核化，二、朝美關係正常化，三、朝日關係正常化，四、經濟與能源合作，五、東北亞和平與安全機制。為免曠日費時，訂在三月十九日舉行「第六輪會談」，以『聽取工作組報告，研究下一階段行動。』隨後『六方將盡速召開外長會，確認履行共同聲明，探討加強東北亞安全合作的途徑。』把期限訂得這麼緊，真可謂打鐵趁熱，一點都不放鬆。好像這樣還不夠，聲明最後又加上一段：『六方重申，將採取積極步驟增進相互信任，共同致力於東北亞地區持久和平與穩定，直接有關各方將另行談判建立朝鮮半島永久和平機制。』口氣之大，令人嘆服。

送給北韓一百萬噸燃油的大禮，由哪些國家掏腰包呢？美國與南韓自然義不容辭，中共為維持「老大哥」身分，再加此次促成談判贏得的聲望，也樂意慷慨解囊。俄羅斯為顧及顏面，總得要出點錢，大概會用取消北韓所欠俄國舊債的方式，轉一筆帳，也算有所貢獻了。

最丟臉的是日本，首相安倍晉三堅持北韓必須先交代清楚當年在日本境內擄去人質的下落，日本才能考慮參加對北韓的任何援助計畫。這些幾十年前的公案須待談判「朝日關係正常化」的第三工作組解決，東京在目前情況下則是咬定牙關，一毛不拔。如果因此而使下月的第六輪會談觸礁，該誰來負責呢？

八九、胡錦濤訪問非洲八國　雖有收穫難掩質疑

（原刊九十六年二月十二日《中國時報》國際專欄）

大陸對非洲越來越重視，國家主席胡錦濤正帶著夫人劉永清，在這片「黑暗大陸」作一年一度的訪問，一口氣走了八個國家。如只看北京外交部或新華社網站長篇累牘的報導，中國豈但取代了前兩世紀白人殖民者被人豔羨的優越地位，而且從表面看來，北京不像舊日只知榨取的帝國主義者，不但對非洲國家以平等相待，除一般性技術與經濟援助外，更幫助若干資源豐富的國家開發地下礦產，因而胡錦濤所至之處，都有盛大的歡迎場面。

但非洲人也並非個個都是傻瓜。向以新興非洲領袖自居的南非姆貝基總統當著胡錦濤面，滿口都是兩國友好之類的客套話。但一月前，他對非洲民族大會黨(African National Congress)青年幹部閉門講話時，便點名中共說，非洲不需要在趕走白人統治者後，再與其他人種間產生等同「殖民的關係」(colonial relationship)。非洲屬於非洲人所有，祖居非洲而且熱愛這塊土地的黑人，只有奮發圖強一條路，不要相信旁人。

姆貝基的話並非無的放矢，胡錦濤此行雖然從西非、南非、直到印度洋上的島國，主要著眼點仍與各國搶奪地下資源有關。他訪問的重點有兩個國家：盛產石油的蘇丹與全球最大產銅國尚比亞

(Zambia，大陸稱為贊比亞)。

先以後者為例，大陸國營的「中國有色礦業集團有限公司」(China Non-Ferrous Metal Mining Group) 一九九八年花兩千萬美元買下因經營不善封閉的 Chambishi 銅礦，再投資一億美元改善設備，改名為「中色非洲礦業有限公司」(NFC Africa Mining PLC)，派來大批人員，直接管理營運。該礦在二〇〇一年底復工，年產生銅五十萬噸，全部運回大陸供應建設需求。

這些中國幹部把國內剋扣薪餉，能省則省的那一套管理辦法，也帶到尚比亞來，不允許當地勞工成立工會，與勞工意識高漲的新非洲自然格格不入。二〇〇五年四月，銅礦所屬的炸藥廠發生爆炸，據說中國職員在爆炸前駕車逃逸，而非籍員工卻有四十六人死亡。爭議半年多後，廠方終於讓步，同意改善工安措施，補發虧欠薪資，死者家屬亦可獲賠償等條件。

拖到去年七月，薪資仍未補發；依照廠方計算，工人反而倒欠資方的錢。七月廿五日，幾十名工人到公司理論，警衛開槍射傷其中一人。謠傳這個黑人被打死了，更多黑人趕去公司門前，一名姓曲的中國職員慌了，拿起獵槍對群眾射擊，三名黑人受傷倒地。事情鬧大了，曲某立即被調回中國。時隔兩年，尚政府至今仍在「調查中」。非洲國家政治鬥爭激烈，反對黨抓住題目，大罵執政黨勾結中國，出賣民眾。胡錦濤在尚京盧薩卡 (Lusaka) 特別接見前總統卡翁達 (Kenneth Kaunda)，無疑是在為這兩案解釋中國的立場。

再看備受西方國家詬病的蘇丹：胡錦濤這次迫於國際壓力，雖然開金口向巴希爾總統表示關切，催促全面停火，加速政治談判過程等等的話，骨子裡並未改變蘇丹是中國進口石油的最大供應國，北京則是蘇丹在聯合國裡最大靠山的事實。

大陸兩家最大的國營石油集團——中國石油天然氣股份有限公司 (PetroChina) 和中國國際石油化工聯合公司 (UNIPEC)，都在蘇丹投入數以億計的巨資，採油後就地提煉。已完成的 Heglig 與 Unity 油田，日產卅萬桶油；在戰禍頻仍的達富爾省 (Darfur) 南部另一油田，今年亦可開始生產。煉成的油品循中國建造長達千哩的油管輸送到紅海的蘇丹港 (Port Sudan) 出口。大陸正在港邊協建規模宏大的油輪碼頭，以提高運輸量。交換條件據說是中共為蘇丹政府建了三座軍火廠，但誰也無法證實。

這些陰影籠罩了胡錦濤費時二週歷經八國的「國是訪問」。他雖在喀麥隆 (Cameroun) 受比亞總統 (Paul Biya) 招待；在賴比瑞亞 (Liberia，大陸稱利比里亞) 會晤約翰遜‧瑟利夫總統 (Elle Johnson-Sirleaf)。離開蘇丹後，下一站在尚比亞會見了姆瓦納瓦薩總統 (Levy Mwanawasa) 與塔哈副總統 (Ali Osman Muhamed Taha)；然後到納米比亞 (Namibia)，見了波漢巴總統 (Hifikepunya Pohamba) 與納米比亞首任總統、被當作國父的努喬馬 (Sam Nujoma)。

胡在南非停留三天，除會見姆貝基總統與女副總統姆藍博‧努卡 (Phumzile Mlanbo-Nguka) 外，還在首都普勒托利亞大學發表演講，強調國際互信。他提到去年在布希母校耶魯大學演講，捧一下這所並非南非最好的大學。而以今年要邀請五百名非洲學生訪問大陸，並將中國派到非洲留學生從二千人增加一倍作結，大概實在也拿不出什麼更討好的說詞了。

從南非共和國再往南，只剩莫三比克，他會晤了桂布札總統 (Armando Guebuza) 與狄亞哥總理 (Luisa Diogo)。匆匆一宿後續飛非洲海外印度洋上的塞舍爾群島 (Seychelles)，居民以印度裔為主，見了身兼五個部長的米契爾總統 (James Michel) 與兼管兩個部的貝爾蒙副總統 (Joseph Belmont)，昨天才回到北京。僕僕風塵，自然有些收穫。但大陸在非洲扮演的角色，是否符合普世價值與民主理念，應不應該對非洲幾個大獨裁者如此縱容並支持，越來越受世界各國質疑了。

九十、扁游聯手 真利害！

（原刊九十六年二月十日《聯合報》民意論壇）

原本很多人以為響徹雲霄的「正名」運動，只是憨憨的游錫堃主席，眼看在民進黨二〇〇八總統候選人的馬拉松賽跑裡，落在謝長廷與蘇貞昌後面太遠，情急之餘，才想出來的餿主意。

現在陳總統忽然出手，左打越走離阿扁路線越遠的蘇謝二人，收回了他自稱已經下放的行政權力。右給泛藍一個大耳光，讓國親新與無黨籍人士知道，掌握最後權力者永遠不會放手。配合總統府與國安會兩位祕書長對調，國安局長薛石民換成許惠祐，連李傑說錯了一句話都不肯放過，這些大動作傳遞的訊息只有一個，就是：我還是總統，你們誰也別想在我背後玩什麼花樣。今後一年多裡，不論大小事務，都必須聽我的。

當然，阿扁這次出手的著眼點，還是給深綠選民再餵一顆麻醉藥，讓他們感覺陳水扁才是「真台獨」，死心蹋地跟著他走下去；李登輝則已經動搖，或甚至叛逃敵營了。

這兩天的最新發展，使旁觀者對陳總統的謀定而後動，計算之精，出手之準，無論贊同或不滿，有了新的尊敬。設身處地替他想想，如果坐視謝長廷或蘇貞昌贏得民進黨提名，甚而成為下屆總統，這兩人中會在就職後包庇或特赦他和吳淑珍嗎？恐怕不太可能。四大天王剩下的呂秀蓮呢？只怕還會倒轉來，和他算一算三一九舊帳。相形下，游錫堃忠心耿耿，一定挺他到底。兩人合作無間，就建築在利害相同的基礎上。

既然發動正名，就要做得轟轟烈烈。阿扁手握行政院長的生殺大權，不怕蘇貞昌不全力配合。他也看準了：蘇院長的作法是柿子專挑軟的吃，放寬大陸人民來台旅遊已經快談成了，為免引發太多深綠選民的反感，這一件事放鬆之後，必須另找一件事收緊一下，這就是政客騙取選票的藝術。

果然，蘇內閣早已為不痛不癢的「正名運動」準備妥當。此所以號令一出，如應斯響，才說要把中華郵政公司改為「台灣郵政」，招牌早就做好了，只消掛上就OK。郵務工會再怎麼反對，也難推翻決策。中油、中船改名，只動皮肉，不傷筋骨，問題也不大。職工們反對，更不必理會。

總之，阿扁思維裡只有個人利害，哪曾想到過台灣人民的福祉？他和游錫堃聯手，唱做俱佳的「正名」大戲，因為別無政績可供表揚，還會繼續演下去。關起門來做皇帝好不威風，等著瞧吧，今年底或明年初，中央銀行新鈔票上的「中華民國」就會變成「台灣」，郵票也會印上「台灣郵票」字樣。

請問總統先生，什麼時候「第一公子」陳致中的名字會改成「陳致台」呢？我真有點等不及了。

九一、馬，還認不清政治事件？

（原刊九十六年二月六日《聯合報》民意論壇）

年關逼近，朋友見面最常聊的話題，竟不是到哪裡去旅遊，或怎樣吃喝玩樂，而是據報載台北地方法院檢察署趕在春節前即將簽結特別費案，如果馬英九被起訴，他會不會、或者該不該辭去國民黨主席的問題。

龍應台昨天在華文地區四家報紙同步發表的文章《路走得寬闊，人顯得從容》結論裡，對於馬英九這種「道德潔癖」，也不以為然。她認為歷史要由人來承擔；為維護自己的道德形象而退出大選，豈非把微小的自己看得太重了？此中隱藏的訊息，就是婉勸她曾與共事三年半的馬前市長，不應拘泥小節，而應更關心台灣長程的民主未來。

我要呼應許許多多朋友看法，借「民意論壇」的篇幅，向馬英九主席進一言。

1. 必須要認清楚：特別費案是政治事件，不是法律事件。台灣所有民眾不分藍綠，都看得很清楚，唯有馬英九這個「法律人」仍在以君子之腹，度小人之心。他以為歷來六千五百位政務官都身陷同樣的陷阱，檢察官應該會以同等標準處理；卻忽略了民進黨早就布下圈套，很可能在施茂林與陳聰明暗中合作下，只拿許添財和許陽明陪葬，起訴馬英九，逼得他必須實踐諾言，辭去國民黨主席職務，甚至退出明年總統大選。而民進黨四大天王以下，乃至國民黨執政時期幾千官員的特別費案，則另案處理，到那時再以「共業」而統統不罰，皆大歡喜。這是僅就特別費的性質去看問題。

2.國民黨內規並非法律，退一步而言，辭主席職和大選提名兩事全不相干。沒錯，「國民黨黨員參加公職人員選舉提名辦法」規定，黨員「經起訴者，一律喪失提名登記資格」，但辦法中並沒有說被起訴就該辭去黨內職務呀。

3.馬英九如辭黨主席，向誰提出辭呈？從前國民黨選主席，只消中委會或中常會開會時，全體起立鼓掌，就算通過。但前年七月國民黨首次辦理黨員直選，馬英九以三七五〇五六票，高達投票率的七一．五％當選。就法律層次而言，他的上級是全體黨員。只有再舉行一次全國黨員投票，才能決定接不接受他辭職的請求。無論全國代表大會或中央委員會全體會議，都沒有資格准或不准馬英九辭職。以上是從嚴格法律觀點看問題。

4.馬英九不可讓台灣繼續沉淪，讓國民黨走入歷史，成為民國罪人。此話並非危言聳聽，而是全台一大半民眾人同此心，心同此理的深切感受。以陳水扁的貪腐無恥，民進黨的精於算計，二〇〇八年即使是「馬王配」，也不見得穩操勝算。如果馬此刻辭去主席職務，勢將陷泛藍陣營於群龍無首的局面。他如不代表藍營競選下任總統，台灣將出現向外移民潮，股市與匯率頻頻跌停板，兩岸關係前景與中國能否走向民主之路的希望，可能都被他搞砸了。

九二、執行安理會決議不力　美國對歐漸感不耐

（原刊九十六年二月五日《中國時報》國際專欄）

當世界唯一超強不是容易的事，要友邦乖乖地聽話，即使有聯合國安全理事會通過的決議案撐腰，也難做到立竿見影。

美國在伊拉克焦頭爛額的原因之一，是伊斯蘭什葉派掌權的伊朗不斷以金錢、武器與人員支援伊拉克的什葉派民兵，激起內戰。而華府藉伊朗悍拒國際原子能總署監督而祕密發展核武為題，費盡力氣，才在去年底獲得聯合國安理會通過決議，對伊朗實施制裁。但《紐約時報》最近報導說，決議歸決議，歐洲國家卻推三阻四，遲遲不肯照案執行。

元月廿九日，布希總統在接受美國公共廣播網（National Public Radio）訪問時警告說，如果伊朗干預伊拉克的軍事行動不停止，美國會「堅定地回應」（respond firmly），但他的意思並非美國將入侵伊朗。（It does not mean that we're going to invade Iran.）而他究竟會如何回應，就讓德黑蘭政府去猜吧。

安理會去年十二月廿七日全票通過的第一七三七號決議，措詞嚴厲，對所有會員國都有拘束力。它援引聯合國憲章第七章第四十一條有關對會員國制裁的規定，要求伊朗立即遵照國際原子能總署理事會第GOV/2006/14號決議案指示，停止研發或進行提煉高濃縮鈾或運轉重水反應器。除此之外，聯合國所有會員國均須嚴禁一切與伊朗研發核武有關的器材、設備或科技流入與伊朗核武計畫有關

人員或機構手中，甚至不容許此類器材設備過境運往伊朗。

哪些是伊朗的「有關人員或機構」呢？決議案的附件列舉伊朗境內七所政府與民間機構，包括伊朗原子能組織 (Atomic Energy Organization of Iran) 與國防工業組織 (Defense Industry Organization) 等全國性公營事業。此外還有三家涉嫌製造彈道飛彈的公司或財團、七位與發展核武攸關的學者專家和五名文武官員，最高階者是伊朗空軍總司令與國防科技大學校長。如此鉅細靡遺，雖在安理會歷年一千餘件決議案中，亦屬罕見。

歐洲國家不但倚賴伊朗供應石油和天然氣，它們和伊朗的貿易量也頗為可觀。各國民間企業在國內銀行辦理輸出貸款，向伊朗銷售消費用品乃至五花八門的機器設備，都以伊朗局勢不穩為由，獲得本國政府為貸款背書擔保。二〇〇五年的擔保總額達一百八十億美元，去年僅略降而差別不大。美國認為這簡直是在幫伊朗的大忙，已經提供了至少卅家伊朗公司與五家在西歐設有分行的伊朗銀行名單，要求歐洲各國政府合作，不再掩耳盜鈴，務須嚴格執行安理會這項決議。

美國向國際金融機構查出來，以二〇〇五年為例，義大利提供伊朗的出口貸款保證達六十二億美元，德國五十四億美元，法國十四億美元，西班牙與奧地利也各有十億美元。換句話說，如果伊朗進口商因任何理由付不出貨款，就由各國政府賠償給它們本國的商人。

美國施壓的對象以義大利、德國、法國、西班牙、奧地利、荷蘭、瑞典與英國為主。這些國家則辯稱，它們不像美國有管制輸出的法令，因而缺乏法源依據，不能驟爾採取行動。元月廿二日，歐洲各國外長在布魯塞爾開會，同意各國將頒行類似美國對他國禁運的法律。但由各國國會立法、頒布到實施需要不少時間，也是拖延之一法。

《紐約時報》說，歐洲各國領袖中，唯獨現任歐洲聯盟主席德國總理梅克爾比較合作。英國首相布萊爾則因捲入「賣爵」(Cash for Honors) 醜聞，泥菩薩過江，自身難保。其餘各國態度都是能拖則拖，過一天算一天。

雖屬盟邦，彼此間猜忌在所難免。歐洲國家說，美國與沙烏地阿拉伯早有默契，故意壓低原油價格，使伊朗的財政困難。美國則反咬一口，指出兩年前布希政府原擬對伊朗採取行動，因受歐洲國家攔阻，才同意只用外交手段解決伊朗發展核武的問題，現在是歐洲未曾盡到當時協商的義務。

布希總統年初提出增兵伊拉克計畫，本意就在尋求致勝之道，從根本上解決中東問題。他派遣兩個航空母艦戰鬥群到伊朗外海，又打破前例，提名海軍上將法倫為美國中東部隊總司令，一反五年餘來由陸軍將領指揮伊拉克美軍的傳統，其間蛛絲馬跡，耐人尋味。

元月卅一日，法倫在參議院軍事委員會審查提名案的聽證會席間公開宣稱，伊朗以其軍事力量阻擋美軍在波斯灣的部署，對中東而言是「使局勢不穩定的因素」。他主張要用「戰鬥艦外交」(battleship diplomacy)，以免「時不我予」(time is running out)。「戰鬥艦外交」這個名詞不是法倫創造的，原出維吉尼亞州共和黨籍聯邦參議員華納 (Sen. John W. Warner) 之口，華納一向力挺布希對中東的強硬政策。中國衰弱時，歐洲國家在清末民初曾用「砲艦外交」(gunboat diplomacy) 來達到目的；如今進步到要改用戰鬥艦去威脅中東了。而布希會不會採取比入侵領土稍低一級的干預手段，例如以海軍封鎖伊朗海岸，要看今後幾週或幾月的發展。

九三、李登輝不是台獨　你信嗎？

（原刊九十六年二月一日《聯合報》民意論壇）

一腳踢開了蘇進強，改用最聽話的黃昆輝做台灣團結聯盟主席後，李前總統前昨兩天藉接受《壹週刊》與TVBS專訪的機會，放了他重出江湖的第一砲。豈但遠在北京的國台辦措手不及，民進黨自天王以下，也沒人知道該如何應付。若就搶奪昨晚電視鏡頭與今晨新聞標題而言，堪稱是震驚台灣的頭條消息；老練的政治精算師出手，果然不同凡響。

不可否認，從民國七十七年一月到八十九年底，李登輝在台灣曾經叱吒風雲，操弄兩千三百萬人民的命運，無人可奈他何。但那是他以中華民國總統兼國民黨主席身分帶來的尊榮所致。七年前國民黨敗選，憤怒的群眾包圍總統官邸，逼他辭去黨主席職務後，那個光環早已消失不見。李先生此後的表現，也就把他專走短線，先迎合台獨基本教義派不成，又忽然改而追求中間選民的投機取巧心態，徹底表露出來。

還有人記得嗎？民國九十二年秋天，連宋配與扁呂配競選激烈時，十月卅一日李前總統在「全國挺扁總會籌備大會」上演講，脫口而出說：「這一戰若不贏，我就要逃到國外活命」，獲得全場熱烈鼓掌。當天據台聯立委程振隆轉述解釋，李登輝認為選總統所爭的是國家認同，「總統選舉沒有中間選票」那回事。

第二天，亦即十一月一日，李登輝又在群策會舉辦的「兩岸交流與國家安全研討會」上，指有些人為反對而反對，不惜「聯共反台」，把敵國當成夥伴，成為台灣的「中國遊說團」。政治人物不甘失掉政權，在有意無意之間，把和中國的「敵我矛盾關係」，當成夥伴關係了。

阿扁連任後，九十三年六月廿六日，李前總統在「北社」三週年慶及募款餐會上，領頭宣讀「制憲運動誓詞」。他說要解決國家定位與國家認同問題，具體的作法就是「更改中華民國國號，重新制定憲法」。在大選綁公投後，台灣人民應該覺醒，「體會制憲和正名是必走的路」。這些人人難忘的「嘉言錄」，包括蔡英文等幕僚替他想出來的「兩國論」，很浪費篇幅，我引用得已經夠多，應該打住了。

有人說，不管怎樣，李登輝終究是台灣的「民主先生」，應受到敬重。這讓我想起他出版自認為蔣經國傳人那本書後，宋楚瑜曾寫文章，列舉兩人截然不同的五點如次：(1)蔣經國強調均富，李登輝卻拉開貧富距離；(2)蔣致力族群融合與包容，李卻致力於分化；(3)蔣剷除黑金，李卻創造了黑金；(4)蔣維護中華民國，李卻要消滅中華民國；(5)蔣為人沉穩誠信，李卻反覆權謀。這不是我造的，是九十三年五月十六日「民意論壇」刊登的宋楚瑜投書。

李登輝先向《壹週刊》說，他不是「台獨教父」，也「從來沒有主張過台獨」。他還說想去大陸旅遊，「將五千年前孔子周遊列國的路線走一遍」。但昨晚他又對方念華否認有訪問大陸之意；兩國論也根本不是他的原意，云云。反正一張嘴兩面皮，他愛怎麼說，就怎麼說吧。

一位風燭殘年的過氣政客，不甘寂寞，突然改絃易轍，發出一百八十度轉彎的言論。信不信由你，國人也只能作如是觀了。

九四、卡特新書得罪猶太裔

（原刊九十六年一月廿九日《中國時報》國際專欄）

去年底，美國前總統卡特出版了他所寫的第廿一本書《巴勒斯坦：要和平而非種族隔離》(*Palestine: Peace Not Apartheid*)。當時宣傳說他是美國歷任總統中出書最多的一位，後來證明有誤；老羅斯福總統寫過四十本，卡特還有一大段路要趕。

該書剛出版，就被一窩黃蜂叮得滿頭包，報紙期刊的書評更是一面倒。《華盛頓郵報》用「個人信念」(faith-based) 兩字譏諷卡特「片面」支持以色列境內巴勒斯坦居民生存權利的觀點。《紐約時報》不去找經常撰寫書評的作者，拖到今年元月七日，才登出國際版副主編布朗納 (Ethan Bronner) 執筆的書評，無法痛罵，只好稱之為「一本奇怪的小書」，巴黎的《國際前鋒論壇報》隨即不加一詞，全文轉載。

《紐約時報》放砲的意義，象徵美國數以千計的猶太裔團體對卡特新書的反對立場。四天後，附設在亞特蘭大市艾默利大學 (Emory University) 校園內，與卡特總統紀念圖書館與博物館同在一處辦公但不相統屬，以維護世界人權為職志的卡特中心 (The Carter Center) 二百位顧問中，有十四人集體提出辭呈，以示對這本書的不滿。這批猶裔工商界人士並非學者專家，只幫忙辦活動或募款，但他們的行動仍足顯現美籍猶太人的團結力量。

我在紐約負責對美宣傳時，最常受自由派人士責難的就是所謂「中國遊說團」的活動。我的標準答案是：我們從未用金錢或利益收買朋友；美國支持中華民國的人如自稱 Mr. China Lobby 的柯爾堡 (Arthur Kohlberg) 或眾議員周以德 (Walter H. Judd) 等人，幫台灣發言純出自願，還大把地捐錢給百萬人委員會 (Committee of One Million) 之類的團體。而且，對美國政策影響力最大是英國與以色列，你們為何不去查問這兩個遊說團呢？如此反詰後，這班人往往無詞以對，爭論也就不了了之。

猶太人兩千年沒有祖國，到處受歧視。帝俄時代開始移民美國，看過從歌舞劇改拍成電影的《屋頂上的提琴手》(*Fiddler on the Roof*) 的人都有印象。歐洲尤其德國的猶太後裔，僅十九世紀就有二百萬人移民來美；希特勒時代更瘋狂逃生。今天全美承認自己是猶太後裔者，估計有六百四十萬人，與以色列全國人口數相當。

猶太人傳統注重教育，生活節儉。他們與其他國家來的移民競爭，很快就出人頭地，在政治、金融、科技、傳播各界自成勢力。台灣人熟知曾代表共和黨競選總統的高華德即其一例。今天美國參議員中有十三位，眾議員有卅位都是猶太裔。美國著名經濟學家如傅利曼和薩繆爾森，科學家如愛因斯坦和歐本海默更不用說。這些人都得過諾貝爾獎。

而得過諾貝爾和平獎的美國人如季辛吉等，其中有三七％是猶裔，為猶太人佔美國人口比例的十九倍。得過克拉克獎者中，則有七一％是猶裔，超過人口比例卅五倍。哈佛與其他著名高等學府都有不成文的「反配額」(reverse quota)，即每年招收新生中，猶太裔不能超過四〇％，否則其餘族群的青年都考不進最好的大學了。

猶太人思想自由，但以支持民主黨，與工會同一個鼻孔出氣者居多。他們更重要的特點是組織力強，在猶太教堂 (synagogues)、猶裔青年組織 (B'nai B'rith)、反誹謗聯盟 (Anti-Defamation League)、婦女組織 (Women's American ORT)、遊說機構 (American-Israel Public Affairs Committee, AIPAC)、猶太復國運動 (American Zionist Movement)、與大屠殺紀念館 (Holocaust Museum) 等，和他們遍布全國各地的分會，在美國社會布下天羅地網，任誰都逃不過它們有似大章魚觸角的包圍。

在這許多團體之上，還有兩個統籌一切猶裔事務的總機構，一是美國重要猶裔團體會長聯合會 (Conference of Presidents of Major American Jewish Organizations)，另一是美國猶太人委員會 (American Jewish Committee)。前者好似美籍猶裔人的股東大會，後者則像董事會。凡牽涉到政治經濟等重大問題，由這兩個團體決定大方向，然後全美凡屬猶太人的社團會發動排山倒海之力以赴，無堅不摧，無往不利。

了解以上背景後，再回頭看卡特甘冒這麼大的風險，仍出版這本批判以色列對巴勒斯坦政策新書的用意何在？我想：在總統任內曾經達成「大衛營協議」，促成以色列與埃及建交的卡特，多半是受夠了以色列政府說一套，做的又是另一套的兩面手法，真想喚醒美國民眾，壓迫以國歐默特總理覺醒，誠實地執行美國所提中東和平「路徑圖」(The Roadmap) 的義務。

九五、騙來騙去 騙進聯合國？

（原刊九十六年一月廿九日《聯合報》民意論壇）

耗費掉納稅人上千萬台幣，陳水扁請來波蘭華勒沙、南非戴克拉克、南韓金泳三以及蒙古、薩爾瓦多等國下台後的總統，來台北開「全球新興民主論壇」倡議大會，卻藉機提出「制定新憲法」與「以台灣名義加入聯合國」兩個題目作文章，重演他出口轉內銷的老把戲。其實他心裡也明白，略有國際常識的人早就看穿他這一套，但他只要哄騙過深綠的選民，就達到目的了。

不知是哪個幕僚教他的，陳水扁說：聯合國會員中，許多國家都不是以本名入會的；而且申請加入聯合國，沒有違反「四不」的承諾。這兩項「新說法」，聽在懂得問題關鍵的人耳裡，真覺得啼笑皆非。

沒錯，聯合國會員中有不少使用簡稱的例子。大陸的全名是中華人民共和國，但它在聯合國中被稱為China；豈但如此，聯合國憲章簽署時的原始會員還是Republic of China呢，也無損於北京的會員資格。若要找另一極端的案例，馬其頓加入時，由於希臘說它境內也有個馬其頓省，表示反對，結果用「前南斯拉夫聯邦的馬其頓共和國」為名加入。但沒人理會這個不三不四的全名，它依然就是馬其頓。

至於陳水扁說，以台灣名義申請加入聯合國，並不「違反」他兩次就職典禮時與每年元旦指天誓日的「四不」保證，更是妙不可言。請問總統先生，「四不」是你為應付美國對台灣施壓而作的承諾，與聯合國有什麼關係？聯合國對台灣向來不理不睬，有哪個聯合國機構曾經要求你信守「四不」？還請告知人民，讓大家感覺在吃過十幾年閉門羹後，終於有一線曙光出現了。

聯合國憲章第二章第四條第二段規定得很清楚：新國家申請加入，須由安全理事會推薦，經聯合國大會通過，始能成為會員。大陸既為安理會常任理事國，擁有否決權，單靠「以台灣名義申請」，就能突破這一關嗎？

從民國六十年起，三十六年來我們不知敲了多少次聯合國緊閉的大門，多少職業外交官絞盡腦汁，哪一年曾有一絲希望？以總統之尊，在許多國外貴賓面前，發表如此毫無常識言論，除讓別人竊笑外，有什麼好處？又達到了什麼目的？我實在百思不解。

打開天窗說亮話，陳水扁的「新說法」也者，只是民進黨執政將近七年來一貫愚民政策的延續，雖然騙不過有智識的國人，只要能哄騙深綠選民，就達成他們的本意了。加入聯合國本來就是毫無希望的事，管它理會不理會，我先穩坐在總統府三樓大辦公室裡，別的事都不要緊。

九六、東亞峰會為大陸崛起背書

（原刊九十六年一月廿二日《中國時報》國際專欄）

一月廿二日的《時代》週刊，實際一週前就開始發售，以大陸崛起做它的主題。封面畫的是一個龐大的黃色五角星從長城背後升起，大字標題是「中國：新王朝的破曉」(China: Dawn of a New Dynasty)；長達九頁圖文並茂的報導，也使許多美國人怵目驚心。

該誌總編輯史丹格 (Richard Stengel) 在卷首〈告讀者〉文裡，提到《時代》、《幸福》(*Fortune*) 與《生活》(*Life*) 三種廿世紀中葉暢銷雜誌的創辦人、傳教士之子、在山東登州出生的魯斯 (Henry R. Luce) 對中國的熱愛。其實魯斯在一九六七年逝世後，曾經喧赫一時的這家公司早已數易其手，變成「時代華納媒體集團」(Time Warner) 的子公司，與魯斯早無關連了。

從這期起，《時代》每期都有關於大陸的專欄，分析美中兩國的互動關係。即使在冷戰最激烈時，前蘇聯也未被如此另眼看待過。該誌引用任教於約翰霍浦金大學的孟捷慕 (James Mann) 即將出版的《中國幻想曲》(*The China Fantasy*) 一書說：蘇聯只有核武可與美國抗衡，經濟面貧困不堪。今日中美恰巧相反，北京手握三千多億的美國國庫債券，美國消費者倚賴大陸廉價商品已成習慣，主客易勢，華府要應付這個更強大卻不民主的夥伴，不是件容易事。

為免遭「長他人志氣，滅自己威風」之譏，《時代》用圖表把兩國作了比較。雖然就經濟成長率而言，大陸這兩年都超過百分之十，而美國只有二點幾；但個人年平均所得，大陸只一七〇三美元，而美國是四三七六〇元。雙邊貿易增加快速，六年前進出口合計不到六千億美元，去年已超過一兆五千億。文中也指出兩國在海外搶奪能源、資源、與國際市場各方面，都有激烈競爭。

兩岸關係是美中互動不可避免的一環。《時代》畫龍點睛地只用一句話概括形容：「那些贊成台灣獨立的人，包括陳水扁總統在內，已經完全失去布希政府的支持。」(Those in Taiwan who favor independence, including its President Chen Shui-bian, have singularly failed to win the support of the Bush Administration.) 台灣報紙只引述了其後提到布魯金斯研究所 (Brookings Institution) 客座學者黃靖的話，卻漏掉《時代》斬釘截鐵式的判斷，令人詫異。

因風災延期到上週末才在菲律賓宿霧 (Cebu) 舉行的東協主辦的東亞高峰會議 (East Asia Summit)，間接證實並支持了《時代》對大陸影響力的評估。胡錦濤並未出席，因為北京「大國外交」的分工是，胡主席負責跑歐美，溫總理主跑亞洲，剩下的非洲與拉丁美洲，則視場合與他國出席領袖而定。

這次會議的性質很容易把人攪糊塗：就擴大範圍每兩年一次、邀請澳洲、印度等區外國家參與的東亞峰會(而非東協峰會)而言，它是第二屆；就東協與中國 10+1 高峰會以及東協與中、日、韓三國 10+3 的會議而言，它都是第十屆；而僅就中、日、韓三國領袖在會外舉行三方會議而言，它是第七次了。

溫家寶在會中出盡鋒頭，可以想像。平時相當保守的新華社報導，也自承在今年大會裡「中國格外搶眼」。他在 10+1 峰會中發表「共同譜寫中國—東盟關係的新樂章」演說，簽署了一堆文件，包括：一月十三日的「東亞能源安全宿霧宣言」及「東盟憲章藍圖計畫」、十四日的「北京宣言 ICT 合作夥伴行動計畫」、「東盟與中國自由貿易區的服務貿易協議」、及「東盟與中國農業部間農業合作計畫」等。

溫家寶活動的重點，其實在於與各國領袖的單獨會晤。他接見了澳洲總理霍華德、印度總理辛格、紐西蘭總理克拉克、日本首相安倍晉三、南韓總統盧武鉉、汶萊蘇丹哈山納波嘉、印尼總統尤多約諾、寮國總理布阿索內、馬來西亞總理巴達維、緬甸總理索溫、菲律賓總統艾若育、泰國代總理素拉育、越南總理阮晉勇、東協祕書長王景榮、亞洲開發銀行董事長兼總裁日籍的黑田春彥等人。

東協在世界舞台上的重要性日漸顯著，從一件事就看得出來。大陸所以能搶在俄國、印度等國之前，三年後即可與東協十國建立自由貿易區，就是因為北京早就簽署加入了作為東協基礎的「東南亞友好合作協定」。巴黎看樣學樣，一月十三日大會祕書處宣布，法國也已簽署了基本協定，比英、德等歐洲國家早著先鞭。

英文標題又臭又長的「北京宣言 ICT 合作夥伴行動計畫」(Plan of Action to Implement the Beijing Declaration on ASEAN-China ICT Cooperative Partnership for Common Development) 中的 ICT，指的是資訊與通訊科技 (information and communications technology)。其中透露出來的訊息，是大陸可藉此在東南亞各國三C市場取得領先主導地位。行動計畫內容可云無所不包，從建立資訊超級公路、發展下一代網路、寬頻通訊、廣播電視、研究發展，到統一電訊標準、保障資訊安全、便利產業投資與貿易等，全部通吃。難怪有報紙為此寫社論，台灣的三C龍頭廠家要注意了。

九七、馬的統御：學《厚黑》？納百川？

（原刊九十六年一月十八日《聯合報》民意論壇）

國民黨嶄新的「馬吳體制」，昨天令大家鬆了一口氣：黨內總統初選公告延遲到四月二日。如此果斷明智的決定，至少有幾點好處。

首先，外間傳得沸沸揚揚的所謂「馬王心結」，不攻自破。其次，既然黃光國教授拿到的新黨證發證日期是一月二日，他就有資格報名參選，使國民黨候選人不會再出現兩人中有一位只是「陪選」的現象。真正的效果是，國民黨在慎選總統候選人時，可能會有三位或更多，純以政見辯論，而非陰謀傷害的一場「君子之爭」，對台灣民主化絕對有利無弊。

表現馬英九新作風的，還有修改原本含糊不清的曖昧態度，在立法院表決阿扁提名陳聰明為檢察總長一案投票時，決定動用黨紀，實行「黨進黨出」。假如馬主席到時能親自坐鎮立院國民黨團辦公室，我想沒有幾位委員敢公然跑票，對國民黨整體形象也大有幫助。

這種從善如流的新作風，不但對馬英九的形象無損，還有加分作用。選舉不是打一個人的仗，必須全黨上下團結一致，同仇敵愾，還不一定能操勝算。老實說，馬個人過去並無指揮龐大的政黨體系作戰的經驗。競選總統與選台北市長的規模無法相比，從前他只要能「將兵」就成了，今後他必須「將將」。道理很簡單，作總司令的人要能推心置腹，使各種不同背景，所求也不相同的人都肯替他賣命奔走，力量不致互相抵消。他過去雖曾隨侍蔣經國多年，對「統御」之學仍舊不太熟悉，因為天下沒有一本好書能教人如何做領袖，必須自己慢慢去體會領悟才行。

月來許多名嘴在藍綠陣營的政論節目裡亂下指導棋，認為馬英九該這樣或該那樣做。從南到北的叩應民眾，更提出許多令人捧腹大笑的主意。從「好人有什麼用？馬英九該讀讀李宗吾的《厚黑學》」，「老實也是一種罪惡，勝選可以不問手段」，「馬該心狠、手辣、面皮厚」；到另一極端的馬英九是「披著羊皮的狼」，不一而足。

除了充塞節目時間，滿足政治焦慮症聽眾下意識的願望外，大家忽略了最基本的事實，馬英九溫良恭儉讓的個性早已形成，連他母親也改不了他了。但在專任黨主席後，馬英九應該朝以下幾個方向逐步修正他的作風：

1. 減少曝光，不再任令媒體記者每天在他進出黨部時，擋著問東問西。三言兩語式的問答，並非最好表達意見的方式；「謝謝指教」更已被人當作笑話學樣。寧可舉行定期記者會，事先充分準備，才不會被記者以偏概全，造成誤差。

2. 跑基層固然重要，更要緊的是自己多留些時間，去思考重大問題。主持會議或接見賓客時，儘量少表示本身意見，使別人有全盤陳述建議的機會。兩位蔣總統只聽客人說話，極少攔阻或參加意見，是他們「海納百川」的祕訣。

3. 作最大政黨領袖，全國的人都可以是你「囊中人才」，不需要什麼私人團隊。理想的領袖應該使天下人才盡為所用，這也是傳統政治的最高準則。

九八、布希增兵計畫 反對者難以推翻

（原刊九十六年一月十五日《中國時報》國際專欄）

元月十日，布希總統站立在白宮書房裡，對美國民眾發表廿分鐘的談話，坦然承認過去在伊拉克的失敗，並提出增兵二萬一千五百人方案，同時將維持伊拉克治安的主要責任移交給馬里奇總理領導的伊國民選政府。布希此舉雖然被民主黨罵得臭頭，卻是在目前情勢下，不得不走的唯一道路。台灣有人無形中受美國自由派輿論的影響，盲目跟著批評，難免有失公正。

從頭到底聽完那天布希講話後，給我印象最深刻的是這兩段：「在廣義的中東裡，這場挑戰不以軍事為限，它是我們這一代意識形態的決戰(it is the decisive ideological struggle of our time)。」他又指出：「從阿富汗到黎巴嫩到巴勒斯坦領土，數以百萬計的老百姓對暴力厭惡到極點，為使子孫們前途有點機會，他們只希望有個和平的未來。他們都在注視伊拉克的局勢，要想知道美國會不會貿然撤退，把那個國家拱手讓給極端分子。」

這四年來，美國在伊拉克當然犯了許多過錯，國務卿萊斯就說過：「我們的錯誤不計其數。」而布希毫不掩飾地承認：「不但美國人民不能接受伊拉克今天的情勢，我也不能接受。」但正因為「如果在伊拉克失敗，對美國而言將是一場災禍」，他必須忍辱負重，尋求先紓解瀕臨內戰邊緣的伊拉克伊斯蘭教派間的仇恨，這個責任必須由民選的伊國政府扛起來；美國同時也要把軍事指揮權移交給伊拉克軍方。

台灣報紙限於篇幅，沒有一家詳細報導布希計畫的全貌。簡言之，他雖增派這麼多美軍赴伊，重點實在於迫使伊政府負起首都治安的全責。增派的美軍中，雖有五個旅將駐紮在巴格達地區，但絕大部分會被派(embedded)到伊拉克軍警部隊裡，以顧問身分參與作戰，也等於監軍。

馬里奇總理承諾將任命一名首都保安司令和兩名副司令，派出陸軍與警察部隊共十六個旅的兵力供其指揮，駐防首都的九個區。而伊拉克政府也隨即公布派令；不消說，兩名副司令肯定是什葉派與遜尼派各佔一名，以示不偏不倚，不會讓一方指責另一方在公報私仇。

美國為什麼要把增加兵力的八〇%用在巴格達呢？因為伊拉克宗派間互相殘殺事件，八〇%都發生在首都卅英里範圍之內。布希坦承，過去美軍與伊拉克部隊掃蕩了一個區，隨即調往另一區繼續綏靖，但恐怖分子又乘虛復回，如此周而復始，終難肅清。過去美軍受宗教與政治力量阻撓，無法進入清真寺或其他庇護持有槍械之各色人等的場所搜索；馬里奇總理在新年廣播中已經宣布，從今而後，在雙方共同執行的「巴格達保安計畫」(Baghdad Security Plan)裡，不問其宗派或政治背景為何，不容許任何不法人士有藏身之所。

除首都外，伊拉克最不平靜的地區是安巴爾省(Anbar)，此次增兵所餘的四千美軍將派往該省，協助剿滅「基地」恐怖組織的殘餘勢力。美國追殺基地分子不遺餘力，新年期間還根據情報，派出特種部隊到非洲之角(Horn of Africa)的索馬利亞去追捕。結果如何雖諱莫如深，但這是一九九三年美軍撤出索馬利亞後，在該國的首次軍事行動。

細讀布希總統的講話，其重點實在於把美國肩頭上四年來的千斤重擔，移交給伊拉克政府自己去承擔。巴格達保安計畫只是第一步，而今年十一月底前，美軍將把伊境所有的維安責任，都移交給伊拉克政府所轄的軍警部隊。言外之意就是，搞砸了是你自己的責任，與我無關了。

馬里奇也承諾將盡速通過法律，使「所有伊拉克人都能分享石油收入」，暗示過去遜尼派對由什葉派主宰的政府全權支配售油所得的外匯收入，極表不滿。布希說，馬里奇總理並將從伊拉克本國稅收中撥出一百億美元，投入重建計畫與基礎建設工程。這是向美國納稅人表示，今後美國不會再無限度地拿他們的血汗錢，去填伊拉克這個無底洞了。

整體而觀，布希的伊拉克新戰略 (new Iraq strategy) 確實與過去有很大的改變。這是政策的一百八十度轉向，也是一場豪賭，賭注不僅是布希與共和黨能否在明年底總統大選中獲勝，而是美國的國家榮譽與在國際社會中的可信任度能否維持不墜。儘管民主黨與自由派媒體批評聲不絕於耳，他們推翻這項決策的機會並不樂觀。

台灣時間元月十一日上午十時廿分，布希講完話後，美國各大電視網隨即播出民主黨籍伊利諾州參議員竇賓 (Sen. Dick Durbin) 的駁詞 (rebuttal)，以示公正。那篇預先寫好的講詞內容空洞，只在過半數民意都反對增兵這一點上作文章，缺乏強有力的辯駁。

民主黨全國委員會主席、前州長狄恩也立即發出通函給所有支持者，內容同樣了無新意，他只要求布希的新計畫必須交由民主黨控制的國會討論通過。函末代支持者擬就了一封反對增兵的信稿，只要下載後，簽個名寄給所居地的參眾議員就成了。這種老掉牙的製造民意手法，今日不會有很大效應；而幾天來自由派媒體雖不斷攻詰，並未造成風起雲湧的反對氣勢。

布希的增兵計畫因為有完整的配套措施，國會或輿論界的反對恐怕難以推翻總統的決策，這就是美國民主的可貴之處。

九九、馬備戰　要魄力打造新團隊

（原刊九十六年一月十日《聯合報》民意論壇）

今天的國民黨中常會，將上演一場「代理人的戰爭」，開砲的人與被轟的對象都非主角。因為馬英九主席的權威遭受嚴厲挑戰，所以才有這麼多人屏息以待。

不過一個月前，不少人指責「馬團隊」沒有人才，各自為政，反應慢半拍，所以輸掉了高雄。如今他擺脫掉台北市政府的包袱，認真思考黨部人事，剛透露幾位內定人選，又引得各方鳴鼓而攻，罵得更兇。

民進黨立委質難他喜歡用「中時幫」，正如《水滸傳》裡常用的那句話：「丈二燈台，照得到別人，照不見自己。」金恆煒、鄭弘儀、吳國棟、甚至黃光芹，不都是《中國時報》出身？匿名的國民黨「本土派」委員氣憤地說，以後只要在外面多罵罵國民黨，就可獲重用，更是酸葡萄作祟。

台灣要做到真正民主，必須拋棄從國父「聯俄容共」時引進，至今連民進黨也未能擺脫的「列寧式政黨」的組織與思維。民主真諦就在人民有選擇政黨的自由，美國人上次選舉投票給共和黨的，下次很可能改投民主黨，反之亦然。美國南卡羅來納州活到一百歲的賽蒙德參議員，從民主黨籍變成共和黨，他的選民也照樣支持到底，沒有人罵他不忠不義。

昨天還在罵國民黨的人，今天看清楚了民進黨執政後種種貪汙腐敗現象，而國民黨有改革決心，為什麼不能加入藍營，共同為理想努力？連戰在主席任內破除眾議，找曾任民進黨文宣部主任的陳文茜在中視主持節目，並在智庫擔任顧問，又派民進黨出身的鄭麗文做國民黨發言人，充分表現連主席的知人之能與用人的魄力。

批評的人似乎忘記了馬英九初次當選台北市長時，找龍應台做文化局長，鄭村棋做勞工局長。這兩人在思想上與國民黨的差距，何止十萬八千里之遙。馬市長用這兩位毫無行政經驗的人，只因為他們有理想，有熱情，可以為台北市民做些事，本就與意識形態無關。

馬如今專任黨主席，了解藍營選民對他期望之殷切，更深知國民黨過去為民詬病之處。他也冷眼看多了黨部過去反應遲緩，挨打後總是還不及回手，民進黨便已經換了新話題，以致事事落後，次次吃虧的現象。為準備協調年底立委選舉提名，如何整合國親新三黨的挑戰，他必須有能破除舊思維舊作風，與選民呼息相通的新班底，才能打贏這一仗。他並非不擢升內部人才，汪誕平出任文傳會副主委，便是一例。

最重要的，是台灣民主已經進步到了任何政黨都無法再號召人民跟著它走，而必須反過來跟隨人民願望走的時代。施明德能號召百萬人上街頭，並非因為他個人還有什麼魅力，而是因為他把握住大多數中產階級、沒有固定的政黨認同、也沒有太深的省籍觀念、只為反對貪汙腐敗而要求阿扁下台的那股巨大洪流。只要有位滿懷理想、熱情愛國、形象清廉、代表改革的政治領袖出現，就能感動他們，這正是今日台灣政壇最短缺的人物。

本文並非替馬英九「拉票」，距全國代表大會推舉總統候選人還有七個月，離年底立委投票還有十一個月。誰是民進黨總統候選人，也要等四個月後才會水落石出。以台灣千變萬化的政情，想預知結果比中樂透頭獎更難。國民黨為戰前部署，有調整高層人事必要。輔佐主席的新團隊成形後，如何打這幾場艱鉅的硬仗，能否確實反映廣大中間選民的心聲，才是對馬英九最大的考驗。

一〇〇、資本主義的瓶頸：經濟成長 vs. 快樂指數

（原刊九十六年一月八日《中國時報》國際專欄）

英國歷史悠久，頗負盛名的萊斯特大學（University of Leicester）調查全世界一百七十八個國家和地區的人民，問他們是否快樂，上月底公布了排名。人民最快樂的五個國家，依序是歐洲的丹麥、瑞士、奧地利、冰島與加勒比海的巴哈馬。

使人驚訝的是美國排在第廿三名，德國第卅五，英國第四十一，法國第六十二，台灣是第六十八名。日本竟然屈居第九十名，比中國大陸還差八名。俄羅斯人更不快樂，落在第一百六十七名。吊車尾的第一百七十八名是非洲的蒲隆地（Burundi）。

不知是否受這則新聞的啟示，國內報紙也辦了次民意調查，發現台灣的男性每三個人就有一位不快樂，亦即三三％很鬱卒。女性的快樂指數略高，相差無幾。

英國另一家智庫「新經濟基金會」（New Economics Foundation，簡稱 NEF）也做「快樂地球指數」調查，對象同樣是全球一百七十八個國家和地區，結果最快樂的竟是南太平洋的島國萬那杜（Vanuatu），下面四國都在中南美洲，依序為哥倫比亞、哥斯大黎加、多明尼加、和巴拿馬。

各方數據都顯示：國家富強與人民是否快樂，並無直接關連。因此今年第一期的《經濟學人》

週刊的第一篇社論（leader），就以如何衡量「快樂」為題，原文是"Happiness (and how to measure it)"，小字副題是「資本主義為社會帶來富庶與自由，但別要求它也帶給你快樂」。

關懷世界大趨勢的國人不妨找這篇文章來一讀，因為它提出了一個難以解答的問題：資本主義發展到今天，與科技突飛猛進帶來的全球化（globalization），是否衝過頭了呢？

其實新經濟基金會那份卅一頁的小冊，已經提出了略帶費邊社會主義（Fabian socialism）的答案。它的主旨是：已開發的歐美國家濫用並且浪費地球有限的資源，無異寅吃卯糧，又言不由衷，並未真正致力保護環境，導致全球嚴重汙染，氣溫劇變，冰河融化。這許多短視政策的結果，是使富者愈富，而貧者愈貧。照這樣下去，對任何國家都沒有好處。

《經濟學人》在觀點上比較深入，歸咎於已開發國家的理由也比較持平。它先引用計量經濟學的統計說，自二〇〇〇年以來，全球經濟成長率平均每年達二・三%；如能持續到二〇一〇年，那麼這十年將比人所稱道的五〇與六〇年代更好。

但它立刻反問說：這是真的嗎？為什麼各國經濟學家或政治領袖，近來提倡「康樂」（general well-being，簡稱 GWB），要拿它取代長久以來代表富強的「國內生產毛額」（GDP），作為衡量經濟發展標準呢？

它自己解釋說：人類生活大幅改善，價值觀勢必隨而改變。過去認為可望而不可即的奢侈，大部分人都可擁有後，反而被視為生活所必需，失去了原有價值。如以台灣為例，這話不無道理。二、三十年前，有輛汽車代步，住較為寬暢的公寓，每年出國旅遊幾次，兒女進大學或出國留學，都是別人豔羨的對象。今日一半以上的台灣人都具備同樣的條件，已經沒有人再拿它來炫耀鄉里了。

這篇社論也點出：經濟學許多奉為圭臬的觀念，今日都面對挑戰。凱恩斯的理論認為社會富裕後，人們可有多餘時間去享受休閒生活。但事實證明，美國每週工時從四十小時縮短到卅五小時後，大多數人回家後，只會躺在沙發上喝啤酒，看無聊的電視節目。醫學研究更證明，越早退休的人，其平均壽命比晚退休的人要短。有些人更愛死了工作，抵死不肯退休。各國現在都在研究將退休年齡延長到七十歲，或索性「自由化」，任由受僱人員自行決定何時回家養老。

要探究什麼事物使人感覺快樂，實際已脫離經濟學的範疇，涉入心理學的領域。兩年前，二〇〇五年一月九日出版的《時代》雜誌，封面故事就是「快樂——一門新的科學」(The New Science of Happiness)。文章報導美國心理學會在會長賽立曼 (Martin Seligman) 領導下，早在一九九八年就開始認真研討這個問題。雖然「快樂學」至今尚未為學術界接受，這篇長文中有許多有趣的發現與討論，值得一讀。

歸根究底，學者只能藉由各種測驗與調查，用理論去證明事實早已存在的現象。台灣經濟成長已近成熟階段，仍有三分之一的人不快樂，其原因與經濟的關係較少，大部分是政治與社會因素所造成。例如國人對政商勾結，藉由金改把國家資產賤價賣給財團，縱容高鐵假 BOT 之名，對國庫予取予求，有強烈的不滿與公憤。相形之下，貧富差距從早年的四比一，增加到今天的六十比一，燒炭自殺與犯罪率激增，難怪施明德能號召百萬人上街頭，藍綠兩極化讓許多人覺得國家無望，以致台灣的快樂指數會這麼低。

平心而論，英國 NEF 把全球化後造成國際間種種不平現象，歸咎於資本主義毫無限制的擴展，並非全無道理。廿一世紀的新趨勢，不可避免地將強調社會公平正義。資本主義因為同時也帶來民主與自由，它不會消失；但遭遇當前瓶頸後，可能自動作部分的修正，因為它仍是人類有史以來，最成功的政治制度。

一〇一、馬主席，繼續挑戰神主牌！

（原刊九十六年一月六日《聯合報》民意論壇）

馬英九提出「國、民兩黨差距再大，也大不過與共產黨的差距」後，媒體替他戴上一頂「馬修」帽子，電視名嘴紛紛撻伐。

那句話其實出自一週前國民黨中常會的主席書面講稿，只是馬未曾照唸，也沒人注意到。事情鬧大後，馬解釋說他一貫的態度就如此：基於理性，該贊成的就贊成，該反對的就反對，沒什麼好奇怪的。話雖不差，但黨內那批立委能否聽得進去，仍有疑問。可見要改造國民黨，說來容易，做起來完全是另一回事。

老實說，台灣人民心目中的國民黨，本來就與黑金政治，無從分割。黨內所謂「本土派」者，不少是牆頭草，隨風轉向，目的只為升官發財。只看民進黨領導人裡，陳水扁就傳持有過兩張國民黨黨證，他以下不知多少人也都加入過國民黨，便知此言不虛。

改造國民黨，連戰任內就開始，黨主席改為全體黨員直選；馬英九接任後，中常委也改由黨員直選，把改革又推進一步。年前他交卸市長職務，除夕夜不去搶郝龍斌的鋒頭，閉門思考黨務改造問題，是他該做的事，無須詫異。我讀到他要求黨工不能有做官的老大心態，「否則就請離開」，深具同感。

我要鼓勵馬主席更進一步，挑戰國民黨剩餘的神主牌。國父遺教裡，三民主義今日依然適合潮流；但五權憲法未必適合今天。阿扁不是要修憲，把五權改成三權嗎？不僅綠營，許多人不是贊成改為內閣制嗎？好，大家就來談談憲法。

先看「五權」：考試院原為繼承二千年來考試取才的傳統而設。陳誠時期在行政院下設置人事行政局，已把它的職權分割掉一大半。其後果是銓敘部只會在公務員升遷道上設置路障，從不敢挑戰行政權；考選部更無足輕重。現在連姚嘉文都說考試院可以廢掉了，還有什麼問題呢？

監察院原意在仿照西洋的上議院制度，但只會拍蒼蠅，不敢打老虎，形同虛設。快兩年沒有監委或院長了，財產申報處與審計部反而做得有聲有色，為扁嫂申報珠寶不實與國務機要費單據事件，一再去文總統府查詢。馬英九同意重審監委提名，與修憲並無關連。就國家長久制度而言，監察院仍應裁撤，把調查權交還立法院。

再談基本政治制度：有立委抱怨說，馬英九乾脆自兼國民黨政策會主任算了。我國憲法雖是雙首長制，民國三十六年我在南京跑制憲國大新聞時，深知其基本精神本來朝向內閣制傾斜，只因在威權時代，行憲後未能做到而已。

英、德、日等內閣制國家，各政黨領袖都是議會一員。南非總統與國會雖分別直接民選，國會開會時，在執政黨那半邊的第一張桌子是給曼德拉總統專用的，他也常坐在那裡聚精會神地參與討論。本文並非主張立即改採內閣制，只想指出：如談修憲改為內閣制，杜絕再有阿扁那樣的「帝制總統」出現，馬英九未嘗不可同樣去競選區域立委，或把自己放在全國性名單之首，到時也沒有大驚小怪的必要。

總之，馬英九就是馬英九，他正在嚴肅地思考如何改革陳腐的國民黨，再創中興之局。這是千頭萬緒、艱辛異常的工程，國人應予祝福而非指指點點，亂挑毛病。這也並不是說，馬的團隊或他個人形象都完美無缺，容另為文討論。

一〇二、新年新開始　試測二〇〇七世局變化

（原刊九十六年一月一日《中國時報》國際專欄）

炮竹除舊，桃符更新，二〇〇七年開始了。過去一年，豈止台灣，對西方民主國家都不太順利。美國共和黨政府倒霉，西歐又何嘗不然？展望新歲，雖然大霧瀰漫，視線不清，仍可試猜可能發展。靈或不靈，讀者幸勿見責。

一、中東三僵局難解　美國將愈陷愈深

華府不只在伊拉克陷入泥淖，對伊朗的政教合一政權也束手無策。更困擾民主共和兩黨領袖的，是以色列與巴勒斯坦間六十年深仇大恨，神仙下凡也解決不了。美國從伊拉克倉促撤軍，伊國內戰勢將國際化，而使伊朗得逞。任何結局既然都比現狀更糟，只有拖下去再說。

二、聯合國吵吵鬧鬧　改革案仍無結果

新任聯合國祕書長潘基文既無安南的才能，更缺少哈瑪紹 (Dag Hammarskold) 的聲望，最初幾年不可能有什麼發揮。七張八嘴的聯合國大會，勢將繼續毫無作為，小事受亞非集團的投票機器影響，

大事交給安理會，讓擁有否決權的五強在幕後討價還價，密室決定。

三、歐盟新憲法受阻 東西歐同床異夢

歐洲聯盟的美夢前年破碎後，西歐國家迫於民意，只能暫予擱置。他們沒想到新入會的東歐各國，剛擺脫前蘇聯鐵腕箝制，紛紛加入北大西洋公約組織，逐漸形成一個親美的小集團，與西歐各國要把「歐洲聯邦」變成與美、中三角鼎立的構想，有明顯的落差。

四、大陸續穩定發展 漸形成超級強國

中共去年完成加入 WTO 五週年的考驗，全面開放國內金融保險等行業，繼而外匯存底破一兆美元。外交上更以破竹之勢，在中亞、南亞、東南亞、非洲與中南美廣結善緣，獲得巨大利益與資源。美國財政部長鮑爾森 (Henry Paulson) 到北京舉行中美戰略經濟對話，顯示美國也不得不接受大陸循和平發展途徑，走向國際和諧社會的政策。

五、日本經濟雖恢復 無從與中共抗衡

日本對大陸仍未擺脫「磕頭外交」傳統；胡錦濤同意明年訪日，是安倍晉三承諾不去靖國神社參拜換來的。日本成熟的島國經濟，雖已脫離近年困境，永難恢復高成長率。過去在大陸的投資，越來越受其他投資國的威脅。眼看世界第二經濟大國的頭銜，遲早將被大陸取代。

六、民進黨勝選效果　兩岸關係難改善

回顧台灣，民進黨在高雄險勝的代價，是兩岸政策更成為基本教義派的俘虜。假如蘇貞昌敢繼續推動開放，阿扁勢將更換閣揆，改用聽話的葉菊蘭、陳唐山或蔡英文。只要阿扁仍在位，三通全無希望。四大天王中，游錫堃過度挺扁，自毀人望。呂秀蓮、謝長廷或蘇貞昌只能在黨內開始提名總統候選人時，訴諸公意，忍受掌權者打壓，拿政治生命作最後一搏。

七、國民黨內鬥加劇　馬英九面臨挑戰

馬英九交卸台北市長職務後，國人等著看他如何表現領袖特質與氣魄。把宋楚瑜從「退休」邊緣拉回來只是一小步，如何說服「本土派」立委，整頓立院黨團，加速改造各級黨部，推動泛藍立法計畫，改進與連戰和王金平的人際關係，都會影響他問鼎明春總統選舉的機會。

八、南韓經濟成長　外資將放棄台灣

執政的民進黨只會選舉，不懂治國，連楊甦棣都看不下去。相形之下，南韓經濟突飛猛進，任台灣怎麼追，都難趕上。雖有外資來撿便宜貨，現行的鎖國政策不改，國內投資必然繼續萎縮，高雄港在世界排名會掉到十名以外，不會再有真正的外人直接投資(FDI)來了。

九、兩類候選人提名　台灣明年政治秀

民進黨總統候選人提名的割喉戰，前哨已有接觸；春暖花開時節，會殺得難分難解。國民黨總統候選人提名，或許還帶些君子之爭的味道。隨之而來的各黨立法委員提名，肯定殺聲震天，流血遍地。親民黨與新黨如早與國民黨達成分配協議，可免一劫。台聯與無黨聯盟就會比較辛苦。不論結果如何，今年是台灣政治重新洗牌的時候，幾家歡樂幾家愁，在所難免。

十、最後戰場立法院　寶島前途一線懸

正因為年底的立委選戰，勝負難卜，藍綠雙方都必須把握今年最後兩個會期，推動需要立法或修訂的法律。從制定藐視國會、嚴格限制政治獻金，到修訂大法官任期、審核監察院與檢察總長的提名，問題豈止一籮筐。尤其馬英九與國民黨能否貫徹民意，將是泛藍成敗的關鍵，台灣前途有無希望，繫於此一戰場。

社會人文類精選好書

【三民叢刊227】

如果這是美國——一位退休外交官看臺灣　陸以正　著

面對每天沸沸揚揚的話題，您的感想是什麼？是事不關己的冷漠？還是無法判斷是非的茫然？一位終身奉獻外交事務的外交官，以駐外三十五年的經驗，告訴您「如果這是美國……」

【三民叢刊264】

橘子、蘋果與其它——新世紀看台灣舊問題　陸以正　著

「換人做做看！好不好？」但是怎麼看？怎麼比？是隨媒體左右而陷入「八卦」迷陣？還是沉醉在「政治秀場」的氣氛中搖擺？陸以正先生以其畢生奉獻於新聞工作與外交事務的宏觀視野，告訴你如何由內行人的門道來看新世紀中的舊問題。

【人文叢書　社會類1】

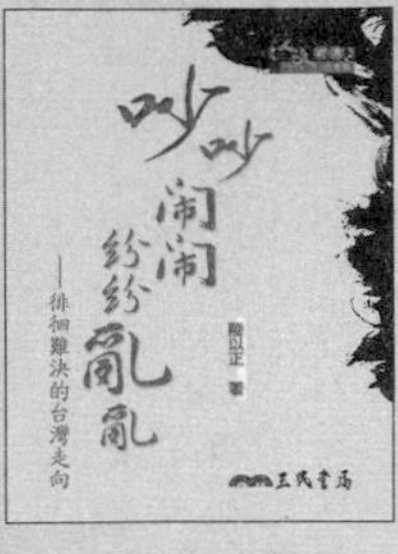

吵吵鬧鬧紛紛亂亂——徘徊難決的台灣走向　陸以正　著

本書收錄前大使陸以正先生在報端發表的雜感與評論，透過篇篇精闢的深度剖析，直達台灣問題的真正核心，讓我們跟隨大使宏觀開放的視野，一同見證這段舉措不定的歲月。

【人文叢書　社會類2】

從台灣看天下　陸以正　著

「國際情勢正迅速變化中，而台灣越來越追趕不上脈動，勢將難逃邊緣化的命運。」本書作者陸以正先生有鑑於此，以其長年擔任外交官的駐外經驗，對國際新聞提出種種敏銳的觀察與解讀，告訴國人：在國際情勢牽一髮而動全身的年代，我們再也不能自外於這些攸關台灣前途的世界大事！

【三民叢刊32】

捉狂下的興嘆　南方朔　著

「捉狂」是這個時代的浪潮，「興嘆」是剔除糟粕的膽識與能力。媚俗的年代有不媚俗的的聲音，看「民間學者」南方朔如何在知識分子充滿機會主義的價值錯亂和譁眾取寵的時候，替未來的自由公民開道。

【三民叢刊61】

文化啟示錄　南方朔　著

文化評論涵蓋各個層面，除了有歷史及思想的縱深，還必須有既本土又世界的眼光。文化評論者南方朔所提供的就是這樣的視野，本書是有關「文化」問題最好的頭腦體操。

【三民叢刊52】

中國文化與現代變遷

余英時 著

自十九世紀以來，中國遭受了「千古未有之變局」；在西潮的衝擊下，中國傳統文化有了哪些變化？知識分子又如何肆應此一變局？作為一個思想史學者，作者對這些問題展現了深刻的觀察和思索，彙集成為本書。書中文字和觀念均力求雅俗共解，輔以作者清通之文筆，讀者當更能深入了解這段變遷的過程，及面對未來的因應之道。

歷史人物與文化危機

余英時 著

自十九世紀中葉以來，中國的文化危機不斷地隨著時序的流遷而日益加深，至今還看不到脫出危機的跡象。因為在這個混亂的年代裡，世界各地都出現了極其嚴重的文化危機，而這些外面的危機現在又都與中國原有的危機合流了。作者以遒勁的筆觸、深刻的體驗，從中國歷代人物及社會背景等方面，探討中國近代以來所遭受的種種文化危機，期望能喚起民族的文化認同，尋回遺落在歷史裡的中國，並為中國的民主化貢獻一己之力。